U1020232

21世纪
小学教师
教育系列教材

小学道德与法治教学设计与案例解析

● 主　编　丁晓东　董一红
● 副主编　杨翠英　陈丽芳

中国人民大学出版社
· 北京 ·

编　委　会

主　编： 丁晓东　董一红

副主编： 杨翠英　陈丽芳

编　委（以编撰章节为序排列）：

陈丽芳　龚芷伊　杨翠英　张云霞　胡梅芳

李铭萱　章小英　董一红　丁晓东　朱　帅

内容简介

本教材以《义务教育课程方案（2022年版）》《义务教育道德与法治课程标准（2022年版）》为依据，从解决小学道德与法治课程教学实践中的问题出发，突出实践取向和能力培养。本教材紧紧围绕小学道德与法治教学设计的主题，以案例为“点”，以教学设计理论为“线”，涵盖本课程教学设计的基本理论、文本编撰与组织实施等内容，并形成一个较完整的体系。本教材根据课程内容，分专题进行教学设计分析；同时，根据课程特点，从情境创设、体验、思辨、学科实践等环节进行教学设计分析。教材中的大多数案例来自一线老师的教学实践，真实、生动、鲜活，为读者提供了范例与指导。考虑到我国东西部地区小学教育的不同情况，本教材选取了不同地区的典型案例，编写体例生动活泼，适合小学教育专业的学生使用。

作者简介

丁晓东，曲靖师范学院教师教育学院院长，二级教授，硕士生导师，研究领域为教师教育、基础教育。主持完成国家社科基金项目、云南省重点智库项目、省院省校教育合作项目等科研课题10余项，主持建设云南省哲学社会科学“乡村教育研究”创新团队，主持完成云南省高等教育质量工程项目5项。出版著作1部、教材4部，发表学术论文约40篇，获云南省哲学社会科学优秀成果奖。

董一红，江苏省南通市教育科学研究院小学教育研究室主任，研究员，江苏省特级教师，小学道德与法治、心理健康教育专职教研员，教育部人教版思政培训专家库成员，江苏省教育学会中小学思政课专委会理事，南通市中小学名师培养导师团导师，南通市中青年名师工作室领衔人，南通市小学道德与法治课程名师工作室负责人。出版著作1部，获江苏省基础教育教学成果一等奖、教育部基础教育教学成果二等奖。

前言

习近平总书记指出，思政课是落实立德树人根本任务的关键课程，办好思政课关键是教师。道德与法治是小学的思政课程，要想上好这门课程，就要高度重视小学道德与法治教师的专业化发展，持续抓好小学道德与法治课程师资队伍建设，其中，开发小学道德与法治教师培养培训教材是小学思政课教师队伍建设的基础工程。

本教材以习近平新时代中国特色社会主义思想为指导，贯彻习近平总书记关于教育的重要论述，落实有理想、有本领、有担当的时代新人培养要求，以《义务教育课程方案（2022 年版）》及《义务教育道德与法治课程标准（2022 年版）》为依据，从解决小学道德与法治课程教学实践中的问题出发，突出实践取向和能力培养。本教材在“21 世纪小学教师教育系列教材”《小学品德与生活（社会）教学设计与案例分析》（中国人民大学出版社，2017 年版）的基础上进行修订、完善，紧紧围绕小学道德与法治教学设计的主题，以案例为“点”，以教学设计理论为“线”，按照“总—分—总”的思路选择编撰内容，涵盖本课程教学设计的基本理论、文本编撰与组织实施等方面，努力将教材内容构建成一个较完整的体系。第一章总体介绍教学设计，明确教学设计的要求与编撰规范。第二章分析小学道德与法治课程标准与教材，这是本课程教学设计的基础。第三章根据本课程内容，对小学道德与法治课程分专题进行教学设计分析。第四、五、六、七章根据本课程特点，从情境创设、体验、思辨、学科实践等环节进行教学设计分析。以上第三至七章，从课程内容、课程特点两个角度，相互交织，呈现案例，深入分析。第八章剖析课程资源在本课程教学设计中的运用情况。以上八章相辅相成，相互渗透，有些重点理论与实践问题在不同章节从不同角度进行了阐述。

在编写体例上，灵活多样，设有“知识链接”、“案例”以及“案例分析”等栏目，其中，大多数案例来自一线老师的教学实践，真实、生动、鲜活，为读者学习小学道德与法治教学设计提供了范例与指导。案例包括教学设计与教学实录两种形式，其中部分案例多次出现，但使用角度与内容不尽相同。此外，每一章都附有“阅读文献”，以满足使用者的阅读需要。本教材适合小学教育专业的学生使用。

本教材编写团队主要包括高校老师及小学道德与法治课程的一线专家，且分别来自我国东、西部地区。这样的团队结构，有利于教材编撰工作将理论与实践相结合，也有利于我国不同地区使用本教材。其中，陈丽芳老师（云南省学科带头人、云南省基础教育领域教学名师工作室负责人）与龚芷伊（云南大学马克思主义学院）编撰了第一章，并参与了教材编撰的组织工作。教育部基础教育思想政治（道德与法治）教学指导专委会委员、云南省小学道德与法治名师工作坊负责人杨翠英老师组织了第二、三章的编撰工作，杨翠英老师及其团队编撰分工如下：第二章，杨翠英；第三章，张云霞（第一、二、三节，云南省玉溪市小学道德与法治学科带头人）、胡梅芳（第四、五、六节，云南省玉溪市小学道德与法治学科带头人）。江苏省南通市教育科学研究院董一红研究员提出从情境创设、体验、思辨、学科实践等环节进行编撰的思路，组织了第四章至第八章的编写工作，董一红研究员及其团队编撰分工如下：第四、七章，李铭萱；第五章，章小英（全国模范教师，江苏省名师工作室负责人）；第六章，董一红（南通市小学道德与法治课程名师工作室负责人）、丁晓东（曲靖师范学院）；第八章，朱帅（南通市学科带头人）。丁晓东教授组建编撰团队，确定了教材的编撰思路、内容、体例，对教材编撰质量进行监控与指导，并完成了大量的修改、统稿工作。

在编撰过程中，中国人民大学出版社王雪颖、李俊峰、邢玲珑编辑为本教材的出版给予了大力帮助，在此表示衷心的感谢！

由于水平有限，时间仓促，疏漏错误难免，敬请读者提出宝贵意见。

编者

2025 年 6 月

目 录

第一章

小学道德与法治课程教学设计总论

本章导读

何谓教学设计？为何进行设计？设计什么？怎样设计？本章从理论阐述到典型案例分析，展现了操作感知、实例感知、体验感悟、能力训练等各具特色的小学道德与法治课程教学设计。通过精心的设计，达到师生双方相互激发、相互发现、相互创造、共同成长的目的。

第一节　课程教学设计概述

一、教学设计的含义

“凡事预则立，不预则废。”教学设计是教学目的性、过程性、科学性、艺术性的统一，是对课程的二次开发。没有科学的、艺术的、精到的设计，不会有优化的教学活动，不会有堪称精品的课堂教学，也就不会有课堂教学效率的提高。因此，研究课堂教学设计是课程教学改革的需要，是落实课程标准的需要，也是教师专业发展的需要。

教学设计是指为了达到预期教学目标，运用系统观点和方法，遵循教学过程的基本规律，对教学活动进行系统规划的过程。① 教学设计的内涵十分丰富，可从以下几个方面把握：第一，教学设计有着自己的理论和方法基础；第二，教学设计关注学生的需要和特点；第三，教学设计是一个系统计划的过程。②

二、小学道德与法治教学设计的价值取向

道德与法治课程是遵循教育规律，落实社会主义核心价值观，反映人类文明成果，推动我国法治文明建设，满足少年儿童思想道德成长，落实立德树人根本任务的关键课程，是义务教育阶段的思政课。道德与法治课程要培养的核心素养，主要包括政治认同、道德修养、法治观念、健全人格、责任意识。教学设计要围绕核心素养目标来展开。小学道德与法治教学设计是在把握学生的知识、能力、思想、情感等实际的基础上，坚持生本理念，以生活德育、实践德育等理论为指导，以儿童的社会生活为基础，以帮助儿童参与社会、学习做人为课程实施的价值追求，运用系统方法论对各种课程资源进行科学整合，对教学过程中相互联系的各个部分作出整体安排的一种构想。小学道德与法治教学设计具备自己的特征，同时，又积极从国内外前沿教学设计理论观点中汲取营养，最终形成了具有学科特征的教学创新设计的理论基点。

（一）为学生的学习与发展而设计

小学道德与法治教学以道德法治素质和基本技能为两条主线构建教学设计过程，依据加涅、兰达、梅里尔等国际当代建构主义教学设计理论家和教育心理学家的教学设计原理，将系统的观点融合到教学过程的设计中，建构了“为学生的学习与发展而设计”的理念。促进儿童的主体性发展是道德与法治课程活动的根本要求。以学生为中心，围绕他们在学习过程中遇到的学习问题及思想道德发展问题而设计教学，是我们进行教学设计的核心理念。

（二）为个性化指导而设计

对学生实行个性化指导是小学道德与法治教学全过程的核心理念。通过搭建民主德育、实践德育、真实生活德育教育平台，运用差异发展、主动发展、师生平等发展、同伴协同发展、自我反思发展等策略，在互相尊重、互相理解、互相

① 吴效锋．新课程怎样教：教学艺术与实践．沈阳：沈阳出版社，2003：78.

② 蒋蓉，李金国．小学课程与教学论．北京：北京师范大学出版社，2013：158.

帮助、互相鼓励的学习氛围中引导学生主动参与学习过程，充分挖掘学生的内部潜能，调动他们学习的主动性和积极性，让他们形成更多的良好品德及行为习惯，具备更强的自身道德发展与社会性发展能力。总之，道德与法治教学是从知识导向走向价值导向的教学。教育要帮助学生不断地去丰富、扩大、提升自己的生活领域和生活境界，促使他们真正走进自己的生活。① 由于学生的道德成长是基于自身经验和需要的，所以教学要从学生的现实需要出发，围绕着社会期待的学生成长模样，去设计，去引导，去唤醒，去巩固，帮助他们从容面对生活，解决生活中的问题。

三、小学道德与法治教学设计的基本要求

小学道德与法治课程教学设计应遵从政治性、思想性、综合性、实践性的课程性质，做到“一个突出”：突出学生是学习的主人，教师当好道德和法治学习的组织者、引导者与合作者。做到“两个关注”：关注有效策略的渗透，关注核心素养的培养。做到“三个必须”：必须是有效的课堂，唤醒学生的学习欲望；必须是能动的课堂，学生主动参与，师生互动、共同探讨；必须是开放的课堂，课外收集信息，课内人人都说、人人都做。同时，应该具备“新”（理念新、思路新、手段新）、“趣”（引发兴趣、保持兴趣、提高兴趣）、“实”（内容充实、训练扎实、目标落实）、“美”（风格美、氛围美、感受美）、“活”（教法灵活、教材用活、学生学活）的特点。

知识链接

教学设计要求②

1. 创设良好教学情境，鼓励学生主动参与、合作学习，让学生拥有学习的主动权，拓展学生的发展空间，挖掘开发出学生潜在的能力。

2. 注重学生获取知识的过程。让学生参与到探究的过程中去，体验获得知识的乐趣，培养学生的学习自信心和学习能力。

3. 过程重于结论。

4. 正视差异，因材施教。

---

① 鲁洁．道德教育的根本作为：引导生活的建构．教育研究，2010（6）：6.

② 吴效锋．新课程怎样教：教学艺术与实践．沈阳：沈阳出版社，2003：90－91.

想一想：

如何理解上述有关小学道德与法治教学设计的基本要求？请选择其中的部分内容加以分析。

第二节　小学道德与法治课程教学设计与编撰

一、小学道德与法治教学设计的基本内容

教学设计的主要目的是设计出高效的教学过程，在设计中对学习需要、学习内容和学生以及现实的教学环境和教学条件进行客观分析，确定学生认知、情感、能力、方法等方面的学习目标，在新课标教学理念和基本原则的指导下，设计恰当的教学策略，利用合适的教学媒体，合理拟定教学顺序、时间、速度，测定和分析教学效果，使教学要素的作用得到最大限度的发挥。

（一）明确教学的预期——教学目标

教学目标是教学活动预期达到的结果，是对学生学习结果的规定，即对学生在认知、情意和行为等方面应产生的变化的具体明确的规定，是课堂教学行为的出发点和落脚点。准确制订教学目标能够指明教学的主要方向，明确教学的重点和难点，影响教学策略的选择及教学效果的广度与深度。教学目标制订与描述是否准确、清晰，是否明确具体、可操作，关系到核心素养培育和课程的育人效果。教学目标包括三个要素：说明在学生身上预期的终点行为，完成这一行为的条件，能表现学生已经掌握了该学习任务的成绩水准。

知识链接

《义务教育道德与法治课程标准（2022 年版）》
明确规定了本课程的总目标①

（1）学生能够初步了解中国的基本国情、中华优秀传统文化的主要代表性成果，了解中国共产党的历史和革命传统、改革开放和中国特色社会主义的伟大成就，汲取党史、新中国史、改革开放史、社会主义发展史所蕴含的精神力量，热

① 中华人民共和国教育部．义务教育道德与法治课程标准（2022 年版）．北京：北京师范大学出版社，2022：8－10.

爱伟大祖国、中华民族、中华文化、中国共产党和中国特色社会主义，为自己是中国人而自豪；具有维护民族团结的意识，能够把个人发展和国家命运联系起来，维护国家利益和安全；能够理解社会主义核心价值观的内涵及其重要意义，并在社会生活中自觉践行；能够以实现中华民族伟大复兴为己任，增强做中国人的志气、骨气、底气，不负时代，不负韶华，不负党和人民的殷切期望；关心时事，热爱和平，初步具有国际视野和人类命运共同体意识。

(2) 学生能够了解个人生活和公共生活中基本的道德要求和行为规范，能够在日常生活中践行诚实守信、团结友爱、尊老爱幼等基本的道德要求；形成初步的道德认知和判断，能够明辨是非善恶；通过体验、认知和践行，养成良好的道德品质。

(3) 学生能够具有基本的规则意识和安全意识，理解宪法的意义，知道与学生生活密切相关的法律，能够初步认识到法律对个人生活、社会秩序和国家发展的规范和保障作用；形成宪法法律至上、法律面前人人平等观念和权利义务相统一观念；遵守规则和法律规范，提高自我防范意识，掌握基本的自我保护方法，预防意外伤害，养成自觉守法、遇事找法、解决问题靠法的思维习惯和行为方式，初步具备依法参与社会生活的能力。

(4) 学生能够正确认识生命的意义和价值，珍爱生命，热爱生活；初步具有自尊自强、坚韧乐观的心理素质和道德品质；具有理性平和的心态，能够建立良好的同伴关系、师生关系和家庭关系，树立正确的合作与竞争观念，具有团队意识和互助精神；具备积极向上、锐意进取的人生态度，能够适应变化，不怕挫折。

(5) 学生能够关心集体、社会和国家，具有主人翁意识、责任感和集体主义精神，主动承担对自己、家庭、学校和社会的责任，自觉维护祖国统一和国家安全；能够主动参与志愿者活动、社区服务活动，具有为人民服务的奉献精神，勇于担当；能够遵守社会规则和社会公德，依法依规有序参与公共事务，具有公共意识和公共精神；敬畏自然，保护环境，形成人与自然生命共同体的意识。

教师不可能在每一节课上将道德与法治课程的政治认同、道德修养、法治观念、健全人格、责任意识等五大核心素养都一一落实。这就需要根据不同的教学内容、学生的学习情况，确定一个核心的目标，然后围绕这个核心目标来设计教学目标。即便有些教学内容能够与几大核心素养都联系起来，能够去体现几大核心素养，但由于教学时间的限制，教师还是需要有取舍，确定这节课的核心目标。只有这样才能突出教学重点，更好地培育和发展学生的核心素养。

一个完整的目标要包括：行为主体、行为表现、行为条件和表现程度。在做目标设计时，一定要分清是教学目标还是学习目标。这主要是源于行为主体的不同，教学目标的行为主体是教师，表达的是教师要实现的教学效果；而学习目标的行为主体是学生，表达的是学生通过学习后达到的预期结果。

在以“核心素养”为导向的背景下，教学目标应该如何叙写呢？

核心素养是教学的出发点，单元与课时教学目标的确立、教学活动的设计与实施都聚焦核心素养，使教学目标在培育学生核心素养方面起到指引性、规定性的作用。教学目标的叙写一般都包括四个方面，即行为主体、行为动词、行为条件和目标达成程度。核心素养导向的教学目标中，这四个要素又是如何落实的呢？

首先是行为主体。行为主体指学生，从素养导向的目标表述要求分析，学习效果最终是要体现在学生身上，因此在目标表述时，应描述学生经过学习之后能够做什么。核心素养导向的教学目标所表述的应该是教学活动结束时学生身心发生的变化或者达到的状态，因此，教学目标表述中的主体应该是学生，如“学生能够……”。但是，诸如“让学生……”“培养学生……”“发展学生……”“帮助学生……”之类的表述是不规范的，它意味着教师是行为主体。

其次是行为动词。行为动词是反映学生学习效果的动词，如说明、识别、描述、比较、论证、辨别等可以观察和测量的行为动词，描述学生经过学习后能够做什么。核心素养导向的教学目标，应准确描述教学活动结束时学生所形成的可观察、可检测的具体行为，如说出、归纳、说明等表述特定动作的外显行为动词。有些教学参考资料和教案经常用理解、领会、了解、认识、欣赏、体会等动词来表述教学目标，但对于这些心理状态的达成度，我们很难检测学生是否真正具有了或掌握了，这就导致了教学目标的空泛。在叙写时，我们应尽量选用那些描述学生所形成的可观察、可测量的具体行为的词语，如写出、列出、认出、辨别、比较、背诵等。而且要注意，学习水平不同，表述也会不同，比如在认知方面，针对学生的了解水平，常用的动词有说出、辨认、回忆、举例、复述、描述等；而针对学生的理解水平，常用的动词则是解释、说明、阐明、比较、分类、归纳、概述、概括等，所以，选行为动词时要把握好不同学习水平的不同表述。

然后是行为条件。行为条件指学生行为发生变化需要的条件，可以包括创设的情境、开展的活动、收集的案例、产生的疑惑、分析的话题等，因此教学目标应表述提供什么条件引起学生行为的产生。对条件的表述有不同的类型：一是关于是否使用工具与辅助手段，如“在中国行政区划图中，能找出……”；二是提供信息或提示，如“借助故事能理解……”；三是时间的限制，如“在10分钟内，能讲述……”；四是完成行为的情景，如“在小组讨论时，结合教材，能概括……”；五是人为因素，包括独立进行、小组进行、在教师的指导下进行等，如“通过合作学习、小组的讨论，制定……”“通过自行设计活动方案，体验……”等。只有规定了这些限制性的条件，目标的检测才更有针对性和可操作性。

最后是目标达成程度。目标达成程度指学生对目标所达到的表现水准，用以测量学生学习的结果所达到的程度，如“能准确无误地说出……”“能详细地写出……”“能客观正确地评价……”等。

教师要通读全套教材，掌握教材的内容体系和结构脉络，正确理解和把握各册教材的主题和内容，在此基础上，把要设计的课题放到课程体系的纵横坐标中，明确该课题的短期目标、中期目标、长期目标分别是什么，能够触动儿童的关键点、生长点和疑惑点又是什么。可以按照以下5个步骤来进行学习目标的叙写：

(1) 要素分析，找出关键词。分析的来源主要是课程标准对本单元、本节课、本课时的要求，因为课程标准是教材编写、教学、评价等工作的依据。

(2) 拓展或剖析核心概念和行为动词，这是课程标准的分解与具体化。教师要结合教材内容和学情等，将课程标准上的内容进行细化。

(3) 确定行为条件。这与教师教学活动的设计具有密切关联，也就是要确定教师通过什么方式来让学生达成学习目标。

(4) 确定行为表现程度。要保证教学目标的方向、导向和内容符合要求，也就是道德与法治课程教学目标要符合正确的政治方向，即立场鲜明；要符合正确的价值导向，即导向清晰；要符合学生年龄特征和学段特点，即设计科学，表现为具体、适切和可操作。主要是根据不同的教学要求及学情，用一定的副词、形容词、数量词等来确定学习目标的程度。

（5）写出目标。通过前几步，确立了目标叙写的内容，就可以按照“通过什么学习方式（行为条件）……学到什么（行为动词＋核心概念）……达到什么程度（表现程度）……”的句式进行目标的叙写了。

案例1　**“我们是公民”教学目标的确定**①

（部编版《道德与法治》六年级上册第二单元）

“我们是公民”的单元教学目标要求为：

政治认同：初步了解国情，具有维护国家利益和祖国尊严的意识与行动，形成中国人的身份认同感。

法治观念：认识公民的内涵，了解公民的基本权利和义务，理解权利和义务相统一，树立法律面前人人平等的观念。

责任意识：树立维护国家统一和民族团结的责任意识。

课程标准中的目标是从道德与法治课程的大目标、大方向来制定的，这样的目标显然是笼统的、不具体的，这就需要以课程标准和单元目标为基本依据，从整体与部分的角度，深入理解该单元的每一课与单元的对应关系，以及它在整个单元中的地位、前后课目标之间的逻辑联系，这样确定的教学目标，才会有针对性和实效性。基于这样的考虑，把本单元目标细化如下：

第三课《公民意味着什么》

1. 理解公民的内涵；

2. 了解公民和国籍的关系；

3. 熟悉和保护身份信息；

4. 维护中国公民的声誉和形象。

第四课《公民的基本权利和义务》

1. 了解中国公民的基本权利和义务；

2. 知道权利行使与义务承担相统一；

3. 了解我国尊重和保护人权取得的成就。

案例分析

作为一种上位的概念性工具，大概念将核心素养目标具体化，是知识转化为

① 本案例由云南省曲靖市第二小学陈丽芳老师提供。

能力素养的重要途径。小学道德与法治大概念教学需基于学段、年级水平，以单元大概念为重要载体，以落实培养学生核心素养为任务。多维聚焦、科学提炼单元大概念，通过整体化教学设计进行事实性知识的呈现，基于师生的共同建构，让学生在主动思考并形成课时教学核心概念的基础上，进一步抽象层级性核心概念，从而生成单元大概念并实现真实情境的迁移运用。①

（二）选择适合内容的恰当方式——教学模式

从不同角度，道德与法治教学内容可以分为：品德教育类、生活领域类、科学类、地理类、历史类等，其中，品德教育类又可分为活动、明理两类，生活领域类又包括生活常识、社会常识、法治观念等。以上主题教学都应符合小学道德与法治课程教学的基本理念与要求，不能设计成科学课、地理课、历史课等。根据不同的教学内容，应选择合适的教学模式。

（1）活动类主题教学。

活动型，即寓教育于活动之中的课型。好奇、好玩是学生的天性，通过活动的组织，学生在情绪的渲染、情感的激发过程中不断加深对理论的理解，如教学《这是我们的校园》（部编版《道德与法治》一年级上册第3课）时，老师设计了“校园探秘”“分享探秘”“火眼金睛识校园”“寻找最美小导游”“我与各功能室有个约会”“我给‘它们’安个家”“唱响校歌”等活动，孩子们在真实的活动场景中通过校园探秘、小组合作、精彩介绍、分享交流等方式方法了解校园环境，认识校园设施的功能，增强了学生对校园及校园生活的亲近感，为学生愉快、积极地适应学校生活打下了基础。本课型教学模式的基本框架是：创设情境、引入话题—开展活动、充分体验—明理导行、提升感知。

（2）明理类主题教学。

明理型，即侧重于提高学生道德认识的课型。这种类型的课，主要是讲明道理，帮助学生获得一些道德知识，理解一定的道德概念，懂得一些道德规范，初步形成某些道德信念以指导他们的行为实践。教学这类课的基本要求是：观点正确、鲜明，说理清楚、明白；道理真实、可信，事例充分、有力；方法深入浅出，结构层层推进。如教学“毒品更危险”（部编版《道德与法治》五年级上册

---

① 殷凤．小学道德与法治单元大概念教学实践研究：以“我与自然”教育主题单元为例．中小学德育，2022（9）：60-64．

第3课《主动拒绝烟酒和毒品》的第二个话题）时，老师借助《危险的好奇》这则故事，将吸毒者和缉毒警的故事贯穿课堂，通过视频资料、“图说危害”、“数说危害”，教育学生自觉拒绝毒品。本课型教学模式的基本框架是：创设情境、激发兴趣—合作探究、辨析明理—拓展延伸、情感升华—融入生活、实践发展。

（3）生活常识主题教学。

生活常识课内容分布比较广，低、中、高年级都有不同程度的体现。主要是让学生掌握与自己生活息息相关的知识，教学内容主要有：紧急救助和自救的方法、培养自我保护的意识和能力、健康常识等。如教学“用好课间十分钟”（部编版《道德与法治》一年级上册第8课《课余生活真丰富》的第一个话题）时，教师设计了“课间游戏我喜欢”“课间安排很重要”“课间活动我来评”三个探究活动，以生动有趣的情境活动，引导学生发现问题、合作探究，帮助学生认识校园生活。尤其是在“课间安排很重要”这一探究环节中，教师设计了“观短短课间”，让学生在情境式的探究合作中懂得在短短的“课间十分钟”里能做什么，引导学生科学、安全地安排和参与课间活动，实现课间积极游戏、做好上课准备和积极参与课堂生活的引导目的。本课型教学模式的基本框架是：趣味导课、激发兴趣—交流资料、发现问题—合作探究、解决问题—情感引导、促进落实—结合实际、有效拓展—课堂升华、引领生活。

（4）社会常识主题教学。

社会常识主题教学聚焦于拓展学生对社会多元领域的认知，着重培育其社会责任感与融入社会的能力。在教学实践中，体验式教学与探究式教学方法颇为有效。体验式教学通过创设逼真的社会场景，让学生扮演角色体验社会规则与人际交往；探究式教学引导学生针对社会现象开展调查研究，以培养学生问题意识与解决问题的能力。以《大家的“朋友”》（部编版《道德与法治》三年级下册第三单元第8课）为例，课程旨在让学生了解路灯、公交站、盲道等公共设施的作用，理解“爱护公物是社会责任”。教学中开展模拟“盲人体验”游戏活动。学生蒙上双眼，在设置了盲道、障碍物等元素的场地行走，亲身体验盲人出行对盲道等公共设施的依赖。游戏后组织讨论，引导学生思考“如果公共设施损坏会怎样”，促使学生深刻理解公共设施正常运行对人们生活的重要性。还开展设计“保护公物小标语”活动，让学生将爱护公物的意识转化为文字表达，加深对爱护公物的认知。此课型借助情境体验，遵循趣味导入、引发关注—呈现案例、初步感知—小组探究、深化理解—模拟体验、强化认知—联系实际、拓展应用—总结升华、内化素养的教学模式，引领学生从认识社会迈向参与社会，培育学生的社会责任感和公民意识。

（5）法治观念主题教学。

习近平总书记指出，要强化道德对法治的支撑作用，重视发挥道德的教化作用；要在道德体系中体现法治要求，在道德教育中突出法治内涵，实现法律和道德相辅相成、法治和德治相得益彰。法治教育不局限于掌握具体的法律知识、法律常识，而重在提升公民的法治素养，如规则意识、法治观念、法治思维、法律信仰、守法用法习惯等。通过教学让学生理解法治知识、发展法治思维、提升法治观念。《青少年法治教育大纲》规定了青少年法治教育的总体目标和阶段目标，其中，小学阶段，着重普及宪法常识，养成守法意识和行为习惯，让学生感知生活中的法、身边的法，培育学生的国家观念、规则意识、诚信观念和遵纪守法的行为习惯。《道德与法治》六年级上册是法治教育专册。教师可以引导学生结合亲身经历感受法律就在身边，还可以在情境讨论中初步树立规则意识和法治观念；可以引导学生进行案例分析和法治辨析，认识公民的基本权利和义务，通过解读宪法条文，帮助学生理解权利和义务是一致的；可以结合案例、情境、视频了解国家权力机关、行政机关、司法机关以及监察机关的职权，通过设置情境，结合时政材料了解国家权力机关的产生，初步体会国家的一切权力属于人民；可以开展丰富多彩的习得式的活动，比如通过阅读，理解、把握有关法律知识，记住有关的法律规范，也可以开展各种形式的体验活动，让学生来感受法律的刚性、公平和温度等。如《公民的基本权利和义务》是《道德与法治》六年级上册第 4 课的内容。教学中可运用案例教学法，从生活中选取素材、创设情境、引出课题，再通过思考辨析，拓展学生的思维，引导学生在分析案例的过程中，明确公民的基本权利与义务的相关内容，并通过制作一份“小公民义务清单”将所学落实到实际行动当中，帮助学生形成清晰、完整、深刻的权利和义务观念。

（6）科学类主题教学。

科学类主题教学旨在初步培养学生的科学意识和探究兴趣，培养学生热爱自然、热爱科学，进而指导学生学会健康、安全、科学地生活。以部编版《道德与法治》五年级上册第四单元“骄人祖先　灿烂文化”中的第 9 课《古代科技　耀我中华》为例，通过趣味导课—经验交流—资料分析—实践探究—情感升华的递进模式展开，教师以“中国古代四大发明”的图文或视频创设情境，激发学生对古代科技的兴趣；引导学生分享已知成就（如地动仪、赵州桥），并讨论古代科技对现代生活的影响，初步感知其智慧；结合《天工开物》、中医针灸等，指导学生从古籍记载和历史文物中提炼科技发明的原理与社会价值；通过“发明配对”“水浮法指南针模拟实验”“朝代科技思维导图”等实践活动深化认知；最后联系造纸术、火药对世界文明的贡献，对比当代航空航天技术、5G通信技术，强调“传承与创新”，鼓励学生通过参观博物馆、阅读典籍等方式主动探索中华科技文明，在知识学习中培养科学探究能力，强化文化自信与民族自豪感，实现知识、能力与价值观的融合提升。

（7）地理类主题教学。

小学道德与法治的地理题材仅涉及一些简单的地图知识和区域地理内容，大致包括地理地貌、气候民俗、世界人口等地球表面的地理环境中的各种自然现象和人文现象，其着眼点在于通过地理知识的学习，激发学生产生热爱地球、敬畏自然、多元接纳等人文情感，促进学生保护环境、尊重自然、强化责任等良好品德的发展。因此，在教学过程中要以学生的社会生活为依托，最大限度地将整个教学过程设计为在学生自主学习的基础上，开展问题探究式的学习体验活动，围绕课前探究（搜集资料、现场调查、参观访问、实地观察、生活体验）、课中深化、课后发展来设计教学。本课型教学模式的基本框架是：创设情境、链接生活—汇报展示、合作探究—感悟深化、提升认识—回顾整理、拓展延伸。如“辽阔的国土”（部编版《道德与法治》五年级上册第6课《我们神圣的国土》第一个话题）包含了大量的地理知识，老师让学生自己在中国的省级行政区域图上寻找不同名称的省级行政区，用地图来引导学生学习地理知识，以此来提高学生阅读地图、使用地图的能力，引导学生谈一谈自己的旅游经历来描述祖国的辽阔，让学生在活动当中认识祖国行政区划，感受祖国幅员辽阔、领土神圣、不可侵犯。

（8）历史类主题教学。

小学道德与法治课中的历史内容不仅是要告诉学生一段客观的史实，更重要的是要通过这段史实对学生进行品德的陶冶，最终实现政治认同。五年级下册历史主题单元“百年追梦　复兴中华”，以鲜明的立场阐明了单元教学价值的根本所在。《不甘屈辱　奋勇抗争》《推翻帝制　民族觉醒》《中国有了共产党》《夺取抗日战争和人民解放战争的胜利》《屹立在世界的东方》《富起来到强起来》六课内容的学习就是要让学生透过纷繁的史料，感悟无数革命先驱、英雄儿女身上的民族精神，从而更深刻地理解中华儿女共同的期盼与梦想——实现中华民族伟大复兴，并愿意为此立志、勇担责任。本课型教学模式的基本框架是：创设情境、激发兴趣—提出问题、明确目标—自主学习、自主建构—小组交流、分享互助—课堂展示、质疑释疑—精讲点拨、深化提高—课堂小结、达成目标。

（三）根据特定的教学目标而采取的教学形式——教学方式方法设计

赞科夫说，教学法一旦触及孩子的情绪、意志或触及孩子的精神需要，那这种教学法就能发挥极大的积极作用。在进行教学设计时，教师要明确目标引领方向、内容决定形式，培养目标的转变预示着教材内容的变化和教学方式的改变，育人目标的变化必然引领教学方式的变革。课程目标与教学方式的关系可以从三个方面来理解：课程目标为教学方式的选择和创新探索提供根据，教学方式的适宜性和创新性为课程目标的实现提供保证，课程目标和教学方式共同指向核心素养的培育。当三维目标变成核心素养目标，当关注知识、能力和情感的教学（其实落地时更多地变成了知识点＋课时）变成培养必备品格和关键能力（落地时需要把知识点蕴含在情境＋任务＋活动中）的教学，教师需要认清课程目标和教学方式的关系，在实践中积极探索培育核心素养的适宜的教学方式。教师应根据教学内容，认真思考并选择教学方法，做到博采众长、比较择优、综合演化，乃至不断创新，最终达到最佳教学效果。

新课程标准指出：要注重案例教学，选择、设计和运用个人和社会生活中的典型实例，鼓励学生探究、讨论，提高学生的价值辨析能力。要积极探索议题式、体验式、项目式等多种教学方法，引导学生参与体验，促进感悟与建构。要采取热点分析、角色扮演、情境体验、模拟活动等方式，引导学生开展自主探究与合作探究，让学生认识社会。

（1）对话欣赏。

利用教材提供的话题、素材、留白（空间），以及教学过程中生成的问题，在教师的引领下，通过讲授、谈话、讨论、提问等方法，开展学生与文本之间、生生之间、师生之间的多元多维式对话，给予学生鼓励。如在教学《低碳生活每一天》（部编版《道德与法治》四年级上册第 12 课）一课时，老师设计了情景对话：你还记得自己发烧时的感觉吗？猜想一下：地球发烧了，它会是什么感觉？联系生活和课前搜集到的相关资料，小组讨论交流地球发烧造成的影响和伤害，设想地球持续 30 天都是 45℃的高温，会有什么后果？看相关视频，猜想地球“发烧”是什么原因引起的？怎样减少碳排放，给地球降温？北京冬奥会上我们国家做到了绿色办奥，实现碳中和目标，切实为地球降温，向世界展示了我们的大国自信和大国担当。你能为解决环境问题做点什么？请制定一份“家庭低碳生活新规范”，低碳生活每一天。通过这些方式帮助学生树立保护自然、保护地球的主体责任感。

（2）情境设计。

核心素养是在问题情境中借助问题解决的实践培育起来的。我们要培养学生什么能力，就必须要在需要这种能力的问题情境中实现。创设有价值的教学情境，让学生在情境中体验生活、领悟道理，是培养学生良好品德和行为习惯的一个十分有效的教学手段。在道德与法治课程的教学设计中，通过生活再现、融入情境、角色扮演、换位体验等形式，通过画面再现、音乐渲染、实物演示、生活显示、语言描述等不同类型的情境，使学生“身临其境”“心临其境”，获得真实的感受和积极的情感体验，从而提高道德认知水平和践行能力。如在教学《夺取抗日战争和人民解放战争的胜利》（部编版《道德与法治》五年级下册第 10 课）一课时，教师创设红色“云研学”情境，带领学生通过图文、视频等走进沈阳“九・一八”历史博物馆、侵华日军南京大屠杀遇难同胞纪念馆，引导学生了解抗日史实，感悟国土沦丧、生灵涂炭的悲痛，拉近了历史与学生生活的距离，使学生的道德认识与道德情感得到双重建构。

（3）模拟表演。

学生的注意力较难集中，容易被新鲜的事物所吸引。通过参与、示范、模仿、练习、反馈等方法，如角色游戏、小品表演、哑剧表演、戏剧表演等，引导学生全员、全程、全身心、多感官地去参与、亲历过程。学习生活中待人接物的一般礼节、在紧急情况下的求助和自救方法、交通安全标志的识别与遵守交通规则、遵守公共秩序等方面的教育都可利用这一形式，活动的关键是让儿童获得体验，演技好坏并不重要。还可以用“小小法庭”“知识银行”“我来当老师”等模拟形式进行授课，最大限度地调动每个孩子的积极性、创造性，使儿童的记忆和学习更加深刻。

（4）观察、调查。

观察是指利用感官认识事物的实践活动，是儿童认识未知世界、提升认识水平的主要方法。调查是“采用一定方法，通过一定的途径，深入实际了解特定的事物，以获取资料的方法”。观察、调查是儿童走进生活、感受生活、认识生活、获取生活经验的桥梁和基本方法，能让儿童从自己的生活世界出发，用自己的眼睛观察社会，用自己的心灵感受世界，用自己的方式研究社会，对于引导儿童“学会生活”，形成勇于探究和创新的科学精神，发展儿童多方面的素质具有重要意义。在教学部编版《道德与法治》四年级上册《我们所了解的环境污染》一课时，教师可以在课前布置学生走进社区，了解身边的环境污染，小组合作进行“身边的环境污染大搜索”，并完成调查表的任务；课上引导学生交流整合信息，制作“我们的减塑方案”；课下提醒学生互相监督实施制作的减塑方案，使学生学以致用，做到知行合一。

（5）故事启发。

故事是传播、建构精神最有效的载体。具有启迪意义的故事，会给小学生带来十分重要的终身影响；浅近的哲理，又常常成为小学生行为规范的指南。小学生喜欢听故事，喜欢模仿故事中人物的想法、语言、行动，教师要善于把培养担当民族复兴大任的时代新人作为讲故事的着眼点，紧扣时代脉搏、国家政策和教材内容，围绕“富强、民主、文明、和谐，自由、平等、公正、法治，爱国、敬业、诚信、友善”的社会主义核心价值观来讲中国故事、英雄故事、模范故事、身边故事、反面故事，使学生明理悟道，受到启发教育。如在教学部编版《道德与法治》五年级上册第四单元中的第10课《传统美德　源远流长》第一个话题“自强不息的人格修养”时，老师可以引入乘风破浪的宗悫、苏武牧羊、赵武灵王胡服骑射的故事，让学生感受自强不息对于民族发展的重要性，再结合2022年神舟十三号飞行任务圆满成功这一伟大事件，讲述神舟十三号航天员王亚平2001年毕业成为一名运输机飞行员，2003年与部队的飞行战友共同在电视机前收看了神舟五号的发射，萌生了“成为女性航天员”的梦想，之后不断努力最终实现了自己梦想的故事，将学生引入修身立德的大门，使道德教育从“外在教化”走向“自主养成”，促进学生素养发展。

（6）游戏活动。

心理学家认为游戏是人类的本能和动机之一。儿童的机体在游戏中得到锻炼，情感在游戏中得到满足，智力在游戏中得到发展。如低年级学生特别喜欢玩“找朋友”的游戏，在进行“找朋友”游戏时，通过让小朋友戴小红花头饰，找行为规范、正确的小朋友做朋友，并说明为什么找她（他），来培养学生分辨是非的能力，还可以使较难记忆的内容通过“找朋友”这一游戏增强趣味性，帮助学生记忆，培养儿童的情感，体验集体生活的乐趣，理解规则、学习知识。“实话实说”“真心话大冒险”“绘本剧场”“烦恼消消乐”等形式多样的游戏能帮助学生巩固知识，加强实践，进而推动学生知情意行的统一。

（7）构图表达。

引导学生开展填色、绘画、剪拼图等活动，让他们通过图画和色彩表达内在的感受，激发创造的热情，从而不断升华学生的道德情感。如在教学“科技改变世界”（部编版《道德与法治》六年级下册第四单元第8课《科技发展　造福人类》第二个话题）时，教师可以用思维导图梳理三次工业革命带来的影响（如图1-1所示），让学生感受科技给我们的生活带来的变化。

（8）竞赛评比。

竞赛评比法利用儿童想获得成功的心理需要，极大地激发儿童积极参与活动、不断进取的学习动机，可以通过“快乐竞答”“挑战高手”“芝麻开门”“幸运52”“智力快车”等游戏活动，也可以用“小学生辩论会”“开心组合”等比赛活动，进一步增强儿童的学习兴趣和克服困难的毅力。实践证明，多数儿童在竞赛情境下开展学习活动，要比一般学习形式有效。在教学《我的家庭贡献与责任》（部编版《道德与法治》四年级上册第二单元第6课）时，教师可以组织儿童开展“我会做，我能行”小竞赛活动，让他们在穿衣服、系鞋带、整理书包等竞赛中学会自理，在真实的合作、探究、质疑、追问过程中，自主构建知识体系、自主体验情感、自主参与活动，养成新课标要求的核心素养。

（四）计划教学活动的主要流程——教学步骤

（1）课前探究部分。

学生课前准备是教学活动的需要，是培养学生自主学习和分析处理信息能力的重要手段，也是培养学生探究能力的有效途径之一。学生在就活动主题进行资料搜集、课前体验、准备素材等课前探究的过程中体会、感受，为课堂上的学习提供前提基础。通过准备活动，教师能够进一步了解学生，以便从学生的角度来营造课堂生活，把学生的个体认知、直接经验、生活世界以及学生中的共性问题作为鲜活的课程资源引入课堂。同时，学生在课前准备的过程中，丰富了生活的积累，加深了体验和感悟，为课堂活动做好了情感和心理上的准备。

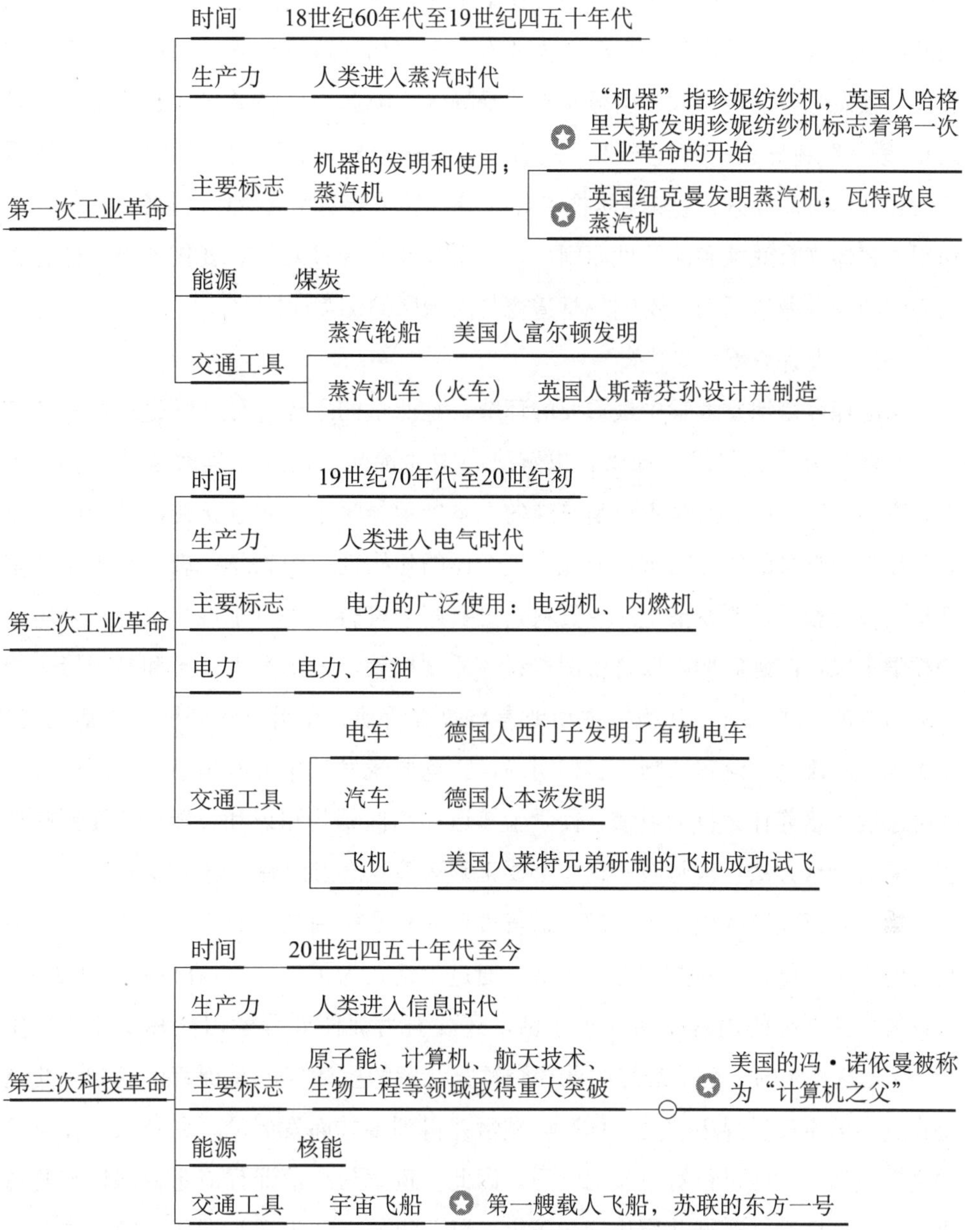

图 1-1　《科技发展　造福人类》思维导图

（2）导入新课部分。

导入新课的要义在于通过创设情境、营造气氛，达到激发学生学习兴趣的目的。导入是教师引导学生进入课题的切入点，也是教学内容的联结点，还是教学环节之间的过渡手段。出色的导入新课犹如说书中的开讲、评弹中的开篇、演戏中的序幕，能激发情绪、启发思考，让学生在兴致勃勃或激情荡漾中产生对新知识的渴望。教学活动可采用的导入方式有很多，如营造情境导入（放松学生心态导入、激发学生动机导入、引导直观感受导入、唤起生活情感导入、渲染情感导入）、语言陈述导入（直述导入、故事导入、谜语导入、歌词或歌曲导入、诗歌导入、对话交流导入）、多媒体技术导入等。导入要起到凝神、起兴、点题三个作用，要体现有效性和简约性原则，要具有趣味性和针对性。要用情趣盎然、扣人心弦的导入激活活动，奏响一堂道德与法治课的优美序曲。

（3）主题探究部分。

主题探究是课堂教学中最重要的环节，是课堂的主体部分。学生在这一环节中运用多种方式去寻求、探索，以解决心中的疑问，达到课程教学的目标。当下，道德与法治课程教学不再是单纯的文本展示与学生的被动接受，教师应当充分关注学生自身的实际需求，依托学生个体的建构性组织教学。教师要善于处理教材、整合教材，既要借鉴一些资料，更要超越资料，进行个性化设计，采用多种教学手段，前延后伸，取舍备课资料，适度拓展，采用学生乐于和易于接受的生动活泼的方式，引导其积极主动地参与教学活动。在引出和开展一项活动时，要做到活动规则、流程清晰、目标明确，究竟要激发学生哪种情感，生成或改变哪种态度，培养什么行为习惯，使学生知道和掌握哪些知识和技能，关注哪些过程，学会什么方法，教师对于这些都要正确运筹、恰当把握，防止形式化。

第一，以儿童的生活为基础。道德教育的根本作用就是教人学会建构属于他自己的生活，德育课程要“源于生活，通过生活，为了生活”，在课程的实施中，不仅要关注课程的内容是否贴近生活，还要努力促使课程学习能真实地改变生活。① 儿童真实的生活是最好的课程资源；儿童的生活经验是课程的基础；儿童是在真实的生活世界中感受、体验、领悟并得到多方面发展的，儿童只有在自己的真实生活中才能进行有意义的学习。因此，道德与法治课程应重视课程与儿童生活世界的联系，遵循儿童生活的逻辑，以儿童的现实生活为课程内容的主要源泉。教学活动要从课堂生活拓展到儿童的学校、家庭和社会生活，以密切联系儿童生活的主题活动或游戏为载体，以正确的价值观引导儿童在生活中发展、在发展中生活，从而促进道德品质的内化，引导儿童过有意义、有创意的生活，努力

① 鲁洁．重新认识道德和道德教育．人民教育，2015（19）：72－75.

使道德与法治课程成为儿童道德生命成长的支点。如在《家乡物产养育我》（部编版《道德与法治》二年级上册第四单元第14课）一课的教学中，教师将探寻曲靖本地物产的活动主题分别设计为“眼中的曲靖”“指尖上的曲靖”“舌尖上的曲靖”，通过引导学生观察曲靖自然景观和名胜古迹、探访传统手工艺、品尝传统小吃和特色美食等活动，感受家乡物产的丰富，感受家乡物产的养育之情，明白“家乡物产养育了我”其实是聪明智慧的家乡人用家乡物产养育了我，形成对家乡的眷恋和热爱之情。

第二，注重活动的情趣性。儿童天真活泼，喜新好奇。道德与法治课程学习活动的设计要富有情趣性、活动要出“新”，即通过对活动内容的精心安排，对活动形式的巧妙设计，让活动焕发出新的魅力；活动要出“奇”，经常性地在活动过程中设置一些出人意料的“问题情境”，逐步培养儿童对司空见惯的活动情境和现象的好奇感，促使其积极地感受、体验、感悟。①

（五）获取教学效果的反馈信息——教学评价设计

评价的根本目的在于积极促进学生发展，全面了解和掌握学生的道德和社会认知、判断、行为，以及发现和解决问题等方面的能力，以帮助教师改进教学，保证课程目标的实现。评价结果真实反映出每个学生在原有基础上的进步与变化，帮助学生准确了解自己的学习状况。这强调要发挥评价的诊断、反馈、改进、激励、强化等教育发展功能，促进学生不断发展。设计教学评价手段要注意以下四个方面：（1）评价要目的明确。评价目的明确，评价语言才可能准确，评价的导向性才能突出，评价才更有价值。（2）评价要体现多元化。主要表现为：评价主体多元化，即教师、学生自己、同学等都可以作为评价的主体；评价方式多元化，即采用多种多样的评价方式，多角度、多层面为学生提供表现机会，更好地发挥激励作用；评价标准多元化，即多维度为学生确立多种评价标准，以利于不同层次学生的全面发展。（3）评价要注意过程性。评价要贯穿教学活动的全过程，教师要有意识地引导学生，并和学生一起适时评价。（4）评价要坚持发展性原则。要用发展的眼光看待学生的学习表现，在学习过程中对学生进行动态的评价，使评价成为学生进一步发展的导向和动力。②

① 周志琦．小学道德与法治教学中融入生活化理念的思考．学周刊，2021（1）：45-46.

② 《新课程发展性教师评价》编委会．新课程发展性教师评价．北京：中国轻工业出版社，2004：1252.

教师在进行教学设计时，要通过鼓励学生对课堂任务进行合作和参与而采取一系列行为和活动的组织技术，让每个学生最大限度地参与团体的活动，担负起自己的责任，促进学生发展。教师可根据每节课的教学目标，精心编选一些诊断性测试题，包括判断题、填空题、匹配题、选择题等，通过测试获得学生达到教学目标的程度。教师评价学生时，要做到以下几点：第一，要关注学生的态度，留心观察学生对活动的积极性、专注的程度、喜欢的程度，对周围环境中重要事情、现象的关心程度，主动参与活动的程度，以及情感的表现等。第二，要关注学生动脑筋的程度，是否爱琢磨、爱发表意见、爱出主意、爱想办法，是否有自己的看法，是否能应用学过的知识或表现出一定的创造性，是否能想出各种获取信息和解决问题的途径和办法等。第三，要关注学生是否与他人合作，是否能与同学、老师讨论或商量问题，是否友好地与同学合作，有问题时能否协商解决，能否主动地争取别人的帮助等。第四，要关注学生知识、技能的掌握情况，观察学生是否掌握了与活动有关的知识，以及操作、表达所需的各种技能掌握的程度。要用富有魅力的激励式、期待式、接纳式、亲近式语言唤起学生丰富的情感和极大的学习兴趣。可以问学生："你们觉得他说得精彩吗?""这一组的表现，你觉得怎么样?""你感觉自己在刚才的小组学习中表现得积极吗?""你的看法和他有何不同?"，把评价关系建立在师生之间、生生之间、组群之间，帮助学生形成一定的思辨能力和价值取向。

例如，教师在教学五年级上册第三单元第 6 课《我们神圣的国土》第一课时的内容时，可依据新课程标准中核心素养的要求，设计学生学习评价表（如表 1 - 1 所示）。评价围绕"国家认知""能力提升""情感态度""责任行动"四大维度，构建"知识-能力-情感-实践"四位一体的评价框架，既覆盖国土知识的系统性掌握（如地理位置、行政区划、法律条文），又关注跨学科实践能力（如资料收集、合作探究、创新设计）和价值观内化（如家国情怀）。在表中，将评价结果分为 A（30～36 个笑脸：卓越）、B（21～29 个笑脸：良好）、C（12～20 个笑脸：达标）、D（0～11 个笑脸：待改进）四级。对 A 级学生进行表扬奖励；对 B、C 级学生开展针对性能力提升；对于 D 级学生，教师要深入反思教学问题，实施系统性辅导，确保全体学生达成"知国土、爱家国、践行动"的多维目标，提升学习质量。

案例 2

表 1-1　《我们神圣的国土》学习评价表①

班级：　　　　　　　　姓名：

评价维度	具体项目	自评	生评	家长评	老师评
国家认知	(1) 在世界地图上标注中国位置，说出中国的领土面积及世界排名。				
	(2) 识别海陆邻国、四大海域及省级行政区域划分。				
	(3) 阐述台湾省基本信息，明确“台湾是中国不可分割的一部分”。				
能力提升	(1) 运用地图、网络/书籍收集分析国土资料。				
	(2) 清晰表达国土知识（如地理位置、行政区划）。				
情感态度	(1) 通过数据对比，主动分享对祖国疆域辽阔的自豪感。				
	(2) 结合家乡生活、旅行等经历，讲述对祖国地域多样性的感受。				
责任行动	(1) 在家庭/社区宣传领土知识（如手抄报）。				
	(2) 针对“保护国土环境”提出具体行动方案。				

二、教学设计方案编写

好的教学设计一定是开头巧、主线清、内容实、形式美、总结妙，不仅能给人留下深刻的印象，也利于教师轻松自如地完成教学任务。教学设计方案主要有两种基本编写格式，即文本式与表格式；也可将文本式与表格式混合使用。不管是哪种格式的教学设计方案都包括教学目标、教学内容、教师活动、学生行为、教学媒体和时间分配等方面的描述。

（一）文本式教学设计方案

(1) 设计思想。简要说明本课教学的指导思想、理论依据和设计特色。

(2) 教材分析。分析本课教学内容要求、本课内容的组成，以及本课在教材

① 本案例由云南省曲靖市第二小学陈丽芳老师提供。

中的地位和作用。

（3）学情分析。分析学生学习该内容的认知起点、学习障碍、学习难度，以及将采取的学习策略。

（4）教学目标。依据课程标准，围绕核心素养要求对教学目标进行描述。

（5）重点难点。说明本课的教学重点和教学难点。

（6）教学策略与手段。本课教学中所运用的教学模式、教学策略和教学手段。

（7）课前准备。学生的学习准备，老师的教学准备，教学环境的设计，教学用具的准备等。

（8）教学过程。描述教学过程的各个环节，力求做到：教学策略、教学方法和教学组织形式的选择注重学生学习实践过程的体验；努力实现学科教学的科学性，关注学习与学生的经验世界和想象世界的联系；较好地体现过程性评价对学生发展的作用，体现老师有效的指导；突出教学重点，巧破难点；内容安排合理、有序，容量适当；教学媒体使用适时、适量、适度，体现创新性和可操作性。

（9）板书设计。板书设计要提纲挈领、简洁明了、美观大方、直观形象、有感染力、有艺术性，板书的内容要体现简洁性、系统性、层次性、概括性，还要新颖易记。

案例3　“中华民族大家庭”教学设计①

（部编版《道德与法治》五年级上册第7课第一个话题）

【教学目标】

1. 知道我国是56个民族组成的统一的多民族国家，了解各民族分布呈现大杂居、小聚居、交错居住的特点。

2. 感知各民族人口流动越来越频繁，促进了相互间的交往交流交融。

3. 知道各民族都是国家的主人，并逐渐形成平等团结互助和谐的社会主义民族关系。

4. 通过材料谈启示，分享关于各民族对中华民族大家庭所做的贡献的故事，

① 本案例由云南省曲靖市第二小学段冰霞老师提供。

设计讨论合作拼图活动，提高学生学习能力和合作意识。

5. 理解平等团结互助和谐的社会主义民族关系，感悟中华民族大家庭的温暖。

【教学重难点】

知道各民族都是国家的主人，并逐渐形成平等团结互助和谐的社会主义民族关系。

【教学过程】

板块一：了解中华民族的构成

(1) 播放中华人民共和国成立 70 周年群众游行“民族团结”方阵的视频。

1. 从这个视频中，你们发现了什么？

2. 师：这个方阵叫“民族团结”方阵，各民族代表们身着各民族传统服饰，载歌载舞。这节课，让我们一起走进中华民族大家庭。(板书课题)

3. “民族团结”方阵中，你看到了哪些民族？

(2) 阅读教材第 54 页的文字和饼状图。

1. 为什么把除汉族以外的民族称为少数民族？

2. 师：我国各民族人口中，汉族人口最多，其他 55 个民族因为人口数量相对较少，所以习惯称为少数民族（板书：汉族、少数民族）。

板块二：探究民族分布

(1) 观察中国少数民族分布区域图。

1. 说一说少数民族分布的情况。

2. 师：在中华民族大家庭中，各民族分布呈现大杂居、小聚居、交错居住的特点（板书：大杂居、小聚居、交错居住）。

3. 师：介绍 5 个少数民族自治区及人口数量相对较多的几个少数民族。

4. 互相说一说人口数量相对较多的这些少数民族的分布位置。(小组合作学习)

(2) 拼图活动。

1. 各民族代表上讲台找家乡、说区域。

2. 师：一块块小小的拼图把一个个民族聚集在一起，形成了一个大家庭。

板块三：感知民族交融

(1) 阅读教材第 55 页“活动园”的内容。

(2) 仔细观看图表，从数字变化中，你有什么发现？

(3) 这会带来什么好处？

(4) 师：各民族人口流动越来越频繁，促进了各民族交往交流交融。

板块四：体会民族关系

(1) 学习资料：全国人民代表大会少数民族代表（图片），少数民族人大代表人数的比例图（图片），了解各民族间一律平等。

1. 从图片和比例图中，你们看到了什么？

2. 交流：说一说你们的感受。

(2) 学宪法，理解民族平等。

1. 学习资料：阅读教材第 55 页“相关链接”。

2. 师：我国宪法保障了各少数民族的合法权益，这对维护和发展各民族的平等团结互助和谐关系，维护社会稳定，促进各民族的共同繁荣，具有重要意义。（板书：平等、团结、互助、和谐）

(3) 听故事，感受平等团结互助和谐的社会主义民族关系。

1. 听故事——彝海结盟。

2. 看视频，了解青藏铁路的修建背景。

3. 听了各民族之间的故事，说说中华民族大家庭是一个怎样的大家庭？

4. 师：我国各民族汇聚为一个大家庭，形成了平等团结互助和谐的社会主义民族关系。

板块五：促进民族团结

(1) 教师小结。

(2) 齐读童谣《民族团结一家亲》。

【板书设计】

中华民族大家庭

汉　族 } 平等团结
少数民族 } 互助和谐

（大杂居、小聚居、交错居住）

案例分析

“中华民族大家庭”是小学《道德与法治》五年级上册第三单元第 7 课的第一个话题。教材从学生已有生活经验出发，设计了阅读材料谈谈启示，查找资料说说身边的少数民族，安排了活动园和知识链接，通过这些环节引导学生充分了解我国民族分布特点、知道社会主义民族关系，培养学生民族团结互助的情感。

教学中教师通过播放中华人民共和国成立70周年群众游行“民族团结”方阵的视频，让学生直观地感知中华民族是多民族的大家庭；各民族人民欢快地歌唱、跳舞的场景，可以使学生直观地感受到各民族团结、和谐，亲如一家人的气氛。由此导入课题，激发学生进一步学习的兴趣。

通过师生合作、共同探究的五个板块深入教学。板块一：了解中华民族的构成，通过阅读图文，激发学生思维，启发学生思考，帮助他们理解少数民族的概念；板块二：探究民族分布，以学生的经验为起点，利用民族分布图，分别从“大杂居、小聚居、交错居住”进行探究，了解我国各民族分布情况，进而理解我国民族分布的特点。板块三：感知民族交融，通过分析数据、阅读文本，使学生直观感受到少数民族人口是流动着的，体会到随着各民族交往交流交融，我国各民族逐渐汇聚成一个大家庭。板块四：体会民族关系，本环节在学生感知社会主义民族关系后，运用多种学习方式，分别从民族平等、团结、互助、和谐四个角度，引导学生深切感受社会主义民族关系所带来的幸福生活。板块五：促进民族团结，本环节在教师课堂总结的基础上，抓住小学生心理特点，把民族团结一家亲的内容编写成童谣，让学生在朗朗上口的诵读中再一次感受民族团结的重要性。

本节课帮助学生从整体上认识我国是一个统一的多民族国家，以及社会主义民族关系，正确认识各民族大杂居、小聚居、交错居住的分布格局，让学生了解各民族在文化上兼收并蓄，经济上相互依存，情感上相互亲近，你中有我，我中有你，谁也离不开谁，培养学生的政治认同、道德修养、责任意识、健全人格，强化爱国主义教育。

（二）表格式教学设计方案

表格式教学设计简洁、明了，能够清晰勾画出教学环节、教师活动乃至学生行为预设、设计意图等，具体样式见表1-2。

表1-2　表格式教学设计

<table>
<tr><td>课题名称</td><td>教材版本名称，章、节名称</td></tr>
<tr><td>作者及工作单位</td><td></td></tr>
<tr><td colspan="2">设计思想（写出本课教学的指导思想、理论依据和设计特色）</td></tr>
<tr><td colspan="2">教材分析
1. 课标中对本节内容的要求；本节内容的知识体系；本节内容在教材中的地位，前后教材内容的逻辑关系。
2. 本节课核心内容的功能和价值（为什么学本节内容）。</td></tr>
</table>

续表

<table>
<tr><td colspan="4">学情分析
1. 教师分析、师生访谈、问卷调查等都是比较有效的分析学生的测量手段。
2. 学生认知发展分析：主要分析学生现在的认知基础（包括知识基础和能力基础），要形成本节课内容应该要走的认知发展线。
重点填写学生在学习本节课时有影响的心理状态、知识结构特点和学习准备状态，作为解决教学重点、难点，选择教学策略，设计课堂教学过程的依据。如果设计的教学活动是在信息化环境下进行的，还需要分析学生现在所具备的信息素养状况，以利于教学活动的开展。</td></tr>
<tr><td>教学目标</td><td colspan="3">教学目标的确定应注意按照新课程的目标体系进行分析。</td></tr>
<tr><td>教学重点</td><td colspan="3">说明本节课必须解决的关键性问题。</td></tr>
<tr><td>教学难点</td><td colspan="3">说明本节课学习时易产生困难和障碍的知识点。</td></tr>
<tr><td>教学方法</td><td colspan="3">说明本节课所采用的教学方法。</td></tr>
<tr><td>教具准备</td><td colspan="3">包括需要预习的内容，考虑的问题，调查、研究、收集的资料等。</td></tr>
<tr><td>课时安排</td><td colspan="3">本节课需要的课时数。</td></tr>
<tr><td colspan="4">教学过程
教学过程的表述不必详细到将教师、学生的所有对话、活动逐字记录（这不是预设），但是应该把主要教学环节、教师活动、学生活动、设计意图很清楚地呈现出来。</td></tr>
<tr><td>教学环节</td><td>教师活动</td><td>学生活动</td><td>设计意图</td></tr>
<tr><td>导入新课、主题探究、巩固练习、评价修正、促进迁移。</td><td>教师在参与教学活动时的各种表现（语言、动作、思维、表情等各个方面）。</td><td>学生在参与教学活动时的各种表现（语言、动作、思维、表情等各个方面）。</td><td>要说出每个环节、每个提问、每个动作的具体指向和明确的目的。与教学活动、学生的表现一一对应。</td></tr>
<tr><td>板书设计</td><td colspan="3">简练、清晰、实用，勾勒整堂课的主要内容。</td></tr>
<tr><td colspan="4">学生学习活动评价设计
设计评价方案，向学生展示他们将被如何评价（来自教师和小组其他成员的评价）。另外，也可以创建一个自我评价表，这样学生可以用它对自己的学习进行评价。</td></tr>
</table>

一般而言，文本式可以比较充分地表达思想和具体的内容，信息量大，但不宜直观地反映教学结构中各要素之间的关系；而表格式能够比较简洁、综合地体现教学环节中教、学诸因素的整合。因此，教学设计方案可以根据具体的内容要求灵活展现，或者以表格式书写，或者以文本式书写，或者将文本式和表格式合二为一，采用文本式书写前端分析，表格式书写教学过程，从而形成一份教学设计方案。教学设计必须写出自己的设计思想、理念、目的、理由，甚至理论依据，要有自己的独特、创新、个性化的设计。

教学设计完成后还应进行反思：教学目标实现了没有？教育、教学理念转化为具体的教学行为了吗？通过什么方式转化？有没有创造性地挖掘和利用教学资源？教学设计最突出的亮点是什么？教学预设是否有效？有没有比这更有效的设计？教师要在反思中不断调整自己的教学设计，以期完美有效地实现整个教学行为。

第三节　小学道德与法治教学设计案例与分析

教学设计取决于设计者对教学思想、教学目的的理解与掌握，取决于对教学内容的掌握和对学生实际情况的了解。进行教学设计时要注意以下几点：树立与时俱进的教学观念；在尊重教材的基础上创造性地使用教材，用教材教，而非教教材；重视教学方式方法的选择；设计教学过程要依据教学内容，创造性地设计师生活动，避免教学过程模式化、机械化、无序化，提倡个性化教学设计。由于课堂教学的形态是多种多样的，很难把各种各样的教学形态一一标出后分别举例评析，所以这里以文本式与表格式各举一例，以求窥一斑而知全豹。

案例 4　　**“减少垃圾　变废为宝”教学设计①**

（部编版《道德与法治》四年级上册第四单元第 11 课第二个话题）

【教材分析】

“减少垃圾　变废为宝”是部编版《道德与法治》四年级上册第四单元“让生活多一些绿色”中第 11 课《变废为宝有妙招》的第二个话题。本节课包含了三个板块的内容：(1) 思考减少垃圾、减少浪费的办法；(2) 了解生活中垃圾分类的方法，以及垃圾分类的意义；(3) 能够利用自己的创意使垃圾变废为宝。这些内容，都指向了新课程标准核心素养中的道德修养和责任意识两项目标体系。通过本节课的学习旨在让学生学会有创意地节约资源和再利用资源，并逐步养成节约和合理使用资源的良好习惯，树立环保意识，转变浪费资源、破坏环境的生活方式。

【学情分析】

四年级的孩子处于学习能力和情感能力快速发展的时期，已经有了对生活的观察和思考能力。学生虽有环保意识，但对垃圾与资源两者之间的联系缺乏认识

① 本案例由云南省曲靖市第二小学李晶晶老师提供。

和体会，因此，本节课从全球垃圾问题现状导入，引导他们认识变废为宝的好处，进而学习垃圾分类，让学生感受变废为宝的快乐，从而让他们自觉自愿地从自己做起，减少垃圾，保护环境，养成绿色的生活方式。

【设计理念】

本节课的教学，教师紧紧围绕“减少垃圾”这一主题，采用探究式、体验式、小组合作式等学习方式来突破教学重点和难点。本节课的教学首先从学生生活实际出发，通过课前的探究活动，调动学生参与学习的积极性和主动性，进行减少垃圾的经验分享，引出变废为宝的好处，初步建立垃圾分类的意识；再通过帮垃圾找家活动，让学生在课堂活动中学习垃圾分类的知识，寓教于乐；最后让学生开展变废为宝的讨论，加深学生对垃圾分类的认识。在此基础上，引导学生课后参与变废为宝的实践活动，体会“垃圾是放错位置的资源”这一理念，提升学生对垃圾分类知识学习的广度和深度，激活学生的创新思维，让学生学会有创意地节约资源和再利用资源。

【教学目标】

学生通过垃圾分类的体验式活动及废物回收利用的主题探究活动，掌握垃圾分类及废物回收利用的方法，明白垃圾分类回收与循环再利用的意义，形成节约资源、变废为宝的观念，强化责任意识。

【教学重难点】

教学重点：掌握减少垃圾的方法，并尝试进行垃圾分类。

教学难点：尝试将收集到的废旧材料再次利用，变废为宝。

【课前准备】

教师制作PPT课件及搜集资料、准备垃圾分类小卡片及四个垃圾桶。

【教学课时】

1课时

【教学过程】

板块一：减少垃圾势在必行

1. 美丽的地球是我们唯一的家园，然而我们的家园正在经历什么呢？（播放垃圾围城的视频）

2. 请学生分享观看视频后的感受。

3. 揭示课题：减少垃圾　变废为宝。

【设计意图：回顾上节课所学内容，使学生通过视频了解当前的环境情况以及垃圾污染程度，直观感受垃圾的危害和减少垃圾的必要性。】

板块二：垃圾分类，变废为宝

活动一：减少垃圾出妙招

1. 怎样才能用实际行动减少垃圾的产生，减轻垃圾对环境的污染，减少资源的浪费呢？请同桌之间进行讨论。

2. 请大家针对如何减少垃圾说说自己的想法。

3. 出示《中华人民共和国固体废物污染环境防治法》第四章生活垃圾第四十九条相关内容，明确减少垃圾是我国公民应该履行的义务。

【设计意图：引导学生分享生活中减少垃圾产生量、减少资源浪费的做法，建立减少垃圾的意识；通过我国相关政策法规的宣传，筑牢学生法治观念，激发学生"主人翁"意识；让学生有切身体会，启发他们从点滴小事中寻找减少垃圾的方法；让学生明白减少垃圾的方法虽有不同，但只要开始行动，就都能保护环境。】

活动二：变废为宝我了解

1. 同学们，在我们的生产和生活中，垃圾的产生是不可避免的。若垃圾已经产生了，我们又该怎么办呢？请大家和老师一起看看在厨余垃圾的身上发生了什么故事？

（教师播放视频《厨余垃圾的自述》）

2. 思考与讨论：厨余垃圾在经历了这些旅程以后，会给咱们的生活带来哪些变化呢？

3. 教师总结：厨余垃圾处理的好处也恰恰是垃圾变废为宝的好处：

（1）占地面积小；

（2）能源利用效率高；

（3）减量效果好；

（4）处理速度快；

（5）污染控制好。

这样做既减少了生活垃圾带来的环境污染，又有效利用了厨余垃圾，何乐而不为呢！

活动三：垃圾分类我先行

1. 垃圾分类我了解。

（1）变废为宝好处多多，可是垃圾变身的过程却是困难重重的，为什么呢？

请大家看图片。（出示垃圾未分类，随意丢弃的图片）

（2）我们怎么才能避免这些问题，提高变废为宝的效率呢？以此引出垃圾分类的方法。

垃圾分类：在源头处就对垃圾进行分类处理可以让分类后的垃圾得到更加环保的处理。

（3）今天老师带来了大家熟悉的四位朋友，看看它们都是谁？出示四种颜色的垃圾桶，带领学生认识上面的图标及其意义。

2. 开展垃圾分类知识闯关活动。

（1）挑选出四位垃圾分类小使者，进行垃圾分类回收。

（2）全班同学对手中的垃圾进行分类投放，小使者在教室里走动回收。

（2）全班快速核对结果，教师相继进行纠正、讲解。

3. 垃圾分类我宣传。

（1）全班齐读习近平总书记在2018年前往上海考察时的讲话：垃圾分类工作就是新时尚！垃圾综合处理需要全民参与……

（2）小组讨论如何让身边的人都参与垃圾分类工作。

（3）教师总结：同学们提出的方法都非常不错，希望通过你们的行动，让咱们班内的孩子都行动起来，也希望你们能够扩大影响范围，让垃圾分类进入咱们的家庭、社区！

【设计意图：围绕垃圾分类设计了三个教学环节：一是通过讲解，了解垃圾分类的知识；二是实践操作，进行垃圾分类知识竞赛；三是探讨垃圾分类的宣传途径。这三个教学环节的设计目是让学生重视垃圾分类的活动，掌握垃圾分类的方法，这是指向他们的生活需要的，同时对习近平总书记关于垃圾分类的重要指示的了解，也是我们道德与法治课程本身的特点，让孩子了解时政，有规范的生活，更遵循了新课程标准中核心素养对培养学生责任意识的指向。】

活动四：变废为宝创意多

1. 各类垃圾混在一起丢弃，垃圾就会很难再利用。要想更好地对垃圾再利用，就必须进行垃圾分类。分类之后，那些看起来毫无价值的垃圾，有些可以进行再利用。也正因为这样，我们才可以说垃圾是放错了位置的资源。

2. 教师展示教具，并请学生观察教具制作来源：纸箱、冰棍棒。

3. 全班讨论：穿不了的旧衣服，怎样再利用呢？

4. 小活动：有些物品，不是它们真的没用了，而是我们没有发现再利用它们的方法。请小组讨论废报纸、废弃轮胎等物品，还有哪些循环利用的方法？还有其他废弃物有不同的利用方法吗？请大家也一并说一说。

5. 小组合作讨论，派代表展示方法。

6. 相信大家还有很多废物利用的小妙招，下节课我们在班里举办一个“变废为宝创意展”。

【设计意图：创设情境帮助学生了解生活中垃圾变废为宝的真实例子；从学生的生活实际出发，为研究变废为宝打开新思路；通过废物再利用的头脑风暴活动，引导学生动脑思考怎样变废为宝，激发学生的创造热情，培养他们废物改造再利用的能力以及创新能力和合作能力，从而树立减少垃圾、变废为宝的环保意识。】

板块三：小手拉大手，共同守护我们的家园

同学们，环保不只是一句口号、一次活动，它应该成为我们的一种生活方式、一种习惯。孩子们，让我们珍惜任何可以再利用的资源，通过我们的眼睛观察，我们的头脑思考，我们的心灵体会，我们的巧手创造，让四处蔓延的垃圾回归万物应有的循环吧！

【设计意图：借助中宣部对环境保护的宣传语结尾，再次呼吁学生加入保护环境、节约资源的队伍中！】

【板书设计】

减少垃圾，变废为宝

减量　防止浪费

分类　变成资源

利用　变废为宝

案例分析

本课以“减少垃圾　变废为宝”为主题，围绕“责任意识”“健全人格”核心素养要求，构建了“知-情-意-行”一体化框架，通过情境浸润—问题探究—实践内化—价值升华的教学路径，将环保理念转化为学生可理解、可操作、可持续的行为准则，展现了道德与法治课程“育人导向”与“实践导向”的双重特性。

首先，通过解读《中华人民共和国固体废物污染环境防治法》，引导学生理解个人行为与公共环境治理的关联性，体现法治教育生活化的要求。其次，以“垃圾分类我了解”和“变废为宝创意多”等活动为抓手，鼓励学生从班级辐射到家庭、社区，践行“全民参与”理念，培养人类命运共同体意识。此外，本教学案例通过厨余垃圾处理效益分析融入科学数据（如减量效率、能源利用效率），借助“变废为宝创意多”活动融合劳动教育与美育，实现“做中学”的跨学科实践目标。以“垃圾分类知识闯关活动”“旧衣改造”等开放性任务驱动学生提出个性化解决方案，呼应新课程标准中提高解决问题能力的要求。

本教学案例通过垃圾围城的视频、《厨余垃圾的自述》等视频，创设真实情境，引发学生对环境问题的思考，为后续理性认知与行动意愿奠定基础，符合从生活逻辑到学科逻辑的教学设计原则。从“减少垃圾出妙招”到“垃圾分类我先行”，再到“变废为宝创意多”，层层递进，体现了低阶思维向高阶思维迁移的素养进阶目标。通过“垃圾分类知识闯关活动”等多元评价方式，将学习成效嵌入活动过程，凸显“教—学—评”一致性理念，促进学生自我反思与行为改进。

围绕“减少垃圾　变废为宝”这一主题，串联法律解读、科学探究、社会实践等多维度内容，引导学生以“小公民”视角参与公共议题讨论，培养辩证思维与决策能力。垃圾分类、创意改造等活动强化“身体-认知-环境”的协同作用，使抽象环保理念转化为具象行为记忆，契合新课程标准强化课程协同育人功能的要求。

案例 5

“探寻优秀家风”教学设计①

（部编版《道德与法治》五年级下册第一单元第 3 课第一个话题）

单元教学设计	
单元名称	我们一家人
1. 单元教学设计说明 （1）通过本单元的学习，培养学生健全的人格：要求学生在家庭生活中要学会认识新的自我，换位思考理解家人、以积极的心态建设好自己的家庭；关键是培养问题解决能力：要求学生根据自己家庭生活中的问题尝试运用所学内容解决问题。 （2）教材从家庭生活中最常见的问题情景案例切入，逐渐过渡到理解和践行和谐家庭中的四大要素，最后落位于优秀家风。教材不仅在讲情境案例，更多地是在讲案例背后和谐家庭的相处之道；此外，我们还看到，教材立足家庭，却立意国家和民族。从小家放眼大家，展现了由家到国的大视野、大情怀。	

① 本案例由云南省曲靖市第二小学胡芳老师提供。

续表

<table>
<tr><td colspan="2">单元教学设计</td></tr>
<tr><td>单元名称</td><td>我们一家人</td></tr>
<tr><td colspan="2">2. 单元目标与重点难点
单元学习目标：懂得相互理解、沟通交流、同商议、共承担，形成优秀家风可以使我们的家庭生活更美好，并要能努力做到知行合一；在学习解决问题的过程中，能以“写一封家信”的方式与家人沟通，化解矛盾，表达情感。
重点：（1）主动与家人进行沟通与交流；（2）学会在家庭中担当责任；（3）了解优秀家风对我们成长的重要影响。
难点：（1）成长中心理变化对家庭生活的影响；（2）知道自己在家庭中应该承担的责任；（3）理解优秀家风是中华民族生生不息的重要精神力量。</td></tr>
<tr><td colspan="2">课时教学设计</td></tr>
<tr><td>课题</td><td>探寻优秀家风</td></tr>
<tr><td colspan="2">1. 教学内容分析
《弘扬优秀家风》是部编版《道德与法治》五年级下册第一单元的第3课，本课题为其第一个话题。本节课主要向同学们介绍什么是家风，以及优秀家风的表现。通过活动园“荟萃家风”的主题学习成果交流活动，重在发现优秀传统文化的传承，重在探寻优秀家风背后的美德，重在发现优秀家风中蕴含的民族精神。通过学习，让学生体会到优秀家风中蕴含的中华传统美德，是国家发展、民族进步、社会和谐的基础，从思想上树立起学习和传承优秀家风的自觉意识，使学生懂得优秀家风对个人成长和社会良好风气形成的重要作用。</td></tr>
<tr><td colspan="2">2. 学情分析
每个学生都生活在特定的家庭之中，必然会受到家风潜移默化的影响。家风不同，对家风的重视程度不同，学生受家风影响的差别就会较大。作为五年级的学生，对中国的优秀传统文化已经有了一定的了解，也能够熟练地背诵一些名言警句。但是从小学道德与法治这门课程来看，尽管之前的课程中涉及很多家庭教育的问题，但是这是第一次系统化地学习家风，学生对家风与社会风气、家风与国家和民族精神的关系总体上还是缺乏认识的。这一课时的内容对于学生来说相对枯燥，因此在教学时要充分利用多媒体，采取学生感兴趣的方式进行教学，便于学生充分理解知识。</td></tr>
<tr><td colspan="2">3. 目标确定
（1）阐述优秀家风的含义，列举不同历史时期优秀家风的典型表现形式，识别优秀家风中蕴含的中华传统美德。
（2）通过小组讨论、案例分析等活动，提升信息收集与整理能力，增强对优秀家风内涵的理解，能够运用所学知识对生活中的相关现象进行初步分析。
（3）体悟优秀家风的时代意义，在日常行为中自觉践行优秀家风要求。</td></tr>
<tr><td colspan="2">4. 学习重点难点
重点：（1）知道优秀家风的含义。（2）体会优秀家风赋予我们的时代意义，从思想上树立起传承优秀家风的意识。
难点：了解不同历史时期优秀家风的不同表现形式，用优秀家风来指导自己的学习和生活。</td></tr>
</table>

续表

5. 学习活动设计	
环节一：对比分析 引入主题	
教师活动 1. 讲述爱德华家族与珠克家族的家族背景。通过表格展示美国爱德华家族与珠克家族的后代所从事的职业。 2. 让同学分析两大家族发展境遇大不相同的原因。	学生活动 1. 对比爱德华家族与珠克家族的后代所从事的职业。思考两大家族发展境遇大不相同的原因。 2. 初步领会优秀家风对个人成长和家族发展的重要性。
设计意图：本环节把爱德华家族与珠克家族的后代用表格的形式呈现，让学生对好家风和坏家风带来的影响有最直观的感受，为后面的教学奠定情感基础，也进一步激发学生探寻优秀家风的愿望。	
环节二：不断追问　突破难点	
教师活动 1. 播放音频：一个关于家风的民间小故事。通过父子的对话，并说出自己对家风的理解。 2. 设置一系列的追问引导学生总结出家风的含义及家风的载体。	学生活动 1. 聆听小故事，思考并回答自己对家风的理解。 2. 自主思考老师提出的问题，明白家风有优劣之分，能够在老师的引导下自己总结出家风的含义及家风的载体。家风是一个家庭或家族世代相传的风尚，是长期生活实践中不断形成的家庭文化。一个词、一句话、一个故事、一段记忆都是家风的载体。
设计意图：本环节从生活场景入手，以便引起与学生的情感共鸣，通过讲述民间小故事阐述“家风”这一较为抽象、理解起来有一定难度的概念，并引发学生全面而深入的思考。再从这种家风的呈现方式中，了解家风的载体，为后面的教学奠定认知基础。	
环节三：跟随时光列车　探寻优秀家风	
教师活动 1. 让学生自主探究颜氏家族的秘密。 2. 布置小组合作任务。 3. 播放视频：《两封家书》，让学生思考书信中传递着怎样的信息。 4. 播放视频：《一颗稻谷里的爱国情怀》。	学生活动 1. 自主阅读材料，总结颜氏家族三大代表人物的秘密，自主探究颜氏家族为何如此优秀。 2. 小组合作探究《颜氏家训》《朱子家训》《诫子书》中的名句，思考总结这些句子对于小学生的学习生活的指导意义是什么。 3. 观看视频《两封家书》，思考书信中传递着怎样的信息。 4. 观看视频《一颗稻谷里的爱国情怀》，找出袁隆平家族的优秀家风，感受优秀家风中蕴含着的中华优秀传统美德，初步领悟优秀家风的时代意义。

续表

设计意图：这一环节是本课时的重点内容，具有明显的时间线索，利用时光列车可以把这一环节的知识内容串联起来，让学生对各个时期的不同家风有明显的整体感知。在此基础上进一步深入思考，提升认识，在结合五年级上册第四单元第10课《传统美德　源远流长》学习的基础上，帮助学生理解优秀家风中蕴含着的中华传统美德，已经成为中华民族生生不息的重要精神力量。

环节四：讲述我家的优秀家风

教师活动	学生活动
1. 出示习近平总书记关于家风的讲话。 2. 布置课后延伸任务。	1. 学生自主阅读习近平总书记关于家风的重要论述。知道中华民族大家庭的家风是由千千万万个小家庭的家风构成的，无论时代如何变化，优秀家风都是国家发展、民族进步、社会和谐的基点。这就是优秀家风赋予我们的时代意义。 2. 课后对长辈进行一次深入采访，深入了解自己的家风并用自己喜欢的方式展现自己的家风。

设计意图：引入习近平总书记关于家风的重要论述，让学生意识到国之本在家，每个小家的家风汇聚成中华民族大家庭的家风。无论时代如何变化，优秀家风都是国家发展、民族进步、社会和谐的基点。让学生对自己的家风进行总结，既是对这一课时的概括总结，也是为下一节课“荟萃家风”主题活动的开展奠定基础。

6. 板书设计

遵循板书对应教学环节，体现教学目标的原则来设计板书内容，通过板书将本节课内容展示出来。

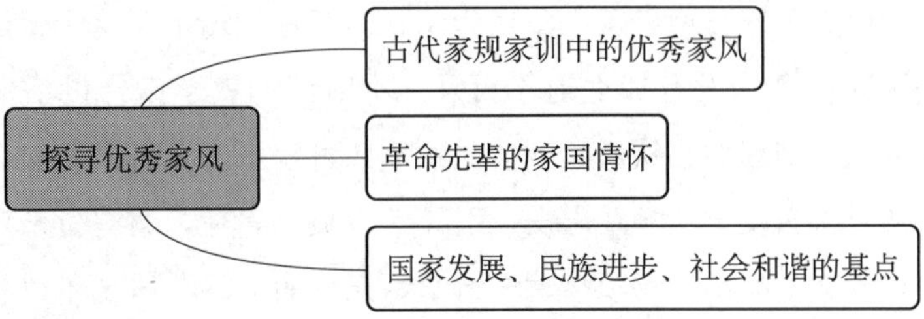

7. 作业与拓展学习设计

对长辈进行一次深入采访，深入了解自己的家风并用你喜欢的方式展现你的家风，下节课我们将开展“荟萃家风”成果交流会。

8. 特色学习资源分析、技术手段应用说明

以教材课本为蓝本，将影视资源与课堂紧密结合，有效调动学生的各种感官，诱发学生的情感。比如在环节三中通过应用多媒体播放视频，让学生对家风有更直观更深入的感受。在板书设计中采用逻辑图的形式，更形象更直观地展现本节课的重点内容。

续表

9. 教学反思与改进 学生是学习和发展的主体，课程要通过创设多样性的情境不断丰富学生的生活经验，引导学生自主学习和独立思考。家风对于五年级的学生来说是比较抽象的，虽然部分学生从个体阅读等生活经验中，对相关知识已略有知晓，但多数学生并不了解家风的含义与意义所在。因此，需要借助更加直观、具体的事例加深他们对优秀家风的了解。本节课主要从中国古代优秀家风入手，引导学生了解优秀家风背后的中华民族传统美德以及中华民族精神。教学过程中，主要采取情境创设、启发式、讨论法、探究法等教学策略与方法，配合现代教学手段，引导学生积极参与到课堂学习活动中来，很好地突出了学生学习的主体性。本节课效果较好，孩子们能够积极认真地参与进来，达到了预期的目标。 通过本节课，深刻感悟到，知识的学习不仅仅局限在有限的课堂中，还有浩如烟海的网络资源值得去吸收借鉴；知识的掌握不能只是教师说了算，还要靠学生自主学习，要相信学生。

案例分析

家风对于五年级的学生来说是比较抽象的，虽然部分学生从个体阅读等生活经验中，对相关知识已略有知晓，但多数学生并不了解家风的含义与意义所在。思政老师需要做的就是把这些看似高远的家国情怀拉近到孩子身边，从时空上打破偏见，让孩子们感受到家风可以是家书中的“壮志豪言”，可以是廊檐壁画上的“处事名言”，可以是印象最深刻的、来自家人的叮咛嘱咐。它可以是炽热的、温情的、警世的……本节课通过时间轴讨论家风能够被传承，通过创设多样性的情境不断丰富学生的生活经验，因此，需要借助更加直观、具体的事例加深他们对优秀家风的了解。本节课主要从中国古代优秀家风入手，引导学生了解优秀家风背后的中华民族传统美德以及中华民族精神，解锁“传承”这个概念，让孩子们感受到爱国这件事并没有那么遥不可及。本节课的教学设计以活动板块的形式，构建了从感性到理性、从形象到抽象的认知过程，四大环节各自独立，却又层层递进，从时事出发，从实践出发，引导学生独立思考，树立价值观念，落实道德行动，培养必备品格。每项活动都给学生充分的空间，体现了以教师为主导和以学生为主体的有机结合。

“一枝一叶总关情”，一份优秀的教学设计必须是科学性和艺术性的有机结合，预见性和实效性的协调组合。每个教学环节的设计都有操作的理论依据和极富弹性的方式方法，需要教师具有创新的勇气、深厚的知识储备和经验积累以及熟练的教学设计功底。愿我们每一位道德与法治课程的教师做学生成长道路上坚定的、正确的影响者和领航员，不断学习新理念，不断更新知识，掌握正确、可

行的教学策略，充分尊重学生的主体地位，融会贯通、举一反三，研究教材，研究学生，做到知己知彼、扬长避短，渗透新理念，体现新思想，融注新方法，以新的学生观、新的课程观、新的学习观、新的质量观等新的理论、观念对课堂教学进行科学合理的规划和设计，努力提升课堂的亲和力，帮助学生以道德之情怀、法治之思维，走向幸福人生。

思考与练习

1. 如何理解“教学设计”？请谈谈你的观点。

2. 如何理解道德与法治课程目标与教学方式的关系？如何将道德与法治课程目标落实到教学设计中？

3. 结合实际，谈谈如何才能提高教学设计的创造力？

4. 请你选择一份小学道德与法治课程的教学设计，并进行简要分析与评价。

阅读文献

1. 中华人民共和国教育部．义务教育道德与法治课程标准（2022 年版）. 北京：北京师范大学出版社，2022.

2. 李晓东．义务教育课程标准（2022 年版）课例式解读：道德与法治．北京：教育科学出版社，2022.

3. 孙彩平．怎样上好小学道德与法治课：基于全国优秀教学案例的分析（第 1 辑）. 南京：南京师范大学出版社，2020.

4. 杨文娟，等．小学道德与法治学科关键能力研究．北京：光明日报出版社，2020.

第二章

小学道德与法治课程标准与教材使用

本章导读

道德与法治是一门什么样的课程？与之前品德与生活/社会课程有什么区别与联系？《义务教育道德与法治课程标准（2022年版）》与《义务教育品德与生活课程标准（2011年版）》《义务教育品德与社会课程标准（2011年版）》有哪些不同？本章通过对比分析和一些鲜活的案例，帮助读者理解《义务教育道德与法治课程标准（2022年版）》的新变化，更好地领会新课程标准要求和教材，为教学设计奠定基础，并在教学中讲授好这门课程。

第一节 《义务教育道德与法治课程标准（2022年版）》的创新性

一、新课程标准的产生及变化

（一）2022年课程方案及课程标准的出台

2001年颁布的《义务教育课程设置实验方案》设置了品德与生活、品德与社会课程。品德与生活课程是一门以小学低年级儿童的生活为基础，以培养具有良好品德与行为习惯、乐于探究、热爱生活的儿童为目标的活动型综合课程，课程具有生活性、活动性、综合性、开放性；品德与社会课程是在小学中高年级开设的一门以学生生活为基础、以学生良好品德形成为核心、促进学生社会性发展的综合课程，课程具有综合性、实践性、开放性。品德与生活课程重在引导学生热爱生活、学会关心、积极探究，帮助学生更好地适应学校生活，形成良好的品德和行为习惯，为学会生活、学会做人打下基础。品德与社会课程帮助学生参与社会、学会做人，发展学生主动适应社会、积极参与社会的能力。

2016年，中小学品德教材统一更名为“道德与法治”。2019年，义务教育阶段所有年级统一使用教育部统编道德与法治教材。2022年，教育部发布《义务教育课程方案（2022年版）》和16门课程标准，其中，《义务教育道德与法治课程标准（2022年版）》（简称新课程标准）指出，思政课是落实立德树人根本任务的关键课程，道德与法治课程是义务教育阶段的思政课。

新修订的义务教育课程方案以习近平新时代中国特色社会主义思想为指导，课程教材充分发挥培根铸魂、启智增慧的作用，体现马克思主义中国化最新成果，体现党和国家对教育的基本要求。新课程标准全面落实立德树人的根本任务，强调育人为本，依据“有理想、有本领、有担当”的时代新人要求，进一步明确了“培养什么人、怎样培养人、为谁培养人”，在整体设计、课程性质、课程理念、课程目标、课程内容、学业质量、课程实施各方面都有明显的变化。

（二）新课程标准的主要变化

《义务教育品德与生活课程标准（2011年版）》和《义务教育品德与社会课程标准（2011年版）》都由前言、课程目标、课程内容、实施建议四个部分组成。前言部分包含课程性质、课程基本理念、课程设计思路三个方面的内容。在实施建议中分别对教学、评价、教材编写、课程资源的开发与利用给出建议。《义务教育品德与社会课程标准（2011年版）》在课程内容中，具体列出“我的健康成长”“我的家庭生活”“我们的学校生活”“我们的社区生活”“我们的国家”“我们共同的世界”六个板块的教学内容。新课程标准，明确了新时代人才培养要求，绘制了未来学校育人蓝图，完善了课程设置、课程结构、课程实施等方面内容，充分考虑了我国东中西部不同地区的差异，有助于引导各地区学校深化义务教育改革。

新课程标准整合了《义务教育品德与生活课程标准（2011年版）》《义务教育品德与社会课程标准（2011年版）》《义务教育思想品德课程标准（2011年版）》三个课程标准的内容。新课程标准由课程性质、课程理念、课程目标、课程内容、学业质量、课程实施、附录（核心素养学段表现）七个部分组成。新课程标准凝练的政治认同、道德修养、法治观念、健全人格、责任意识这五个方面的核心素养，与高中思想政治课程核心素养保持衔接，强化大中小学思想政治教育一体化建设。

新课程标准按照学段要求统筹课程性质、课程理念、课程目标、课程内容、学业质量、课程实施各部分内容，进行九年一体化设计，分为第一学段（1～2 年级）、第二学段（3～4 年级）、第三学段（5～6 年级）、第四学段（7～9 年级），并根据每个学段学生的年龄特征分别阐述了课程的学段目标，使课程标准既是一个有机统一的整体，又依据学生从小学到初中在认知、情感、社会性等方面的发展，合理安排不同的学段内容，体现不同学段的特殊性和适切性，体现学习目标的连续性和进阶性。

二、课程内容体现科学性、综合性

新课程标准在教学内容上进行一体化设计，加强学段衔接，根据不同阶段学生的身心发展特点，以学生实际生活为基础，分学段按主题对内容进行科学设计。在教学主题上把小学的三个学段与初中第四学段（7～9 年级）进行一体化设计，建构学段衔接、循序渐进、螺旋上升的课程体系，且各个阶段各有侧重。第一学段（1～2 年级）结合低年级段学生特点，设置入学教育、道德教育、生命安全与健康教育、法治教育、中华优秀传统文化与革命传统教育等五个主题。第二、三学段（3～4 年级、5～6 年级）设置道德教育、生命安全与健康教育、法治教育、中华优秀传统文化与革命传统教育、国情教育等五个主题。在教学要求和教学内容上逐步扩展、不断深入，做到学段衔接，螺旋上升。第四学段（7～9 年级）设置生命安全与健康教育、法治教育、中华优秀传统文化教育、革命传统教育、国情教育等五个主题，是小学高年级段的延续，并与高中相衔接。

新课程标准在教学内容上坚持学科逻辑与生活逻辑相统一，以学生真实生活为基础，以道德与法治教育为框架，以学生不断扩大的生活范围作为暗线，以发展学生的核心素养为导向，以“成长中的我”为原点，以“我”的视角设计教学内容，由“自我认识”到“我与自然”“我与家庭”“我与他人”“我与社会”“我与国家和人类文明”，不断扩展学生的认识和生活范围，突出问题导向，正视关注度高、涉及面广的问题，增强内容的针对性和现实性。以学习主题的形式组织课程内容，体现出不同年段特点。比如，由于1～2年级学生的学校生活刚刚开始，第一学段的“入学教育”主要开展适应性教育，设置了“上学了，感受自己身份的变化，初步了解学校的环境”“知道课堂常规，学会整理书包和准备学习用品。学会自己的事情自己做”“能制定出切实可行的目标，认真完成自己承担的任务”“合理制订学习和作息计划，生活有规律”“尊敬师长，对师长有礼貌”“喜欢和同学、老师交往，高高兴兴地学，快快乐乐地玩”“融入集体生活，爱护班级荣誉”等学习内容，帮助学生完成“幼小”过渡，尽快养成良好习惯，适应小学生活。再如：第一学段（1～2年级）“道德教育”内容包含“了解家乡的风景名胜和主要物产，关注家乡的发展变化”；第二学段（3～4年级）“中华优秀传统文化与革命传统教育”主题的教学内容设置了“了解自己家庭的历史，知道弘扬优秀家风的意义，初步体会中国人的家庭观念”。以上内容从学生道德生活实际出发，让学生在具体的生活中获得感受和形成判断，在真实的生活中学习，体现“突出学生主体地位”的课程理念，体现课程的综合性。此外，根据时代发展的需要，新课程标准在不同学段都设置了道德教育、法治教育、中华优秀传统文化与革命传统教育、生命安全与健康教育等学习主题，体现了进阶性学习的具体要求。同时，新课程标准还强化了中华民族传统美德、革命传统和法治教育，并有机融入了国家安全教育、劳动教育以及信息素养教育、金融素养教育等相关内容，构建综合性课程。

知识链接

综合课程与分学科课程[1]

综合课程与分学科课程是相对应的。综合课程是一种双学科或多学科的课程组织模式，它强调学科之间的内在联系，强调不同学科的相互整合。分学科课程是一种单一的课程组织形式，它强调不同学科门类之间的相互独立性，强调一门学科的逻辑体系的完整性。

想一想：

举例说明综合课程与分学科课程的区别有哪些？

① 教育部基础教育司．走进新课程：与课程实施者对话．北京：北京师范大学出版社，2002：43-45.

三、课程性质突出政治性、时代性

新课程标准指出，课程具有政治性、思想性和综合性、实践性。新课程标准强调用习近平新时代中国特色社会主义思想铸魂育人，从而突出政治性、思想性；强调道德与法治课程是义务教育阶段落实立德树人根本任务的关键课程，要发挥其在立德树人方面的关键作用；强调本课程培养有理想、有本领、有担当的时代新人的使命责任。道德与法治课程基于社会发展和儿童成长的需要，在青少年成长的“拔节孕穗期”以正确的政治思想、道德规范和法治观念对学生进行系统的教育，提升学生的思想政治素质、道德修养、法治素养和人格修养，增加学生做中国人的志气、骨气、底气。把“政治认同”作为道德与法治课程的第一核心素养，加强“政治方向”“价值取向”“家国情怀”教育，引导学生形成正确的世界观、人生观、价值观，坚定正确的政治方向，初步树立共产主义远大理想和中国特色社会主义共同理想，成为德智体美劳全面发展的社会主义建设者和接班人。

道德与法治课程根据有理想、有本领、有担当的时代新人的培养要求，以马克思列宁主义、毛泽东思想、邓小平理论、“三个代表”重要思想、科学发展观、习近平新时代中国特色社会主义思想为指导，引导学生理解用马克思主义的立场、观点、方法观察时代、把握时代、引领时代的意义，形成正确的世界观、人生观、价值观，践行和弘扬社会主义核心价值观，坚定理想信念，厚植爱国主义情怀，增进对伟大祖国、中华民族、中华文化、中国共产党、中国特色社会主义的高度认同，并在核心素养培养方面作出明确的要求。如第一学段（1～2 年级）核心素养“政治认同”的培养要求是“认识国旗、国徽，知道自己是中国人；了解老一辈无产阶级革命家和英雄模范人物，对他们有崇敬之情”“感知中华优秀传统文化的主要文化符号，对中华优秀传统文化具有亲切感”“知道党旗，热爱中国共产党，积极加入中国少年先锋队”“知道中国是社会主义国家”“知道社会主义核心价值观”。第一学段（1～2 年级）“道德教育”学习主题的内容要求就包括“知道社会主义核心价值观的概念，能记住社会主义核心价值观”；“中华优秀传统文化与革命传统教育”学习主题的内容要求就包括“认识国旗、国徽，学唱国歌，知道自己是中国人”“知道我国是一个统一的多民族国家，有 56 个民族”“认识党旗，热爱中国共产党，拥护中国共产党的领导，感受党的百年奋斗取得的重大成就。了解党和国家主要领导人”等具体内容。从以上一体化的教学内容和核心素养的培养中可以看出，知行要求具体明确，体现了道德与法治课程鲜明的政治立场，清晰的价值导向，充分突出了课程的思想与价值引领作用。

同时，为更好地体现道德与法治教学内容的时代性，新课程标准在教学建议中指出，要及时丰富和充实教学内容，反映党和国家重大实践和理论创新成果。“教学要围绕课程内容体系，及时跟进社会发展进程，结合国内外影响较大的时事进行讲解。要将党和国家重大实践和理论创新成果引入课堂，充分体现马克思主义中国化最新成果。要密切联系社会生活和学生生活实际，用富有时代气息的鲜活内容，以学生喜闻乐见的方式，增强道德与法治教育的时效性、生动性、新颖性，让道德与法治课成为有现实关怀和人文温度的课堂。”要及时把新的内容补充进来，选择时代主题、热点问题、重大事件，用鲜活案例进行教学，从而弥补教材编写、教学内容相对滞后的特点，突出教学内容的时代性。

在课程内容选取过程中要更加突出政治性和时代性，着力确立学生学会做人、做事的道德与法治基础，增加文化传承创新、社会发展最新要求以及国内外重大时政事件、与学生生活密切联系的内容，强化中华民族传统美德、革命传统和法治教育。培养学生成为担当民族复兴大任的时代新人。例如，第二学段（3～4年级）“中华优秀传统文化与革命传统教育”学习主题的内容要求包括：“了解自己家庭的历史，知道弘扬优秀家风的意义，初步体会中国人的家庭观念。”对此的教学提示是：“向长辈了解家庭的历史，如祖辈来自什么地方、家庭住址等；收集我国古往今来优秀家风的故事。”为强化中华民族传统美德教育，在“道德教育”学习主题中提出如下内容要求：“学习基本的网络道德规范，做到文明上网”“初步理解社会主义核心价值观的要求，并在日常生活和集体活动中践行社会主义核心价值观”。对此的教学提示是：分小组收集网络交往中不文明现象的资料，选取典型事例进行评价，讨论制订文明上网公约；结合图片展览等方式，初步感受社会主义核心价值观在引领社会风尚中的作用。在“国情教育”学习主题中，设置了“感受身边的变化，了解家乡的发展，对祖国未来充满信心”“初步树立生态文明意识，领悟‘绿水青山就是金山银山’的道理”的内容要求。对此的教学提示是：通过对自己家庭、所在社区的观察或调查，了解家乡改革开放以来的发展；通过社会调查，了解家乡环境的变化并发现存在的问题，结合本地发展尝试提出建议。又如，第三学段（5～6年级）“国情教育”学习主题的内容要求包括：“知道中国特色社会主义进入新时代，初步了解习近平新时代中国特色社会主义思想，明确习近平新时代中国特色社会主义思想的指导地位”“初步感受百年未有之大变局和世界发展大势，能够举例说明构建人类命运共同体的意义”。对此的教学提示是：通过收看和阅读新闻报道，学习有关文献，初步领悟习近平新时代中国特色社会主义思想精髓，把个人理想与中国梦联系起来，感受新时代中国社会的发展成就；通过收看新闻和查找生活中的例子，了解世界发展局势以及人类发展面临的挑战，初步感受中国坚定不移奉行互利共赢的开放战略、走和平发展道路的意义。

四、课程目标聚焦核心素养的培养

党的教育方针为新时代教育工作提出总要求和总遵循。道德与法治课程将党的教育方针具体细化为学生核心素养要求，明确本课程应着力培养的正确的价值观、必备品格和关键能力。道德与法治课程要培养的核心素养是政治认同、道德修养、法治观念、健全人格、责任意识五个方面，突出了道德与法治课程在培养时代新人方面的独特贡献，符合义务教育阶段学生发展特征。其中政治素养是社会主义建设者和接班人必须具备的思想前提，道德修养是立身成人之本，法治观念是行为的指引，健全人格是身心健康的体现，责任意识是担当民族复兴大任时代新人的内在要求。

每一核心素养具体指什么，表现在哪些方面？新课程标准进行了清晰明确的规定，如表 2－1 所示。

表 2－1　小学道德与法治核心素养及表现

核心素养	表现
政治认同	爱祖国，爱人民，爱家乡，爱中国共产党，爱社会主义，在情感和政治上认同伟大祖国、中华民族、中华文化、中国共产党、中国特色社会主义，有强烈的中国人身份认同感。知道中国共产党是伟大光荣正确的党。在日常生活中践行和弘扬社会主义核心价值观。有以实现中华民族伟大复兴为己任的使命感。
道德修养	努力形成良好的个人品德、家庭美德、社会公德，尊敬师长、团结友爱、勤劳节俭、礼貌待人、诚实守信、助人为乐、爱护公物、保护环境，知道劳动不分贵贱。在家庭做一个好成员，在学校做一个好学生。
法治观念	了解宪法常识，初步认识宪法的地位，具有初步的平等观念，知道法律面前人人平等，了解公民的基本权利和义务，了解生活中的法律规范，形成规则意识，知道法律能够保护自己的生活，养成遵纪守法的行为习惯，具备自我保护意识和初步的自我保护能力。

续表

核心素养	表现
健全人格	能够正确认识自己，平等对待他人，乐观开朗，自尊自信，珍惜生命，能够觉知、调节自己的情绪。能够与父母、同伴、老师等进行良好的沟通与交往；能够理解和帮助他人。具有积极向上的心理素质和道德品质，能够勇于克服困难，主动适应生活环境的变化。具有一定的同理心，能友爱互助。
责任意识	关心他人和集体，积极参加集体活动，有集体荣誉感，学会对自己负责，主动承担相应的家庭和学校事务，树立主人翁意识。热爱自然，爱护学校、社区和公共环境。树立维护民族团结、祖国统一和国家安全的责任意识。

资料来源：中华人民共和国教育部．义务教育道德与法治课程标准（2022 年版）．北京：北京师范大学出版社，2022：64－66．

学段目标通过每个年级段的核心目标呈现具体要求，结合教学内容对应核心素养要求。如部编版《道德与法治》三年级下册第二单元“我在这里长大”涉及《我的家在这里》《我家的好邻居》《请到我的家乡来》等教学内容，对应新课程标准第二学段（3～4 年级）“核心素养”的要求如表 2－2 所示，如此，更具体地聚焦核心素养。

表 2－2　《道德与法治》第二学段（3～4 年级）核心素养（部分）

核心素养	第二学段（3～4 年级）
政治认同	1. 初步感知基本国情，为自己是中国人感到自豪。 2. 感知中国特色社会主义的伟大成就。 3. 初步理解社会主义核心价值观的要求，在日常生活和集体活动中加以践行。
道德修养	树立劳动意识，积极参加劳动实践，懂得劳动光荣、劳动不分贵贱。
法治观念	1. 具有规则意识并学会遵守规则。 2. 了解社会交往的基本规则，树立平等意识，互相尊重。 3. 知道法律能够保护自己的生活。
健全人格	学会适应环境的变化。
责任意识	热爱自然，了解自然是我们生活的共同家园，懂得保护环境、爱护动物、节约资源。

资料来源：中华人民共和国教育部．义务教育道德与法治课程标准（2022 年版）．北京：北京师范大学出版社，2022：10－16．

五、研制学业质量标准，体现“教—学—评”的一致性

与之前的课程标准相比，新课程标准增加了“学业质量”这个部分。基于核心素养的学业质量标准，把评价作为课程体系的一部分，明确学业质量具体要求，并分学段以“学业质量描述”的形式，在完成课程阶段性学习后，对反映核

心素养的学业成就表现进行清晰的界定和要求。“发展学生核心素养”是学业质量的落脚点，学业质量不是简单的知识呈现或问题回答，而是“对学生学业成就具体表现特征的整体刻画”，强调以“学生学习成效的典型特征”来反映课程目标的“达成度”。从学生的“价值观念、学习态度、过程表现、学业成就”等多方面进行评价，注重知行合一，细化评价与考试命题的建议，注重实现“教—学—评”的一致性，从而提升道德与法治教育的针对性和有效性。

如第一学段（1～2 年级）的学业质量描述具体为，“能够准确讲出中国的全称，知道国旗、国歌、国徽是国家的象征，能够认识中国版图，知道主要传统节日与纪念日的来历与含义……能够陈述社会主义核心价值观的概念，能够讲述老一辈无产阶级革命家和我国著名英雄模范人物的事迹及其榜样示范作用……”。这样的表述非常明确，具有可操作性，对于一线教师抓住教学目标、进行学业质量监测有极大的帮助。又如第一学段（1～2 年级）政治认同核心素养中“社会主义核心价值观”内容的教学（详见图 2－1），从内容要求、教学提示、学业质量描述、教学评价等方面，围绕核心素养的培养形成“教—学—评”一体化。

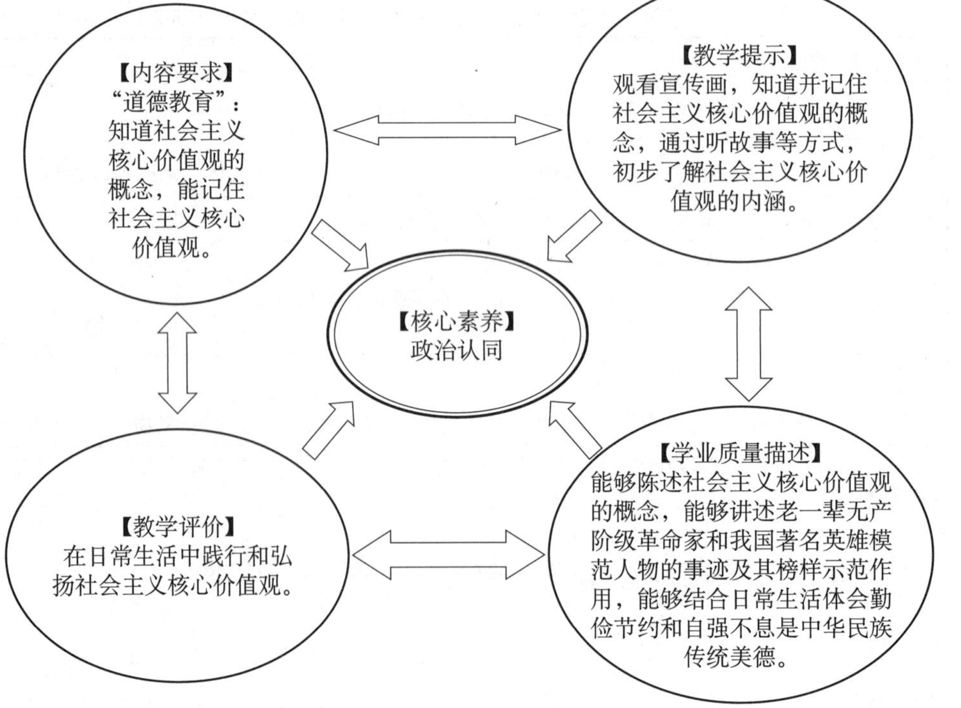

图 2－1 《道德与法治》第一学段（1～2 年级）“社会主义核心价值观”“教—学—评”一体化

教学目标突出核心素养的培养，评价也聚焦核心素养，用具体明确的表述强调“教”“学”“评”的“量”与“度”，做到立场鲜明、价值导向清晰、知行要求明确。教学目标设置以核心素养培养为导向，在教学过程中落实核心素养及其具体表现，在教学评价中以核心素养的落实情况为依据。重视表现性评价与主体评价，教学目标设置、教学活动和教学评价活动开展都是一体化围绕核心素养来进行的，要实现以评促学、以评促教。

新课程标准特别注重提升评价的科学性、专业性、客观性，注重发挥评价的引导作用，发挥评价的诊断、激励、改善的功能，积极探索增值评价，实现了“教—学—评”的一致性。在教学评价中采用多种方式，在学业评价中强调命题的立意、情境的创设、任务的指向。通过评价促进学生的发展和改进教师的教学，突出活动和话题式教学，注重过程评价，着重评价学生在日常生活和学习中表现出来的思想政治素质、道德品质、法治观念，以及在真实情境和任务中运用所学知识分析问题、解决问题的能力。如新课程标准中的评价样题“我国航天事业中一些工程的名称，有网友感慨，中国航天太会起名了”，要求：解析“嫦娥”“北斗”“天问”等名字中蕴含的中华优秀传统文化元素；运载火箭被命名为“长征”，其所蕴含的寓意是什么；请为新一代运载火箭命名，并说明理由。这样的评价方式，做到融知识学习、情境创设、素养体现、价值导向为一体，考查学生的社会主义先进文化、革命文化和中华优秀传统文化知识的应用能力、独立思考能力，展现学生的文化自信，体现道德与法治的性质和核心素养的培养目标。这也说明道德与法治的教育必须要高站位、宽视界地关注历史、文化、社会，教学要引导学生关注中国的基本国情、中华优秀传统文化，了解中国共产党的历史和革命传统、改革开放和中国特色社会主义的伟大成就，要与国家发展同频共振，培养目标要具体落实在核心素养的培养之中。

六、课程实施明确化，教学提示具体化

新课程标准与《义务教育品德与生活课程标准（2011 年版）》《义务教育品德与社会课程标准（2011 年版）》一样，都有关于课程实施的内容，并对教学、评价、教材编写、课程资源开发与利用等提出具体的建议。不同的是，新课程标准还增加了教师培训与教学研究的内容，且针对每个学段的“学习主题”“内容要

求”对应给出了“教学提示”，如《道德与法治》第三学段（5～6年级）“国情教育”主题的内容要求与教学提示（见表2-3），对教学手段、教学资源等的使用给予具体的指导。新课程标准对教什么、怎样教、教到什么程度，给予明确的指导，实操性强。

表2-3 《道德与法治》第三学段（5～6年级）“国情教育”主题的内容要求与教学提示

学习主题	内容要求	教学提示
国情教育	● 知道马克思主义在意识形态领域指导地位的根本制度，初步树立共产主义远大理想和中国特色社会主义的共同理想。	● 通过历史故事和模范人物事迹，以及中国特色社会主义建设的伟大成就，凝聚中国特色社会主义共同理想，坚定理想信念。
	● 初步理解社会主义核心价值观的内涵，并在日常学习和生活中践行和弘扬社会主义核心价值观。	● 列举生活中社会主义核心价值观的行为表现，讨论我们怎么做才能更好地践行和弘扬社会主义核心价值观，立志为建成富强民主文明和谐美丽的社会主义现代化强国而努力学习。
	● 了解改革开放以来我国所取得的伟大成就，明确中国特色社会主义道路是指引中国发展繁荣的正确道路，理解只有走中国特色社会主义道路才能够实现中华民族伟大复兴。	● 观看有关主题展览和视频等，感知中国共产党团结带领中国人民取得的伟大成就，感受中国特色社会主义的优越性，坚定走中国特色社会主义道路的决心。
	● 知道中国特色社会主义进入新时代，初步了解习近平新时代中国特色社会主义思想，明确习近平新时代中国特色社会主义思想的指导地位。	● 通过收看和阅读新闻报道，学习有关文献，初步领悟习近平新时代中国特色社会主义思想精髓，把个人理想与中国梦联系起来，感受新时代中国社会的发展成就。
	● 初步感受百年未有之大变局和世界发展大势，能够举例说明构建人类命运共同体的意义。	● 通过收看新闻和查找生活中的例子，了解世界发展局势以及人类发展面临的挑战，初步感受中国坚定不移奉行互利共赢的开放战略、走和平发展道路的意义。

资料来源：中华人民共和国教育部．义务教育道德与法治课程标准（2022年版）．北京：北京师范大学出版社，2022：32-33.

在“内容要求”中，使用了“知道”“了解”“明确”“理解”“践行”等词语，明确指出具体要学习的内容及学习掌握的程度；在“教学提示”中，通过对历史故事和模范人物事迹的“讨论”“列举”“观看”等具体要求，明确教学活动的方式及活动要求，从教学目标、教学内容、教学资源使用、教学方式到教学活动开展，提出具体明确的要求，做到目标、内容、评价清晰，指向明确，教学方法具体、可操作。

第二节　小学道德与法治教材在新课程标准背景下的使用

按照习近平总书记对思政课教学提出的“八个相统一”（政治性和学理性相统一、价值性和知识性相统一、建设性和批判性相统一、理论性和实践性相统一、统一性和多样性相统一、主导性和主体性相统一、灌输性和启发性相统一、显性教育和隐性教育相统一）的要求上好道德与法治课程，聚焦核心素养的培养，不断增强道德与法治课程的思想性、理论性和亲和力、针对性，实现道德与法治课程育人目标，全面落实立德树人的根本任务。新课程标准颁布后，要用符合新课程标准的课程理念和教学方式使用教材、开展教学。

一、坚持马克思主义的指导地位，突出育人目标导向

新课程标准指出：“以马克思列宁主义、毛泽东思想、邓小平理论、‘三个代表’重要思想、科学发展观、习近平新时代中国特色社会主义思想为指导，引导学生理解用马克思主义的立场、观点、方法观察时代、把握时代、引领时代的意义，形成正确的世界观、人生观、价值观，践行和弘扬社会主义核心价值观，坚定理想信念，厚植爱国主义情怀，增进对伟大祖国、中华民族、中华文化、中国共产党、中国特色社会主义的高度认同，把爱国情、强国志、报国行自觉融入坚持和发展中国特色社会主义事业、建设社会主义现代化强国、实现中华民族伟大复兴的奋斗之中。坚持道德与法治课程的思想与价值引领，着力引导学生用理想之光照亮奋斗之路、用信仰之力开创美好未来，发挥道德与法治课程在落实立德树人根本任务中的关键作用。”新课程标准规定了教育目标、教育内容和教学基本要求，体现了国家意志。教学要始终牢记“培养什么人、怎样培养人、为谁培养人”这一根本问题，从发展学生核心素养的视角制订教学目标，将政治认同、道德修养、法治观念、健全人格、责任意识等核心素养的培育作为教学的出发点和落脚点，使教学目标在培育学生核心素养方面起到指引性、规定性的作用。按照“政治立场鲜明”“价值导向清晰”“知行要求明确”的要求，根据不同学生的实际情况和不同学段的学习要求对教学内容进行科学设计，确立具体适切和可操

作的教学目标，并在教学中落实。

案例 1　“认识居民身份证”的教学片段①

（部编版《道德与法治》六年级上册第二单元第 3 课第二个话题）

【教材分析】

“认识居民身份证”是部编版《道德与法治》六年级上册第二单元“我们是公民”第 3 课《公民意味着什么》的第二个话题，属于“公民与法”的教学领域。《公民意味着什么》一课是第二单元“我们是公民”的起始课，本节课共有三个话题，即“公民身份从何而来”“认识居民身份证”“我是中国公民”。三个话题环环相扣，“公民身份从何而来”的教学需引导学生知道公民身份如何获得；“认识居民身份证”的学习让学生了解身份证的重要作用和意义；“我是中国公民”旨在培养学生的民族认同感和民族自豪感。

第二个话题“认识居民身份证”以学习“公民身份从何而来”为基础，知道了具有我国国籍的人才是我国的公民后，需进一步深化认识公民身份，知道身份证的作用和意义。通过教学，知道我国的宪法赋予我国公民享有政治、经济、文化、人身等方面的基本权利和义务。

【教学目标】

1. 熟悉居民身份证上的基本信息，知道身份证的作用和意义，具有强烈的身份认同感。

2. 从身份证的信息及作用上感受国家与公民的关系，感受作为中国人的自豪感，进一步强化政治认同。

3. 树立保护个人身份信息的意识，体验在法治社会中，法治给人民带来的规范、便利及美好，感受国家发展带来的幸福感，强化法治观念和责任意识。

【设计理念】

新课程标准中第三学段（5～6 年级）的核心素养“政治认同”要求“初步了解国情，具有维护国家利益和祖国尊严的意识与行动，形成中国人的身份认同感”。核心素养“法治观念”要求：“了解公民的基本权利和义务，树立权利和义务相统一的观念”。基于以上要求和培养目标，本话题教学目标就不能停留在

① 本案例由云南省玉溪市聂耳小学杨翠英老师提供。

“认识身份证的基本信息”“会使用身份证”等简单的基本常识和技能层面，本话题的教学旨在通过熟悉具象的身份证，认识抽象“法律意义上的人”，“初步了解公民的基本权利和义务”，培养学生的“政治认同”和“法治观念”等核心素养。

【教学过程（片段）】

（一）认识身份证正、背面，感受国家与个人的关系，初步理解“公民”这一概念。

1. 初步认识身份证的正、背面【政治认同　法治观念】

师：同学们，身份证的哪面是正面、哪面是背面？

师：身份证的正面与背面有哪些不同？从正面和背面你能联想到什么？

师：正面的图案有什么意义？

师：身份证的正面印有国徽，代表着我们是居住在中华人民共和国的公民。

国徽庄严醒目，配以“中华人民共和国居民身份证”的字样，明确地表达了主题。证件清新、淡雅、淳朴、大方。“万里长城”背景图案的主标志物代表着中华人民共和国长治久安，远山的背景增强了长城图案的纵深感。

师：身份证背面的信息有哪些？

师：身份证背面主要是个人信息：姓名、性别、民族、出生日期、住址、公民身份号码、本人相片。

2. 深度认识身份证正、背面

讨论：为什么把有国徽这面叫作正面，有个人信息的那面叫作背面？不同人的身份证的正面和背面有哪些相同点和哪些不同点，为什么？

生：有国徽这面之所以是正面，是因为相当于是封面。

生：背面样式一样，都是在相同的位置，记录相同的内容。

生：每个人的身份证正面除了有效期外，其他都一样，都有国徽。

师：我们所有人的身份证的正面除了有效期外，其他都是一样的。这表示什么？

…………

师：是的，正面图案都一样，代表着我们都是中华人民共和国的公民。我们持有中华人民共和国身份证，我们就拥有一份自豪，我是中国人，我自信、我骄傲、我幸福！

我们只有先有了国，才有家，然后才有我们自己个人（公民）。没有国家哪里来的公民？所以，有国徽这面是正面，要把国家放在前面。维护国家安全是我们作为中华人民共和国公民的责任和义务。

生：不同人的身份证的背面的个人信息不一样。

师：背面的格式一样，代表每个公民身份证的登记内容一样，代表我们每个公民是平等的；但每个人的信息不一样，代表着每个公民都是独立的个体，拥有宪法赋予的权利和义务。①

（二）进一步认识身份证登记的项目，强化公民意识。

师：身份证登记的项目具体有哪些？为什么要登记这些项目？

生：身份证登记的项目包括：姓名、性别、民族、出生日期、住址、公民身份号码、本人照片、指纹信息、证件的有效期限和签发机关。

师：这些项目可以准确地“定位”证件上的人。

师：身份证上有一样特别重要的信息就是公民身份号码。公民身份号码是谁编制的？怎么编制的？有什么特点（规律）？（课件出示并讲解）

（1）公民身份号码是每个公民唯一的、终生不变的身份代码，由公安机关按照公民身份号码国家标准编制。

（2）公民身份号码的规律探寻

六位地址码＋八位出生日期码＋三位顺序码＋一位校验码

讨论1：双胞胎（多胞胎）的公民身份号码一样吗？为什么？

师：双胞胎（多胞胎）的出生日期大部分一样，但也可能不一样（24时前后出生），但顺序码和校验码一定是不一样的，所以双胞胎（多胞胎）的公民身份号码不一样。

讨论2：从外貌上看，有的双胞胎（多胞胎）几乎一样，身份证可以互换吗？身份可以互相替代吗？

生：看不出来，方便的时候可以用。

生：双胞胎（多胞胎）游戏等互相替代可能会非常有趣。

师：双胞胎（多胞胎）在变魔术、玩游戏时可以互相替代达到娱乐效果，但生活不是游戏，生活中遇到的问题也不能儿戏。每个人拥有自己的居民身份证，

---

① “认识居民身份证”的教学不能停留在认识身份证的基本信息和作用上，而是要体现新课程标准的理念，以培育学生核心素养作为教学的出发点和落脚点。教学通过“可感”“可触”的具象的身份证上的正面、背面信息及其之间的联系，建立起“国家”与“公民”之间的关系，进一步增强学生有国才有家才有公民的家国情怀，切实感受自己作为中华人民共和国公民的自豪感，从身份认同进一步强化政治认同，强化爱国主义教育和法治教育。

享有自己的独立的权利，需要履行相应的公民义务，承担相应的法律责任，其身份不能相互替代。①

师：同学们，有的人说入住酒店、坐飞机、升学、办理保险等事情都要身份证，太烦琐，如果这些都不要身份证那多方便！你是如何看待这个观点的？（小组讨论）

生：不行，没有身份证社会就乱了。

生：没有身份证就抓不到逃犯了。

生：没有身份证，有人会作假。

生：没有身份证，信息不真实。

生：身份证让我们办事情更加高效。

生：身份证让我们的生活更方便，更美好！

师：是呀！社会的进步，科技的发展，我们的活动交流的范围越来越广，身份证不但能证明中华人民共和国公民的身份，还能保障公民的合法权益，方便公民进行社会活动，有利于维护社会秩序。随着我国的日益强大、科技的发展和法治的进步，通过身份证可以办理的事情会越来越多。作为中国公民要自觉按照规定使用身份证，做遵纪守法的好公民，人人护法，法为人人，法治社会会让我们的生活越来越美好和幸福！

案例分析

法治既是社会主义核心价值观的体现，也是新课程标准所要求的核心素养的体现。本节课涉及法治教育的内容，但法治教育不是生硬地让学生读、背，而是让学生感受“法”就在身边。通过充分的讨论、辨析身份证的作用，以及如何使用身份证等问题，让学生切实感受到用法律来规范人们的行为、规范人们的公共生活，会让我们的生活更加有序，法治让我们的生活得到保障。只有充分地让学生体验到法治带来的温暖和美好，才能让学生深刻理解法治的社会根基。教育的过程与文化的过程同构，教育的过程就是把人类文化中所蕴含的对美好事物的欲

---

① 从身份证的登记信息入手，认识到公民身份号码的唯一性，每个公民都是独立的个体，拥有自己的权利和义务，从而感受到中华人民共和国公民身份的自豪感，深化教学主题“公民意味着什么”，进一步达到新课程标准提出的“了解宪法规定的公民基本权利与义务，掌握社会生活的道德规范和必备的法律常识”等学业要求，实现“法治教育”关于“认识公民的内涵，了解公民的权利和义务，树立法律面前人人平等的观念”的教学要求。教学不是简单的知识传授，而是突出爱国主义、家国情怀的体验教学，要落实学生政治认同、法治观念等核心素养的培养，并按照新课程标准的学业质量要求，“认识民主、自由、平等、公正对社会生活的意义，初步具备民主参与、责任担当意识”。

求转化成正在成长中的青少年个体内心之中对美好事物的生动欲求。① 这也是这门课程的意义所在！只有让学生看到、体会到法治的价值及意义，才能更好地强化学生的法治意识。

二、用活教材，及时丰富和充实教学内容

新课程标准要求，及时丰富和充实教学内容，反映党和国家重大实践和理论创新成果。“教学要围绕课程内容体系，及时跟进社会发展进程，结合国内外影响较大的时事进行讲解。要将党和国家重大实践和理论创新成果引入课堂，充分体现马克思主义中国化最新成果。要密切联系社会生活和学生生活实际，用富有时代气息的鲜活内容，以学生喜闻乐见的方式，增强道德与法治教育的时效性、生动性、新颖性，让道德与法治课成为有现实关怀和人文温度的课堂。”在道德与法治教学实施中要准确理解和把握党和国家关于教育改革的各项要求，全面贯彻落实习近平新时代中国特色社会主义思想，将社会主义先进文化、革命文化、中华优秀传统文化、国家安全、生命安全与健康等重大主题教育有机融入课程，让学生多渠道了解中国的基本国情、中华优秀传统文化的代表性成果，了解中国共产党的历史和革命传统、改革开放和中国特色社会主义的伟大成就，在教学中引导学生初步学习中国共产党史、新中国史、改革开放史、社会主义发展史、中华民族发展史。

案例 2　　“多样的交通和通信”教学设计（部分）②

（部编版《道德与法治》三年级下册第四单元）

【教材分析】

三年级下册第四单元“多样的交通和通信”设置了《四通八达的交通》《慧眼看交通》《万里一线牵》三课，单元的逻辑是先从正面介绍交通发展，再从反面思考交通发展带来的环境问题，最后引入有关通信的问题。通过本单元的学习，进一步加深学生对交通和通信两大公共基础设施的认识和了解，同时也提升学生作为交通生活的参与者、通信生活的参与者的能力。

---

① 刘铁芳．什么是好的教育：学校教育的哲学阐述．北京：高等教育出版社，2014.

② 本案例由云南省玉溪市聂耳小学杨翠英老师提供。

【教学目标】

1. 了解我国交通、通信事业发展的巨大成就，并感到骄傲。

2. 认识交通、通信方式的多样化和交通、通信对人们生活的影响，培养规则意识和责任感。

3. 了解交通、通信事业发展所引发的各种问题，树立责任意识，能结合实际爱护环境、科学生活、节能环保。

在本单元“多样的交通和通信”的教学中，提供以下学习素材：

从2021年数据来看，全国平均每天有超过6.9万艘次船舶进出港，飞机起降2.68万架次，快件处理量近3亿件。高峰时，平均每天铁路开行旅客列车超过1万列，高速公路车流量超过6 000万辆次，“人享其行、物畅其流”初步实现，交通运输成为人民群众获得感最强的领域之一。①

通过数据变化，学生能感受到交通发展带来的便捷，理解党的二十大报告提出的“我国经济实力实现历史性跃升”，“基础设施建设取得重大成就”。

比如，在《万里一线牵》（部编版《道德与法治》三年级下册第四单元第13课）的教学中使用以下资源：

新中国成立以来，从书信到电报、固定电话再到智能手机，从凭票购买到“扫一扫”再到移动支付，通信互联网行业日新月异，人们的生活也发生了翻天覆地的变化。从黑白屏到彩屏，从小灵通、触屏手机到智能机，从2G到5G，手机更新换代是越来越快，网络的速度也是越来越快。已经在中国移动工作10年的张艳说道：今天，智能手机已经普及、5G网基本全覆盖，人们的沟通越来越零距离，仅需一部手机，就可以发信息、打电话及视频。无论对方距离多远，所发送的信息都能及时送达，就像在面对面交流一样。而且不仅年轻人会用QQ、微信，我妈妈这一辈的许多老人也能跟上时代的潮流，学会用QQ、微信沟通了。进入中国移动2年的周慧芸深有感触地说，“移动通信的变化深刻地改变着我们的生活，这不仅是通信行业变革与创新的成果，还是幸福生活的印记，更是中国时代变化的见证”。

从车马邮路到即时通信，从见字如面到万物互联，通信事业飞速发展已经深

① 从交通大国到交通强国 中国这十年交通运输事业取得巨大成就.（2022-06-10）[2024-06-08]. https://www.xuexi.cn/lgpage/detail/index.html? id=16126165068005654493& item_id=16126165068005654493.

刻改变了我们的生活。这是改革开放的成果，也是我们幸福生活的印记。①

根据新课程标准第二学段（3～4年级）的核心目标，本单元教学内容对应的“政治认同”核心素养的要求是：“初步感知基本国情，为自己是中国人感到自豪”“感知中国特色社会主义的伟大成就”；“道德修养”核心素养的要求是：“体验公共设施给自己生活带来的便利，爱护公共设施，遵守公共秩序”；“法治观念”核心素养的要求是：“具有规则意识并学会遵守规则”。在新课程标准教学建议中提出，“及时丰富和充实教学内容，反映党和国家重大实践和理论创新成果”。据此，在本单元的教学中，为了让学生更好地感受交通和通信的变化，要在日常生活直观感受的基础上，让学生从数据变化中，了解我国的交通和通信事业的发展，理解党的二十大报告提出的“坚持把发展经济的着力点放在实体经济上，推进新型工业化，加快建设制造强国、质量强国、航天强国、交通强国、网络强国、数字中国”等思想理念。让数据说话，让事件说话，让身边的案例说话，从学生立场、学生视角出发，让学生从可感、可见、可闻、可触的“真实”“现实”中感受我国取得的伟大成就，实现党的二十大精神与课程逻辑的统一，从而让学生听得懂、能领会、可践行，更好地发挥道德与法治课程的育人作用。

三、突出问题导向，提升道德理解力和判断力

核心素养的教学是要帮助学生形成正确的价值观、涵养必备的品格、增强规则意识、发展社会性情感、提升关键能力，在感悟生活中认识社会、学会做事、学会做人，要把道德与法治教育的方向引领与学生发展有机统一起来。教学时突出问题导向，基于可能遇到的问题进行引导，提升学生道德理解力和判断力。

案例3　　《知法守法　依法维权》教学片段

（部编版《道德与法治》六年级上册第四单元第9课）

师：同学们，我们不仅要学法、守法，还要学会用法律保护自己，学会依法维权。

师：跳广场舞违法吗？

① 陈亚玲．移动改变生活 沟通从“心”开始：听一代代移动人讲述通信互联网行业的巨变．(2019-07-19)［2024-06-08］．https：//www.xuexi.cn/lgpage/detail/index.html？＝8715838819787283874.

生：不违法。

师：在课本第85页“活动园”的案例中，赵新的姑姑家从早上6点多到晚上10点多，长时间受到“广场舞”的严重干扰，赵新姑父多次找他们交涉，他们则说：“广场又不是你家的，跳舞健身是我们的权利，你管得着吗?”为此，他们和邻居一起商量怎么办?

做法1：把他们的音响砸了，揍他们一顿，他们就老实了。

做法2：实在没人管，咱们也买个音箱，开大声量跟他们对着干。

做法3：在广场上抛撒垃圾，把他们赶走。

讨论一下，上面的做法合法吗？如果你是赵新，应该建议家人怎么做？把你想到的合法的做法写出来。

生：我觉得他们不听劝阻，三种方法都可以。

师：同学们，我们维护自己的权利时也要合法。

生：我们应该拿起法律的武器，保护自己的权利，他们可以报警!

生：可以向社区物业反映。

生：我们家下面也有跳广场舞的，影响了我做作业，我也要报警。

师：是的，我们可能会遇到这样或者那样的问题，当我们的权利受到侵害的时候，我们要有法治的思维，法律是保护我们权利的最有效、最有力的工具。当权利受到侵害时，我们应当运用法律手段依法维权，而不能采用违法方式维权，可以通过投诉、报警等方式维护自己的合法权益。

案例分析

法治教育不能以“自我”为中心，法律不是只为自己服务的。以上的教学，让学生学会维护自己的权利，但也不能以自我为中心，要引导学生学会尊重他人的权利。从法律法规的角度来看，没有规定不能跳广场舞，跳广场舞本身也并不违法，但当影响周边人正常生活时，便构成违法行为，我们才可以维权。案例中赵新的姑姑家长时间受到“广场舞”干扰，且强度大，而且经过多次提醒、交涉后情况仍没有得到改善。此时，问题就比较严重了，我们可以通过法律的途径维护自己的权利。

权利意识不仅包括对自我权利的认识，也包括对他人权利的认同和尊重。尊重他人权利是公民权利意识的重要内容。法治教育让学生更加注重自己的权利，更加注重行使和维护自己的权利。但是，在不断提升权利意识的同时，不得将个人权利绝对化，不得藐视甚至无视他人的权利。要让学生知道尊重他人权利也是权利意识的重要内容。要让学生知道尊重他人权利既是一项法律义务，也是一项道德义务，不尊重他人权利，就会丧失自己的权利。公民在法律面前人人平等，享有的权利也是一样的，我们维护自己的权利，同样他人也享有公平、正当的权利，这才是法治思维、法治意识的体现。要引导学生由此及彼进行反思：我们在维护自己权利的同时，是否也要保障他人的权利？在社会生活中要学会换位思考，要有公德心，自己做事情的时候要尽可能地不影响到他人。

知识本身不是力量，只有用知识来解决问题时它才能展现出力量。道德与法治课程培养的核心素养是学生通过学习逐渐形成正确的价值观和处理事情时表现出来的必备品格和关键能力。新课程标准培育学生的法治观念，帮助学生形成法治的信仰和维护公平正义的意识，做社会主义法治的忠实崇尚者、自觉遵守者、坚定捍卫者。

四、结合实际，增强教学的针对性和现实性，促进知行合一

新课程标准倡导要丰富学生的实践体验，促进知行合一。在教学中开展课内外活动，让学生在活动中拓宽视野，学会探究，提升能力，通过分析和解决现实问题，学会使用正确的方式方法，促使学生课内外言行保持一致。

案例 4 **《我们爱分享》教学片段①**

（部编版《道德与法治》一年级下册第二单元第 7 课）

【教材分析】

部编版一年级下册第 7 课《我们爱分享》设置了“分享的‘魔力’”“一起来分享”两个话题。在“一起来分享”中设有“我和大家分享时……”的讨论话题，以情境图的方式呈现“给我看看吧！”“下次你也要给我……”和“可以让我拿回家玩吗?”“这是爷爷留给我的纪念品……”两个讨论情境，旨在通过案例讨论，引发学生思考在实际分享的过程中，遇到类似的情况会怎么想？该怎么办？

① 本案例由云南省玉溪市聂耳小学杨翠英老师提供。

【教学片段】

师：同学们，我们都爱分享，你会分享吗？

生：会。

师：我们会不会借书给同学看？

生：会。

师：为什么？

生：分享快乐！分享才有好朋友。

生：我们要互相帮助。

师：如果你的书分享给同学，但他一次也不分享给你，你会怎么想？你又会怎么做呢？

生：我觉得他有点小气。

生：我有点不想借给他。

生：我还是会把书借给他，但要和他说说。

师：怎么说？

生：下次你也要借给我，不然我也不借给你。

生：我们要互相分享，我的书给你看，你的书也要给我看。

师：是呀，同学们分享是互相的，如果遇到这样的情况，我们可以提出要求。

师：同学们，我们分享不能只想让别人给自己，自己也要怎样做？

生：自己也要主动分享，不然人家会看不起的，后面也不会再分享了。

师：是的，分享是互相的，那是不是自己的所有东西都可以分享呢？

生：是的。

师：你们真能做到，也心甘情愿分享自己所有的东西吗？

生：是。

生：不是。

师：我们每个人都有一些对自己来说特别有意义的东西，这些东西不想和大家分享，这很正常。课本中一位同学要把另一位同学爷爷留下的纪念品带回家玩，他很为难，可以怎样做呢？

生：藏起来。

生：可以看看，但不能让他带走。

生：不让他带走，他会不会说我小气。

师：我们怕别人有想法，自己就一定要分享吗？

生：一定。

生：不一定。

生：告诉他，我舍不得的原因。

生：把自己的想法告诉他。

师：这位同学说明了“这是爷爷留给我的纪念品……”，这有特别的意义，可以看看，但不可以带回家，大家能理解吗？

生：理解。

师：通过刚才的案例，同学们明白如何分享才会更好吗？

生：分享时不能为难别人。

生：别人分享东西的时候不能只想着自己，也要考虑他人的想法。

师：是的，我们爱分享，也要学会分享，分享自己愿意分享的东西。分享过程中有要求可以提出来，有特殊情况不能分享的可以说明，不勉强自己，更不能勉强别人，要互相尊重，互相理解，这样的分享才可以持久和快乐！

案例分析

通过以上教学，结合实际教会学生分享，让学生学会分享，做到知行合一。教材中设有“我和大家分享时……”这个话题，根据不同问题情境引发学生讨论和思考，唤起学生已有的生活体验，帮助学生学会客观地看待他人犹豫的原因，从换位思考和换位体验中反思自己的分享行为。教学中要提倡分享，学会分享，乐于分享，但不强求他人分享一切。每个人自己珍视的东西，可以拿来给别人分享，也有权利不与他人分享。

案例 5 《安全地玩》教学片段

（部编版《道德与法治》二年级下册第二单元第 8 课）

师：同学们，我们要学会安全地玩。接下来我们来做安全提示牌，放到可能会有危险的地方，让大家玩得更加安全！大家一起讨论一下，写什么话好呢？

生：请不要爬栏杆。

生：门会夹手，小心危险！

生：有电危险！

生：玻璃会碎，小心划手！

…………

师：安全提示牌写好了，大家想贴在哪儿呢？

生：我想把它贴在门边上。

生：贴在窗台上。

生：贴在厕所里。

…………

师：非常好，下课后，让我们把大家写的提示牌贴在你想贴的地方吧。（下课了，有的同学把提示牌收了起来，更多的同学是扔到垃圾桶里）

案例分析

如果下课后同学们真的把这些大小颜色各异的自制提示牌贴在自己想贴的地方，那便是“满校尽是提示牌”，学校的校园文化在哪里？美丽校园“美”在哪里？贴了以后，学生就会注意安全了吗？

无独有偶，在二年级上册第三单元第11课《大家排好队》的教学中，教师也设计了一个类似的教学环节。

师：让我们行动起来，设计一个排队的宣传标语，并说一说，你想把宣传标语贴在哪里？

生：“请您排队”“排队的是文明人，请做文明人”“请排队上车”……

师：大家写的都好极了，你想把它贴在哪里？

生：车站、医院、飞机场、学校……

师：同学们写得非常好，课后我们把写的宣传标语贴在你想贴的地方吧。

同样，在二年级上册第三单元第12课《我们小点儿声》的教学中，有一个教学环节“做个小小‘调音师’”，提醒自己小声些。一位教师也设计了类似的教学环节，学生设计好标识后要“贴在车站”“贴在医院”“贴在飞机场”“贴在高铁上”……

教师的总结是：同学们的想法都非常好，我们大家行动起来吧，但要小点声。课后请把我们设计的标识贴在想贴的地方，小手拉大手，把文明传播出去，让社会更加文明，让世界更加美好！

反思以上三个教学环节，首先，不论是安全提示牌、排队的宣传标语，还是提醒安静的标识，在现实生活中学生们是不可能擅自把自己写的和画的标语贴在车站、飞机场、医院、学校等场所的。如果不是特定场合的需要，学生们擅自在公共场所粘贴（未经审核的）广告、标语等，就可能违反城市管理条例、物业管理条例等。课堂上教学生的“轰轰烈烈”的行为，如果在课后是不能做的，教学就是一句“空话”，教学就变成“假大空”，知行不能一致。

课堂教学中写的提示语等，下课后掉在了地上、丢在了垃圾桶里。如果课堂上讲的、做的和社会、现实不一样，学生就会觉得德育课就是“说一套、做一套”，学生就会不相信老师，不相信课堂，从小就学会了“作假”和“做戏”。在现实中有诸多的“标语”，且无处不在，如“请不要攀爬”“请靠右行”“请随手关灯”等，但行为还是屡禁不止，原因不是不知道“不许”，而是“漠然”或“自动屏蔽”贴在墙上的标语，这就是“假德育”的结果。没有内化于心的知识，是不可能外化于行的。

杜威说：“教育的过程和目的是完全相同的。”教学需要活动，我们要思考德育的实效性。道德与法治的教学一定要从儿童经验或视角、从现实的生活出发，开展活动，做“学生立场”的德育，打通“课堂”与“现实生活”，进行基于现实的道德与法治的教育；打通知识教学与道德价值之间的通道，让课堂教学与现实生活“结缘”，让课堂问题是“真”问题，让解决问题的方法是“真”可行的，才能提高教学的有效性。

《我们小点儿声》的教学不是写标语“提醒他人”，而应让学生思考哪些地方、哪些时候、为什么需要小点声，以问题为中心，充分分享自己或他人的想法、做法，产生经验的碰撞，不断更新自己的内心世界，去印证、去批判不同时空下他人（自己）的一些做法，形成新的认知观，再回到现实中的根本问题“我们为什么要小点声”。

总之，教学的起点，不能在嘴上；教学的过程，不能在纸上；教学的落脚点，不能贴在墙上、掉在地上。我们教学要正视孩子生活中遇到的问题，帮助学生分析问题，培养学生的思辨能力，指导学生解决问题，从而获得更好的生活。我们的教学要守正创新，使我们的教学活动方式与方法更具有道德性、实效性，促进知行合一，更好地落实立德树人的根本任务。

五、加强价值引领，促进学生自主发展

道德与法治课程是思政课程，教学时要把握好思想政治教育的基本特征。道德与法治课程的教学既要发挥教师的主导作用，又要突出学生的主体地位，把道德与法治教育的方向引领与学生发展有机统一起来。教学方式上，要注重学生的经验，引导学生积极参与社会实践活动，强调在社会生活中学习认识社会，并学会做事、做人。其中，在体现主体学生自主发展的同时，更要发挥好教师主导作用，注重价值引领。

案例6　　《说说我们的学校》教学片段

（部编版《道德与法治》三年级上册第二单元第4课）

师：我们都爱我们的学校，为了我们的学校更加美好，为了我们的校园生活更加丰富多彩，我们给学校发展提一些建议吧。

生：请学校为学生建设一个午餐的专用通道，这样又快速又安全。

生：请学校为全体学生安装可以躺着休息的课桌椅。

生：希望学校能建一个室内游泳池，再建设一个足球场，这样我们每天都可以游泳和踢球。

生：希望学校大门口、走道都添置机器人，为师生服务。

…………

师：同学们为学校提出的建议非常好，相信学校领导一定会采纳你们的建议，为学生解决这些困难的。让我们的学校变得越来越美好。

案例分析

《说说我们的学校》的教学目标是，引导学生热爱自己的学校，为学校的发展出谋划策，增强学生对学校的认同感、自豪感、归属感，强化学生的主人翁意识和责任意识。教学中学生为学校提出了一些建议，由于学生认知有限，并不一定能结合实际，教师需要做好引导，“想到”和“能做”不是一回事。因为每所学校的实际情况不一样，学校建设和发展受到多种因素的影响，如有的学校就没有建设游泳池、足球场的条件或者必要，教师回应学生的“相信学校领导一定会采纳你们的建议，为学生解决这些困难的”，显然是不可信的。教师自己也知道是不可行的、不可能的，这样的回应，教师自己都不信，学生会信吗？教学时，

教师要发挥引导作用，让学生知道哪些可以做，以及哪些建议可行？我们还可以从哪些方面提出更可行的建议？通过这样的方式做出积极正确的引导，教学才具有实际的意义。

案例7 《挑战第一次》教学片段

（部编版《道德与法治》二年级下册第一单元第1课）

师：同学们，没有第一次就不会有第二次，我们要学会挑战，只有勇敢地迈出第一步才可能收获成功，才可能享受到挑战的快乐和成功的幸福，我们要学会不断挑战，要敢想敢做。你想挑战什么？

生：我想挑战1分钟背1首古诗。

生：我想挑战一周内看完我国四大名著。

生：我想挑战到火星上爬山。

生：我想挑战在宇宙中成立星球联盟。

生：我喜欢吃草莓，我想挑战一次吃10斤草莓。

生：我想挑战在水中憋气10分钟。

…………

（学生越说越高兴）

师：哇，你们的目标都如此有趣，同学们真厉害！希望同学们努力学习，努力坚持，祝同学们挑战成功！

案例分析

在以上教学案例中，让学生交流自己的想法，充分发挥了学生学习的主体性。但面对学生“我想挑战一周内看完我国四大名著”“我想挑战到火星上爬山”“我想挑战在宇宙中成立星球联盟”等天马行空的回答时，教师需要发挥好教师主导作用，注重价值引领，结合实际引导学生。《挑战第一次》的教学目标是什么？学生挑战的基础是什么？对于“我想挑战一次吃10斤草莓”“我想挑战在水中憋气10分钟”，是否存在安全隐患？我们为什么要挑战？小学生应该挑战什么？要从培养核心素养的角度，针对这些问题进行正确的引导。

总之，要突出道德与法治学科的政治性和思想性，教师必须系统学习习近平新时代中国特色社会主义思想及相关理论知识，不断提高思想理论水平。要体现出道德与法治学科的科学性和实践性，教师需要掌握伦理学、政治学、法学、心理学、教育学等学科知识，研究学生、研究生活、研究社会，遵循学生认知规律，注重与学生生活、社会实际的联系，不断提高自身专业素养。

思考与练习

1.《义务教育道德与法治课程标准（2022年版）》与《义务教育品德与生活课程标准（2011年版）》《义务教育品德与社会课程标准（2011年版）》相比，有哪些新变化？

2. 认真阅读学习《义务教育道德与法治课程标准（2022年版）》，选择一个单元的内容，围绕核心素养的培育，从“教—学—评”一致性的角度，进行单元整体教学设计。

3. 选择一个课例，谈谈如何根据《义务教育道德与法治课程标准（2022年版）》使用好教材？

阅读文献

1. 檀传宝，等．德育原理学科地图．北京：北京大学出版社，2020.

2. 檀传宝．德育原理：第3版．北京：北京大学出版社，2017.

3. 鲁洁，夏剑，侯彩颖．鲁洁德育论著精要．福州：福建教育出版社，2016.

第三章

小学道德与法治课程分专题教学设计策略

本章导读

如何恰当运用教学策略进行有效的教学设计，是教师普遍关心的问题。本章围绕新课程标准关于义务教育第一学段（1～2 年级）、第二学段（3～4 年级）、第三学段（5～6 年级）设置的入学教育、道德教育、生命安全与健康教育、法治教育、中华优秀传统文化与革命传统教育及国情教育六大学习主题内容，在对小学道德与法治教材内容进行再梳理的基础上，分学段按主题对小学道德与法治课程教学设计策略以教学案例的形式进行探讨。

第一节 “入学教育”主题教学策略

入学教育主要是针对一年级第一学期开展的适应性教育，一年级新生适应新环境，是其社会化过程的重要内容。苏联心理学家维果茨基说过，3 岁前儿童按照自己的“大纲”学习，对应的是自发型教学；而学龄儿童对应的是自发-反应型教学。因此，对于一年级学生来说，从上幼儿园到上小学，是他们生活中的一个重大转折，“上学”开始成为他们生活中最重要的事情，生活将由原来的自然状态，进入一种“文化式”“文明式”状态，由原来依循自然需要的生活方式，转变为一种有目的的理性生活方式。这一生活方式的转变是缓慢而长期的，一年级正是这一过程的开始。因此，适应生活方式的转变，顺利开启另一种存在样态，是一年级学生生活引导中的重大主题。我们要指导他们适应学校环境，促进其社会化发展。

道德与法治课程遵循学段衔接、循序渐进、螺旋上升的课程建构体系，科学设计教育主题。一年级上册的教育主题就是适应新生活。适应性的“入学教育”主题内容主要在一年级集中教学，以学校生活为主题的内容在各学段呈点状分布，如三年级上册第二单元“我们的学校”，侧重于增进学生对学校的归属感。因此，针对一年级学生身心发展特点和成长规律，可采用以下教学策略，帮助一年级新生适应并喜欢上校园生活。

一、情感化教学策略

进入小学阶段，对小学生来说是一个重大的转变。小学的生活和幼儿园的生活有着很多的不同，如学习环境、作息时间、学习方式等，这都会给一年级新生带来一定程度的不适与不安。因此，教师需要帮助学生顺利实现这种转变，从心理、生理以及行为习惯上尽快完成入学适应。新课程标准“入学教育”学习主题的内容要求中提出：“喜欢和同学、老师交往，高高兴兴地学，快快乐乐地玩。”其对应的教学提示是：“通过自我展示、游戏互动等方式认识新朋友，感受结交朋友的乐趣与美好。”入学教育首先要以情入手创设适合学生的活动，创造学生充分认识学校、师生交往的机会，让学生感受到“安全”“温暖”，教师要适时给予学生鼓励和肯定的评价，让他们有安全感，获得交往的愉快心理体验，树立自信心，培养他们初步的道德感，对集体生活和同学有一种积极的情绪体验，从而帮助一年级新生适应新环境、建立新的人际关系。

案例1　　**《拉拉手，交朋友》教学片段**①

（部编版《道德与法治》一年级上册第二单元第6课）

玩游戏，认识新朋友

师：同学们好！见到你们我很开心，知道你们很喜欢玩游戏，今天我们就来

① 本案例由云南省玉溪市第三小学教育集团珊瑚校区张云霞老师提供。

玩一个“让我告诉你”的小游戏，好吗？

老师随机和一名学生拉手，演示“让我告诉你”的游戏规则。

学生在老师的引导下，拉手进行自我介绍，并聆听他人的自我介绍。

师：我们拉拉手，认识新朋友；我是张老师，我喜欢跑步和看书。（教师引导性格活泼的学生主动去邀请其他同学参与游戏）

生 1：我们拉拉手，认识新朋友；我叫刘晓晓，喜欢画图画。

生 2：我们拉拉手，认识新朋友；我叫王一超，喜欢踢足球。

生 3：我们拉拉手，认识新朋友；我叫李冉鑫，喜欢看电视。

…………

（学生在轻松愉悦的课堂氛围中参与活动，进行自我介绍。学生按照要求开展交友活动，教师巡视指导）

师：同学们，刚才我们通过游戏知道了其他同学的姓名和爱好。上小学真好，可以交到更多的朋友，开心吗？

（教师有意关注胆小、性格内向的学生，适时给予语言或行为上的引导、鼓励）

师：大家刚才非常开心，谁来向我们介绍你新认识的朋友，说说你对他的印象。

（介绍与交流）

师：（出示儿歌《好朋友》）老师也很开心，因为有了你们这群可爱的学生。今天我们的收获可真不少哦！让我们带着这样的开心与幸福，一起手拉手，唱儿歌。

如果你开心，
请你告诉我，
我们一起拍拍手。

如果你伤心，
也请告诉我，
我来为你唱支歌……

案例分析

《拉拉手，交朋友》是部编版一年级上册第二单元“过好校园生活”第 6 课，本课侧重引导学生扩大交往面，帮助学生学会自我介绍、友善交往等技巧，帮助学生进一步适应小学新生活。同时，关注学生中的弱势交往群体，引导他们体验交往的快乐，培养他们对小学生活的积极情绪，促进其人际交往能力的发展。“亲其师，信其道。”融洽的师生情感是初入学学生情绪的定海神针。教学中采用学生喜闻乐见的游戏方式，打破学生间交往的壁垒。在“让我告诉你”认识新朋友的游戏教学环节，教师转换角色，做一名沉浸式的参与者，带头和学生一起玩游戏，交朋友，给予学生积极向上的情感激活与迁移，让学生感受老师的亲切、平和，从而获得情感上的安全感，初步建立起师生间的情感纽带。然后在和谐温馨的氛围中，引导学生去认识更多的新伙伴，拓宽学生交往面。学生在交流中、拉手中消除了陌生感，缓解了紧张和不安，融洽了情感，并获得了积极愉快的心理情绪，感受校园生活的美好和有趣，从而更好地接纳并融入校园生活，愉快地度过入学适应期。

二、活动化教学策略

道德与法治课程具有政治性、思想性、综合性和实践性。新课程标准指出：“教学要与社会实践活动相结合，加强课内课外联结，实现隐性课程与显性课程相配合。”对于低年段的学生而言，由于其语言及抽象思维能力有限，尚处于直观动作思维发展的阶段。学生解决问题的方式和技能、价值判断的能力、对道德原则的领悟，都可以在活动中形成，活动对其道德发展就起着重要的作用。“我听了，我忘了；我看了，我知道了；我做了，我懂了！”这句话很明确地告诉我们，在教学中应根据低年级学生的年龄特点，立足学生生活实际，开展多样活动让学生在活动中提升感悟，内化道德品质，从而更好地适应生活、学会生活。新课程标准在“入学教育”学习主题的教学提示中提出：“在入学适应期，通过自我介绍和参观校园等活动，熟悉校园环境，尽快适应自己的新身份。”在入学适应期，可通过直接参与各种主题活动，如沉浸式的参观采访等，让学生更好地了解学校、老师、同学等，激发学生主动探索的兴趣，从而逐步产生亲近、热爱学校生活的情感，更好地融入新环境，适应有序的校园学习生活。

案例2　《这是我们的校园》教学片段①

（部编版《道德与法治》一年级上册第一单元第3课）

校园探秘

师：（出示校园全景图）同学们，你们认识这是什么地方吗？

生：我们学校。

师：在我们的校园里还有很多你不知道的秘密哦！我们将在这里学习知识、锻炼身体，今天我们就到校园的各个角落去探秘吧！

（出示注意事项，然后带领学生按事先设计好的路线，参观校园的各个场所如图书室、报告厅、实验室、舞蹈教室、少先队室等，可请相关的工作人员协助介绍相关设施，了解其不同的用途以及活动开展情况）

师：今天我们参观了我们的校园，大家有什么收获呀？你最喜欢校园里的什么地方，为什么呢？

（出示校园各功能室、活动场所照片等）

师：我们的校园很美、功能室多，为我们学习提供了很多便利，以后我们在这些地方开运动会、唱歌、跳舞、诵读、画画……学校还有其他的地方，需要我们不断熟悉，让我们在美丽的校园里快乐成长吧。

案例分析

《这是我们的校园》是部编版《道德与法治》一年级上册第一单元“我是小学生啦”的第3课。教学本课时，学生在校度过了近两周的小学生活，对学校环境有了初步的认识，但是范围比较小，仅限于一些必去的场所，对整个校园还不够熟悉。教学中带领学生走出教室，开展“校园探秘”的实践活动，引导学生对校园的设施设备及各功能室进行认识和探究，既加深学生对校园的了解，又消除学生对学校的陌生感，拉近“生”与“校”之间的距离，而且在熟悉校园的过程中，学生还可认识到校园设施与自己每日学习的密切关系，并通过活动寻找自己喜欢的学校空间，使学生逐步产生亲近、热爱学校的情感，安全、愉快地开始小学生活。这样活动化的教学符合低年段学生的认知特点，能更快地帮助学生适应新环境，激发其热爱学校的情感。

① 本案例由云南省玉溪市第三小学教育集团珊瑚校区张云霞老师提供。

案例3　**《我向国旗敬个礼》教学设计（部分）**[①]

（部编版《道德与法治》一年级上册第一单元第2课）

【教学目标】

1. 通过观看视频《聂耳和国歌的故事》，学唱国歌，知道国歌是国家的象征和标志，初步了解国歌的历史和精神内涵。

2. 通过了解奏唱国歌的场景，初步树立国家观念，初步做到自觉践行“爱国”的社会主义核心价值观。

3. 通过模拟升旗仪式活动，初步学会遵守奏唱国歌的礼仪规范。

【教学重点】

1. 学唱国歌，知道国歌是国家的象征和标志，初步了解国歌的历史和精神内涵。

2. 遵守奏唱国歌的礼仪规范，能大声跟唱国歌。

【教学难点】

培养热爱国歌、自觉维护国歌尊严的情感，用实际行动表达对国歌的尊敬和热爱，初步树立国家观念，培育和践行“爱国”的社会主义核心价值观。

【教学过程】

一、听国歌，激情导入

（一）播放《义勇军进行曲》旋律音频

1. 学生边听边跟唱。

师：你知道这是哪首歌曲吗？歌名是什么呢？（生答）

2. 教师板书（中华人民共和国国歌《义勇军进行曲》）。

3. 学生齐读。

（二）课件出示国歌歌词

1. 师生诵读歌词。

师：同学们对国歌的旋律非常熟悉，歌词的内容你知道吗？我们一起来读一读吧！

2. 学生齐唱国歌，说感受。

师：我们唱国歌时，你有什么不一样的感受呢？

---

① 本案例由云南省玉溪市第三小学教育集团珊瑚校区张云霞老师提供。

生：激动，特别有精神……

师小结：歌词中的每一个字都饱含着中华民族顽强的斗志和中国人民的热血。国歌激昂的旋律是中华儿女英勇无畏精神的体现。国歌所承载的爱国情怀和奋勇前行的民族精神深入人心。

（三）揭示课题

师：关于国歌，你们了解多少呢？今天我们就一起来探究学习第2课《我向国旗敬个礼》的第二个话题“学唱国歌”。

1. 板书课题（学唱国歌）。

2. 学生齐读课题。

二、讲好聂耳和国歌的故事，激发学生爱国之情

（一）分享交流有关聂耳和国歌的故事

1. 课件出示《义勇军进行曲》曲谱图片。

师：你知道《义勇军进行曲》的词、曲作者吗？关于国歌，你们了解多少呢？（板书：田汉作词、聂耳作曲）。

2. 学生分享交流课前参观聂耳故居、聂耳纪念馆的感受以及生活中积累的知识。

预设1：我知道玉溪是聂耳的故乡，聂耳原名叫聂守信，他从小就爱学习。

预设2：聂耳从小就喜欢音乐，他创作了很多歌曲，我还会唱他的《卖报歌》呢。

预设3：参观聂耳纪念馆时，我知道《义勇军进行曲》是聂耳在被敌人追捕的情况下坚持完成的。

…………

课件播放视频：《聂耳和国歌的故事》

1. 学生观看视频，了解国歌的历史和内涵，并说说感受。

预设1：聂耳非常勇敢！

预设2：我们今天的幸福生活来之不易，我们要努力学习，让我们国家更强大！

预设3：我喜欢唱国歌，我爱国歌！

…………

2. 教师小结。

师：聂耳是伟大的人民音乐家，他为国而歌的爱国情怀，激励着每一个中华儿女爱党爱国、奋发向上。我们应该好好传承和弘扬聂耳的爱国精神。

三、展示奏唱国歌的场景，感悟国歌的内涵

（一）播放视频：2024 年巴黎奥运会皮划艇静水：男子 500 米双人划艇刘浩、季博文一骑绝尘斩获金牌。

1. 学生观看视频，思考发言。

师：为什么巴黎奥运赛场上升起我们的“五星红旗”，奏唱我们的国歌？（学生思考并回答）

师小结：奥运赛场上升起我们的国旗，奏响我们的国歌，是因为我们国家的运动员努力拼搏，荣获了冠军，为国争光。通过上一节课的学习，我们知道了国旗是一个国家的重要象征和标志。和国旗一样，国歌也是一个国家的重要象征和标志。

2. 联系生活，拓展了解奏唱国歌的场景，感受国歌所代表的国家尊严和民族精神。

师：在生活中，你还知道哪些场合要奏唱国歌吗？

学生联系生活，分享交流奏唱国歌的场景：（1）学校每周一举行升旗仪式；（2）天安门广场的升旗仪式；（3）聂耳音乐广场的升旗仪式；（4）重大活动时……

3. 学生联系实际谈感受。

课件出示：奏唱国歌时，夺冠运动员热泪盈眶；军人庄重敬礼……

师：奏唱国歌时，大家都有哪些表现？

学生分享自己唱国歌时的感受

师：你们唱国歌时，有什么不同的感受呢？（学生自由发言，教师适时引导）

师小结：老师的感受也和同学们一样，每当听到国歌响起，就会不由自主地唱起来，整个人特别振奋，油然而生作为中国人的自豪和骄傲！

四、唱响国歌，激发爱国之情

（一）播放视频“学校升旗仪式”，感受升国旗、奏唱国歌时的礼仪

1. 学生观看升旗仪式。

2. 学生交流升国旗、奏唱国歌时的礼仪。

预设 1：严肃认真，不打闹。

预设 2：声音响亮。

预设 3：立正站好不乱动。

…………

师小结：国歌和国旗一样，也是国家的象征和标志。奏唱国歌时有规范的礼仪。在升国旗和大型聚会等活动中，要齐唱国歌。奏唱国歌时在场人员应肃立，举止庄重。（板书：奏国歌　肃立　举止庄重）

（二）课件出示：《小学生日常行为规范》

1. 认读“尊敬国旗、国徽，会唱国歌，升降国旗、奏唱国歌时肃立、脱帽、行注目礼，少先队员行队礼”。

2. 学生展示：升降国旗、奏唱国歌时的行为礼仪。

（三）课件出示：《中华人民共和国国歌法》

1. 教师简述：《中华人民共和国国歌法》第七条规定，奏唱国歌时，在场人员应当肃立，举止庄重，不得有不尊重国歌的行为。

2. 教师小结：遵守奏唱国歌时的礼仪，是我们对国歌应有的尊重，也是《小学生日常行为规范》《中华人民共和国国歌法》的要求。

（四）创设情境，模拟升旗仪式实践体验

1. 创设情境：课件播放视频“聂耳音乐广场的升旗仪式”。

2. 实践体验：模拟参与“聂耳音乐广场的升旗仪式”活动，学生实践体验升国旗时唱国歌的礼仪要求，激发学生爱国之情。

五、活动总结，深化爱国之情

师：（播放背景音乐《义勇军进行曲》）每当我们唱起国歌时，心里都会涌出一种自豪感！国歌不仅仅是一首歌曲，更是我们国家的象征，承载着无数先辈的奋斗与牺牲。我爱中国！我爱国歌！在今后的生活中，希望同学们能将这种爱国之情延续下去，时刻铭记国歌所蕴含的精神内涵，努力学习，为祖国的繁荣富强贡献自己的力量！（板书：我爱中国！我爱国歌！）

【板书设计】

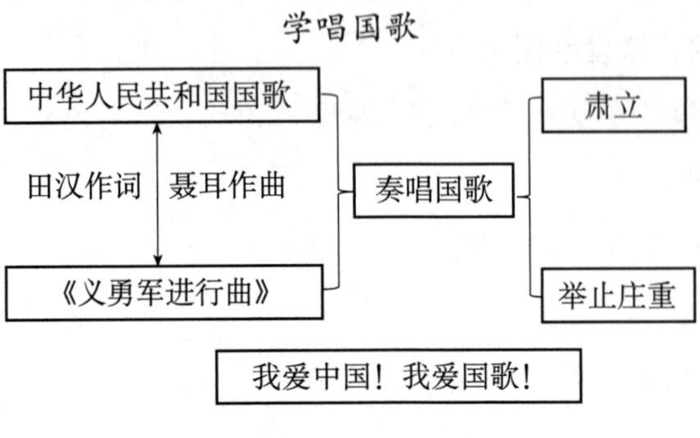

案例分析

“学唱国歌”是《道德与法治》一年级上册《我向国旗敬个礼》中第二个话题的内容。国歌是国家的重要象征和标志，是中华民族的精神标识和力量源泉。讲好聂耳和国歌的故事，把聂耳和国歌的故事有机融入义务教育阶段的思政课，与本课时的核心素养目标高度契合。通过深入解读新课程标准、分析教材，全面了解学情，制定了本课时的核心素养教学目标，明确了教学重难点，使教学有的放矢，有效达成教学目标，促进学生核心素养的发展。

上课伊始，通过播放旋律激昂的《义勇军进行曲》，激活学生的记忆，激发学生的情感，有效地引导学生较快进入学习状态，拉近学生与课本间的距离，为后面的教学做好情感铺垫；通过认读歌词，引导学生熟知国歌歌词，为后面学生理解国歌的创作及含义夯实认知基石。小学道德与法治课程是小学阶段的思政课，是落实立德树人根本任务的关键课程。因此，将学习主题有机地融入聂耳和国歌的故事是落实爱国主义教育的最有效最有力的契机。通过课前让家长陪同学生参观聂耳故居、聂耳纪念馆等活动，建立家校德育合力，学生全面了解聂耳和国歌的故事，爱国主义教育得到深化和加持。再通过教学时播放《聂耳和国歌的故事》视频，层层深入地让学生了解、感知国歌创作过程中体现出的热爱祖国、为民而歌的家国情怀，勇于斗争、憧憬复兴的坚定信念，开拓创新、追求卓越的人生追求，一往无前、顽强拼搏的斗争精神，有效落实对学生国家意识及爱国主义教育。又通过创设情境：观看视频、交流分享不同奏唱国歌的场景，引导学生关注自己唱国歌时的内心感受，调动学生已有的生活经验，以运动员为榜样让学生体会国歌的庄严，初步感知国歌是国家的象征和标志，增进学唱国歌的神圣感、庄严感，在情境中唤起学生的情感共鸣，激发他们的爱国热情，促进学生情感内化，从对学生唱国歌时的行为规范等外在要求内化为对国歌的情感体验，培养学生对国歌的尊重及热爱。最后，通过观看学校升旗仪式，引导学生懂得在升旗仪式上奏唱国歌时要遵守相关的礼仪要求；接着出示《小学生日常行为规范》《中华人民共和国国歌法》中的相关要求，以提升学生对尊重国歌的认知高度，突出思政课的法治教育；在此基础上，通过创设情境，模拟升旗仪式进行实践体验活动，把爱国之心内化于心、外化于行，让爱国之情具象化。

三、人本化教学策略

“以人为本”的教育即“人本化”教育。人本理念强调教学要以学生发展为中心，突出学生在教学中的主体地位，强调要从尊重学生的角度出发，尊重学生的认知规律和个性差异，因材施教，让学生去体验、感知、践行，从而内化为学生的自身素养，最终达到促进学生的知情意行全方位发展的目标。新课程标准提出，“道德与法治课程教学遵循道德修养和法治素养的形成规律，坚持教师主导和学生主体相统一”；并要求“突出学生主体地位，充分考虑学生的生活经验，通过设置议题，创设多样化的学习情境，引导学生开展自主、合作的实践探究和体验活动，帮助学生形成正确的价值观，涵养必备品格，增强规则意识，发展社会情感，提升关键能力，使他们在感悟生活中认识社会，学会做事，学会做人，把道德与法治教育的方向引领和学生发展有机统一起来”。①

例如，教学部编版《道德与法治》一年级上册第一单元第 1 课《开开心上学去》时，班上部分学生已经做好了入学准备，不仅在认识新书与整理书包的能力上领先一步，而且在情绪的接纳上也优于其他学生。然而还有一些学生因为性格或其他原因，不敢主动与人交往，不愿意与老师和同学沟通；还有一些学生在与人交往时会有一些令人不愉快的行为，使其易受到孤立；也有些学生在认知和理解能力上稍弱于同龄人，往往容易受挫，产生自卑心理。

面对这些发展各异的学生，教师了解并尊重学生个性、认知及能力上的差异，在教学中创设适合他们的活动，为他们创造交往的机会，设计“师傅带徒弟”的冲关活动，让能力稍强、情绪稳定的学生当“小师傅”，友善地帮助后发展的“徒弟”学生正确认识新书，合理整理书包。同时，教师时时关注引导，并协助他们建立友好的同学关系，适时表扬、鼓励，循循善诱，让他们有安全感、成就感，获得目标达成时愉悦的心理体验，这样就实现了全班同学的共同进步。

此环节中，教师秉承以人为本的教育理念，以促进学生的发展为目标，根据学情设置不同难度的、有层次的学习要求，没有简单地、一刀切地提出统一的学习要求，忽略发展相对缓慢学生的实际能力和认知水平，避免加剧能力较弱和情

① 中华人民共和国教育部．义务教育道德与法治课程标准（2022 年版）．北京：北京师范大学出版社，2022：3.

绪接纳度低的这部分学生对学校新环境的恐惧感。同时，也让当“小师傅”的学生有了成就感，学会友爱，懂得责任，让课堂成为有温度的课堂。

关于“入学教育”主题教学，不是某个教学策略的单一运用，而是需要根据需要综合考量，紧扣新课程标准，根据教学内容和学情采用相应的教学策略，落实教学目标，有效促进学生核心素养的发展。

想一想：

在“入学教育”主题教学中，如何让家庭教育与学校教育有机结合，形成教育合力，帮助儿童积极愉快地接纳新角色，适应新生活？

第二节　“道德教育”主题教学策略

儿童期是人道德发展的启蒙期，道德教育贯穿小学全学段。通过“道德教育”主题的学习，培养学生良好的道德品质和行为习惯，把道德规范内化于心、外化于行。新课程标准提出：“培育学生的道德修养，有助于他们经历从感性体验到理性认知的过程，传承中华民族传统美德，弘扬民族精神和时代精神，维护国家利益和安全，增强民族气节，明大德、守公德、严私德，形成健全的道德认知和道德情感，发展良好的道德行为。”在小学道德与法治教学中，可利用以下策略开展教学，让道德规范内化于心、外化于行。

一、生活化教学策略

道德源自生活，生活是道德成长的基础，也是道德赖以存在的根基。人的道德学习必须基于生活，道德是在对生活的认识、体验和实践中形成的。陶行知先生曾说过“生活即教育”。

良好品德的培养必须在儿童的实际生活中进行，只有源于儿童实际生活和真实道德冲突的教育活动才能唤起他们内心的道德情感、形成真实的道德认知、引发道德行为。

如，部编版《道德与法治》二年级上册第三单元第 11 课《大家排好队》，二年级学生会认为“我看有好多大人都不排队，为什么我要排队”“我好多次没有排队，也没有人说我，更没有出现什么危险”“要是上公交车排队，我可能就抢不到座位了”“要是上厕所排队，我可能要等好长时间，我等不及了”等。这是学生在现实生活中面临的问题和真实的想法。因此，在教学中应该根据学生存在的实际道德认知情况，重点让学生去体验和感受规则对生活的影响，让学生从内心认同美好生活需要规则与秩序，认识到排队的重要性和意义，超越自我思维。同时，也要结合生活实际，进行有效的道德教育，让学生过有道德的生活。

案例 4　　**《大家排好队》教学片段①**

（部编版《道德与法治》二年级上册第三单元第 11 课）

绘本教学

出示教材中绘本故事图片：

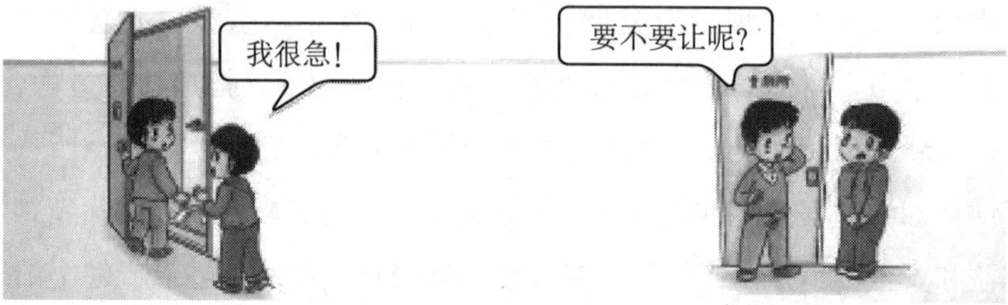

师：要不要让呢？你自己有没有很着急上厕所的情况呀？（学生思考发言）

生 1：还是忍着排队。

生 2：不能插队。

师：同学们，我们要求排队，是为了让生活更有序，但遇到特殊情况，如身体不舒服、急救的时候，我们可以怎样做？

生 3：我要向他们说明请求，让我优先。

生 4：我自己不舒服的情况也有，遇到这种情况，我会让他排我前面。

师：是的，我们遵守规则，按秩序排队，是为了让我们的生活安全、有序。但在实际的生活中，我们会遇到许多特殊的情况，在他人遇到紧急情况时，要懂得礼让。

① 本案例由云南省玉溪市第三小学教育集团珊瑚校区张云霞老师提供。

案例分析

在规则秩序教育中，当礼让和规则产生冲突时，教师应联系学生生活实际，让学生学会换位思考，引导学生超越教条的排队思维，明白遵守规则的同时也要有人文关怀，直观生动地理解“法护成长、德润心灵”的深刻道理，只有生活化教育才能更好地指导学生过更好的生活。

二、情境化教学策略

人的成长离不开具体的生活，道德的形成也是如此。在道德教育中也要依托具体的情景来展开，创设学生熟悉的生活场景，通过视频场景再现、角色扮演、问题设置等方式，引导学生积极主动参与其中，“若我在，我会……”“如果是我，我想……”“我遇到这样的问题，我应该……”通过这样的情境设置促进学生道德情感体验，提升学生的道德感悟最终实现由知到情、由情到行的自然转化，从而更好地满足学生的发展需求。

案例 5　　《建立良好的公共秩序》教学片段[①]

（部编版《道德与法治》五年级下册第二单元第 5 课）

生命通道

播放视频：随意占用应急车道，阻碍救护车及时救援受伤者的视频。

师：是什么导致这次救援延误的？

生：随意占用应急车道导致的。

师：（创设情境）如果现场需要急救的人是你的亲人，你的感受是什么？

学生交流回答。

师：关于应急车道的使用，《道路交通安全法实施条例》第八十二条规定，非紧急情况下机动车不得在应急通道行驶或停车。但为什么总有人明知故犯？

生：哪会有那么多人都占用应急车道，他们觉得自己占用一下没什么关系。

师：别人占用应急车道行驶或停靠与我们有什么关系？他也是为了赶时间

① 本案例由云南省玉溪市第三小学教育集团珊瑚校区张云霞老师提供。

呀。（学生讨论）

师：如果躺在车上痛苦呻吟的是你，如果需要急救的是自己的亲人，你会怎样想？如果你是急救车上的医生，你此刻怎样想？如果你是想去处理交通事故的警察，你怎样想？

生1：很着急，希望救护车能畅通无阻地把亲人送到医院。

生2：非常担心病人得不到及时救治。

（学生讨论交流）

师小结：是呀，在公共生活中大家要讲秩序，勿以恶小而为之，否则小事也会酿成大祸。

案例分析

通过创设占用应急车道的情境，设置“别人占用应急车道行驶或停靠与我有什么关系”的问题，引导学生关注实际生活中的事件，把学生置于情境之中，引发学生深入思考。在真切感受违反公共秩序带来的危害后，有效激发学生的情感，此境此情，入情入境，学生对于遵守公共秩序的重要性感受就会更加深刻，从而实现知行合一，较好地达成教学目标。

三、思辨性教学策略

思，能让认识更深刻；辨，让思路、是非更清晰。道德辨析是教师根据教学目标，基于学情，以图片、视频、文字材料等方式呈现生活中的实际案例，引导学生在实践中、在选择中、在两难困境中作出是非曲直的判断，进而得出正确的结论，从而提升学生的道德认知水平。通过道德辨析，不仅能强化学生的道德认识和行为，而且能有效地培养学生的道德辨别与评价的能力。

案例6 **《我们的公共生活》教学片段①**

（部编版《道德与法治》五年级下册第二单元第4课）

公共生活有规则

师：每个人都会生活在不同的生活空间，有的是私人生活空间，有的是公共

① 本案例由云南省玉溪市第三小学教育集团珊瑚校区张云霞老师提供。

生活空间。在这些空间人们的言谈举止相同吗？

学生交流。

师：在私人生活空间中，你的行为不影响其他人，所以是相对自由的，没有约束的。而在公共生活空间里就不同了，空间是共享的，你在公共生活空间的行为会对他人造成影响，那么在公共生活空间，我们能做什么，不能做什么呢？我们一起来看看这幅图。

出示教材第23页“活动园”的图：没有人来，没有人坐，我可以躺在上面吗？

师：如果是你，你会做出什么样的选择，结果可能会是什么样的？

学生发言。

师：在公共生活空间里，如果你的做法选择不当的话，就会影响到别人。在私人生活空间做的事情，在公共生活空间做，可能这个行为就是不道德的，甚至是违法的。从刚才同学们的分析中可以看出，同学们会考虑到公共生活空间里他人的感受，不能只考虑自己，这与私人生活空间中的活动不同。也就是说，公共生活空间是有规则的，在公共生活空间中要注意自己的言行举止，讲道德，讲文明，讲法治。

师：基于这样的认识，老师请同学们一起来完成下面这个任务。选择一个情境，说一说参与以下公共生活时要注意什么？（课件出示在图书馆看书、在电影院看电影、乘坐公交车的情境图片）

小组交流，教师请各小组的学生代表分享交流结果，教师随着学生的回答出示在图书馆看书、在电影院看电影、乘坐公交车等活动的文明行为指南。

师：通过刚才的讨论以及场景分析，我们知道在公共生活空间里活动，我们要注意自己的言行举止，这样我们才能做一个有素养的文明人。

师小结：在公共生活空间里，人们的行为是公开的，因此更要注意自己的言行举止，展示自己的良好形象。在公共生活空间规范自己的言行举止，也是为了让我们的公共生活更加美好。

案例分析

道德教育的内容和形式必须贴近儿童的生活，反映儿童的需要，让他们从自己的世界出发，用自己的眼睛观察社会，用自己的心灵感受社会，用自己的方式研究社会。本节课的教学紧紧围绕教学目标，渗透新课程理念，转变学习方式，以学生的生活为基础，以现实生活中看到的实际情况为主要内容，开展思辨教学活动。针对学校、学生的实际情况，以视频、图片的方式呈现日常生活中常常看到的占用消防通道、霸占公共场所座位、在公共场所大声喧哗、排队不守秩序等真实场景，提出“假如你在现场，你的感受是什么”的问题，通过讨论、交流，引发学生深入思考，在辨析讨论中换位思考，拓展学生思路，深化学生的道德认知，丰富学生的道德情感，提升学生的道德判断能力。

新课程标准“道德教育”学习主题的教学提示中提出：“了解与自己生活密切相关的社会规则，认识规则在社会生活中的重要性，懂得做一个现代文明人不仅要靠规则约束自己，还需要用道德良知要求自己。”① 在道德教育中发挥法治对道德的促进作用，在法治教育中发挥道德教育的滋养作用，使道德教育与法治教育相辅相成、相得益彰，培养学生成为担当民族复兴大任的时代新人。在教学中，要紧密结合学生的生活实际，通过创设不同的学习情境、开展典型案例的辨析感悟等活动对学生进行道德品质、道德行为教育，指导学生形成良好的道德习惯，成长为新时代的好少年。

案例 7　《合理消费》第一课时教学设计②

（部编版《道德与法治》四年级下册第二单元第 5 课）

【教学目标】

1. 认识合理消费的好处和过度消费的坏处，在消费过程中树立法治观念。

2. 学会合理消费，养成节俭的消费习惯，形成勤俭节约、量力而行的科学合理的消费观，有责任担当意识。

【教学重难点】

1. 学会合理消费，养成勤俭节约的生活习惯和生活方式。

2. 通过对比认识到合理消费的好处和过度消费的坏处。

【教学过程】

活动一、视频导课，感受消费

1. 观看超市采访视频，感受现代消费。

受采访人 1：根据家里需要，来超市进行采购。

---

① 中华人民共和国教育部．义务教育道德与法治课程标准（2022 年版）．北京：北京师范大学出版社，2022：28.

② 本案例由云南省玉溪市第一小学教育集团山水校区陈云超老师提供。

受采访人 2：今天超市有特价活动，趁着价格优惠来囤货。

受采访人 3：现在超市购物付款方式很多，可以使用现金、刷卡、微信及刷脸支付，非常方便。

小结：消费虽然简单，其中也有大学问，今天就让我们一起去探寻消费的“秘密”吧！

活动二、认识消费，辨析消费

（一）认识有计划的消费与过度消费

1. 观看视频，交流发现。（播放体现两个家庭不同消费方式的视频）

看一看：生活中两种不同的消费习惯。（有计划的消费与过度消费）

想一想：看了这两个家庭的消费方式，你有什么发现？

小结：学会克制，根据实际需求合理消费，是拥有健康生活的重要条件。

2. 交流讨论，猜想结果。

想一想：两种不同的消费方式将给这两个家庭带来什么不同的结果？

小结：是呀，我们要学会有计划的消费。（板书：量入为出有计划）

（二）合理消费的好处与过度消费的坏处

1. 回顾总结，完成课本第 41 页的表格：合理消费有哪些好处？过度消费有哪些坏处？

2. 故事分享，感悟提升。

说一说你听过的身边人或古今中外名人的消费小故事，听了这些故事之后你的感受是什么？

过渡：合理消费的好处不胜枚举，拥有良好的消费习惯也是获得成功的必要条件之一。

（三）分辨合理消费与过度消费

1. 联系实际，分辨消费：老师手里有两位同学家上周的“家庭购物清单”。现在请你看一看：两个家庭采买的这些物品中哪些属于合理消费？哪些属于过度消费？交流讨论，说说你的发现和想法。

小结：适量购买生活必需品，这属于合理消费，而超出经济承受范围内的超前消费、冲动消费都属于过度消费。

活动三、学习消费，合理消费

1. 观看视频，领悟道理。

我们中国古代有这样的一句话，叫作：“由俭入奢易，由奢入俭难。”接下来请同学们观看动画视频，讨论交流：养成什么样的消费习惯，才能避免“由奢入俭难”的情况发生？

2. 观看新闻，交流感悟。

习近平总书记多次提倡“厉行节约、反对浪费”的社会风尚，并对此作出重要指示，我们一起来听一听习近平总书记的话。（播放新闻视频）请你说一说：作为新时代的小学生，如何践行习近平总书记“厉行节约、反对浪费”的指示？

小结：“由俭入奢易，由奢入俭难”是古人留给我们的智慧结晶，“勤俭节约”是我们中华民族的优良传统，对于个人和国家来说都有重要的意义。希望同学们在生活中养成良好的消费习惯，做到合理消费不浪费，享受健康幸福生活。（板书：勤俭节约不浪费）

活动四、学会消费，理性消费

（一）学会合理开支，懂得合理安排

1. 制作“我的午餐计划表”。

过渡语：学校组织春游，请同学们自备午餐，请到超市看看，了解一下食品的价格，计划你的开支，安排一顿既经济又营养的午餐吧。

写一写：完成课本第 42 页的“我的午餐计划表”。

讨论交流：与同学交流一下午餐计划表，看看大家是怎样选择的，各自的理由是什么？

2. 观察、评价他人的午餐计划表。

播放聪聪和兰兰的午餐计划表动画。请同学们观看，然后，

说一说：你有什么感想？

评一评：从营养、花费、便利性等方面互相评一评自己的计划表，看看谁的计划比较合理，并说说理由，请同学给自己提出修改建议。

小结：节俭固然是好事，但精打细算的同时我们还应该考虑营养性和便利性。（板书：精打细算巧安排）

（二）实践科学合理的消费观

1. 阅读课本“阅读角”故事，说出自己的观点和理由。

过渡语：今天放学后，明明和小培也要一起到超市采购物品，我们一起看

看他们身上发生了什么故事。

读一读：阅读课本第43页“阅读角”的内容。

说一说：你赞成谁的观点？请说说你的理由。

小结：同学们的观点老师非常赞同。小培在进行消费时考虑到了父母、家庭，能够体谅父母的艰辛，知道父母收入的来之不易。面对同类的商品时他选择了其中更经济实惠的，他是一个懂得合理节俭、量入为出的好孩子，我们应该向他学习。

活动五、合理消费，快乐消费

1. 联系实际，总结提升：学会合理消费，量入为出有计划，勤俭节约不浪费，精打细算巧安排。

2. 课后活动，拓展延伸。

课后活动：请同学们运用本节课学习到的消费相关知识，和爸爸妈妈一起制定一张近期购物计划表，践行一次科学合理的消费。

【板书设计】

合理消费

量入为出有计划

勤俭节约不浪费

精打细算巧安排

案例分析

本堂课的教学以参与活动为主，了解家庭经济来源和生活必要的开支，初步了解不同商品的价格。学习合理消费、勤俭节约的途径和方法，明白劳动创造财富的道理，引导学生在活动中获得体验，在交流中获得体悟。同时善于结合生活中存在的消费问题，为学生搭建交流与辨析的平台，引导学生在辨析中获得价值认同。教学注重从儿童的现实生活出发，用直观的视频让学生感受到现代消费的显著变化：消费便捷，以及消费方式多样化、个性化、多元化，唤起学生对消费的关注及思考。通过案例比较，让学生参与辨析两种不同的消费习惯，及时点拨引导学生该怎样正确消费。再利用讨论交流各种活动，调动学生的日常经验，使学生对合理消费有更加全面的感受和认识。之后，通过学习警句，加深学生对合理消费习惯重要性的理解，感受中华民族的传统节俭美德，对课程内容进行简单总结与回顾，在轻松活泼的氛围中结束课程，给学生留下深刻印象。在课后拓展延伸部分，利用课后活动进行课堂知识的拓展与延伸，帮助儿童加深理解，从而帮助学生养成良好的消费习惯。

第三节 “生命安全与健康教育”主题教学策略

“生命安全与健康教育”这一学习主题，主要是用来培养学生“健全人格”这一核心素养。从生命和教育的本质来看，生命教育的范畴是丰富而多元的。不仅包括生命历程教育，还包括生命安全教育以及生命价值教育。生命历程教育，是通过引导学生对于生命起源、成长过程和死亡的接触，认识到生命的不可替代，从而珍惜生命、保护生命；生命安全教育，旨在培养学生面对突发事件时自救的技能，提高学生自我保护的意识与能力；生命价值教育，是力求通过体验生命的美好，了解作为生命个体所应承担的社会责任与使命，主动探索生命的价值与意义。教师在教学中应坚持家庭、学校、社会教育一体化原则，充分发掘学生生活中生命安全与健康的可教育因素，从学生的实际需要出发，以人为本，结合学校安全教育的具体内容，引导学生通过观察体验、调查了解、搜集相关的信息，树立正确的生命观、健康观、安全观，树立安全意识，学会珍爱生命、关心他人、保护自己，培养学生乐观开朗、坚韧勇毅、自立自强的健康心理素质。

新课程标准在课程目标中提出，学生通过课程学习应具有生命安全意识和自我保护能力。了解和识别可能危害自身安全的行为，具备自我保护意识，掌握基本的自我保护方法，预防和远离伤害。如何让儿童深刻认识到生命安全与健康的重要性，树立起基本的自我保护意识，提高自我保护能力，从而健康、安全地生活呢？可采用以下教学策略落实教学目标。

一、实践性教学策略

一位哲学家和船夫一起乘船，哲学家问船夫：“你懂生理学吗？”船夫摇头。哲学家说：“那你将失去一半的生命。”哲学家又说：“你懂生命哲学吗？”船夫又摇头。哲学家说："那你将失去80%的生命。"这时一个大浪把船打翻了，船夫说："你懂游泳吗?"哲学家摇头。船夫说："那你将失去整个生命。"这个故事告诉我们要重视实践活动在生命教育中的重要性，唯有将知识转化为实践能力，才能行之有效地让学生在生活中做到健康、安全地生活。

新课程标准在第三学段（5～6年级）"健全人格"核心素养的学段目标中提出："树立生命至上的观念，敬畏生命，掌握基本的应对灾害和保护生命安全的技能。"生活中充满了各种潜在的安全隐患，如果单纯靠理论知识的学习，而没有实际的练习，一旦真正的危险来临，人们可能连自救的能力也没有，这就失去了教育的实效性。所以在生命安全教育中，情境体验是非常重要的生命安全教育实践途径之一。教学活动可以结合学校开展的专项活动进行，如火灾演练、地震演练、触电急救等急救措施演练，保障学生在面对这些意外时具有自救的能力。同时，在教学中，创设多样的情境，引导学生进行体验感悟，掌握基本的安全知识和技能，学习应对日常生活中的紧急情况，从而提高学生的自我保护意识和能力。

案例8　**《安全记心上》教学片段①**

（部编版《道德与法治》三年级上册第三单元第8课）

情境：炒菜时油锅起火了（出示油锅起火图片）

师：在生活中，你是否遇到过这样的危险情形？当时是怎么处理的？（出示灭火物品：水、锅盖）

学生交流选择灭火物品，并说明理由。

师：油锅起火不能用水灭火，容易造成火势蔓延，建议用锅盖灭火，你还知道哪些正确的灭火方法?

学生交流其他灭火方法，并演示灭火的过程。

师小结：同学们很聪明，我们遇到油锅起火时，不要慌张，我们可以采用以下方法灭火：方法一，迅速把锅盖盖在起火的油锅上，油火接触不到空气，便会因缺氧而立即熄灭；方法二，如果厨房里有切好的蔬菜或其他生冷食物，可沿着锅的边缘倒入锅内，利用食物与火的温度差，使锅里燃烧着的油迅速降温，火就

① 本案例由云南省玉溪市第三小学教育集团珊瑚校区张云霞老师提供。

自动熄灭了。

学生分小组选择一种灭火方式，并模拟演示正确的灭火方法。

教师巡视，观察学生的模拟演示完成情况，适时引导、纠正。

师总结：在日常生活中，我们要安全用火，尽量避免火灾，万一发生火灾，也要沉着冷静，用学过的知识和方法保护自己。同时，还要把这些知识传授给身边的人，让我们一起“珍惜生命，远离火灾”。

案例分析

《安全记心上》是部编版《道德与法治》三年级上册第三单元第8课，本课由四个话题组成，其中第三个话题是“‘119’的警示”，重点学习火灾时的自我保护、求救和避难逃生的方法。本课的消防安全知识对于学生来说并不陌生，学生通过家庭、社会和学校等不同形式的渠道都有所学习，课堂上需要突破的是将学生的零散知识系统化，将认知层面的知识转化为技能，不断强化学生的安全意识。所以本节课的设计没有停留在“知”，而是根据学生经验和生活环境，创设“炒菜时油锅起火了”的情境，使教学内容更贴近学生生活，引导学生在生活情境中将消防安全知识转化为实践技能，提高道德与法治课程指导学生安全生活的实效性。

二、案例警示性教学策略

爱听故事是儿童的特点，在生命安全教育主题中，用讲故事（真实案例）的方式，充分引导学生对案例进行探究、讨论、分析，以案例促警示，提高学生的价值辨析能力，加深学生对生命安全与健康的理解和重视，懂得健康是美好未来的基础，安全是快乐生活的前提，增强道德与法治教育的生动性、新颖性、实效性。

案例9　《主动拒绝烟酒与毒品》教学片段①

（部编版《道德与法治》五年级上册第一单元第3课）

片段一：“视”说香烟的危害

师：（播放视频《二手烟的危害》）看完视频，同学们有什么感受？

① 本案例由云南省玉溪市第三小学教育集团珊瑚校区张云霞老师提供。

生 1：原来二手烟的危害也很大，以后我要远离二手烟。

生 2：我再也不允许爸爸吸烟了，因为一个人吸烟，会危害全家人的身体健康。

片段二："数"说饮酒的危害

师：你身边有人喝酒吗？你见过他们喝醉的样子吗？

师：家庭聚会中，有人提议小孩可以喝点果酒，你觉得可以吗？

生：不可以，因为果酒里也含有酒精，会损害小孩子的身体健康。

师：（播放视频《喝酒对青少年身体危害》）同学们，从视频中，我们了解到喝酒对青少年身体的危害。我们再来看一组数据。（出示喝酒导致疾病和死亡的数据）

学生通过数据，深刻认识酒的危害。

片段三："事"说烟酒危害

师：吸烟、喝酒不仅直接危害身心健康，还会诱发不良行为，甚至导致违法犯罪。（播放烟酒导致违法犯罪的案例报道）

师：看了这则新闻，你想说些什么？生活中你听说过类似的案例吗？此时此刻，你想到了什么？

生：喝酒不仅会诱发各种疾病，危及自身生命健康，还可能引发交通事故，危害他人的生命安全，甚至导致违法犯罪。

师：（课件出示《中华人民共和国道路交通安全法》）饮酒后或者醉酒驾驶机动车发生重大交通事故，构成犯罪的，依法追究刑事责任，并由公安机关交通管理部门吊销机动车驾驶证，终生不得重新取得机动车驾驶证。

师小结：正如同学们所感受到的，吸烟喝酒危害大，我们要"主动拒绝烟酒"。

案例分析

五年级学生的社会生活范围不断扩大，自主性和交友能力不断增强，容易受到烟酒的诱惑，生活中也容易对烟酒存有一些错误认识。部编版《道德与法治》五年级上册第一单元第 3 课《主动拒绝烟酒与毒品》旨在帮助学生认识到，烟酒会危害我们的身心健康，吸毒会让我们陷入危险的泥潭，只有认清危害并坚决地抵制它们的诱惑，学会自我保护，我们才能健康成长。但是，对于烟酒带来的危害，学生的认知模糊，甚至认为自己长大了，学一点抽烟喝酒是可以的。因此，在教学时，教师要根据教学内容的特点，充分结合学生的生活实际，使用生动、直观的视频资源，由浅入深，引发学生深度思考。用生动的事例，引导学生认识饮酒导致酒驾、醉驾的危害，不但自己要承担法律惩罚，还会因自己的酒驾行为给他人带来重大影响。只有知之全，悟之深，方能行之实，懂得珍爱生命、远离危险，有效地落实本课时的育人目标，培养学生健康生活的良好习惯。

三、家校一体化教学策略

学生的生活空间主要是学校和家庭，关注学生的生命安全，需要家庭和学校的紧密配合，在小学道德与法治教学中，有《玩也有学问》《心中的“110”》等家庭安全教育的内容。新课程标准提出“建立校内与校外相结合的育人机制”的课程理念。家庭生命安全与健康教育是学校教育的延伸，在“生命安全与健康教育”主题教学中，以本课程的教学活动为基点，充分利用学校的心理健康课、生命安全与健康讲座及学生心理健康测评等校内生命教育活动资源，与家庭教育紧密结合，形成“家校社一体化”的生命教育合力，让学生认识到在家庭生活中需要注意什么，哪些是有危险的，该怎么防范，碰到危险该怎么处理，使生命安全与健康教育渗透于学生的日常生活，强化学生自我保护意识，提升学生自我保护能力，打造良好的积极、健康的生命教育机制，保障学生的健康成长。

案例 10　《心中的“110”》教学片段①

（部编版《道德与法治》三年级上册第三单元第 9 课）

【教学过程】

活动一、观看视频，导入新课

师：同学们，今天老师给大家带来了一则公益广告，请看（播放视频：《路遇陌生人》）。看了这则广告，你想说些什么？

生：生活中我们有可能会遇到一些不怀好意的陌生人，我们一定要小心，不能上当受骗。

师：是的，生活中我们总会遇到陌生人，在这些陌生人中，有很多人会像朋友一样关心、爱护、帮助我们，但也有少数人不怀好意，会危及我们的安全。面

① 本案例由云南省玉溪市第一小学教育集团山水校区卢琼老师提供。

对生活中遇到的不怀好意的陌生人，我们应该怎么办呢？今天我们就一起来学习《心中的“110”》。

活动二、创设情境，保持警惕

1. 课件出示图片，播放情境录音。

师：我们一起走进贝贝独自居家的一天。（播放图片配录音）

录音内容：今天贝贝的爸爸和妈妈都不在家，只有她一个人在家，爸爸、妈妈出门前叮嘱她要注意安全，贝贝遇到了很多人来敲门。

陌生人1：（咚咚咚）有人吗？我是修理工，来帮你家修煤气。

贝贝：我爸爸妈妈不在家，你联系一下他们改天再来吧！

陌生人2：（咚咚咚）我是邻居王奶奶，有人在家吗？

贝贝：我好像不认识你，你有什么事吗？

陌生人2：我正做饭呢，家里没盐了，想向你家借点盐。

贝贝：对不起！王奶奶，爸爸妈妈不在家，你找其他邻居借吧！

陌生人3：（咚咚咚）有快递，麻烦签收一下。

贝贝：爸爸妈妈没有告诉我有快递呀，麻烦你放在门口吧，我一会儿再拿！

师：故事里的贝贝拒绝了修理工、王奶奶和快递员，你觉得他这样做对吗？如果你是他，你会怎么做？

生：千万不要给陌生人开门。打电话告诉父母，要有警惕性。

师：同学们说得对，当我们一个人在家时，要有警惕性，不要随便给陌生人开门。

活动三、案例研讨，求助110

师：周末，陈宇小朋友也独自一人在家，他遇到了什么事呢？我们一起来看看。（播放视频：陈宇见到邻居家门口有一个鬼鬼祟祟的人正在撬门）

师：如果你是陈宇，你会怎么办？（指名说）

生：沉着冷静，不慌张。

生：打电话给爸爸妈妈，打电话给物业管理员，打电话给110报警。

师：陈宇应该怎样拨打110，警察才能快速准确地到达呢？（指名说）

…………

活动四、以悟促行，生活实践

师：当陌生人来到我们身边，我们要怎样和他们交往才能更好地保护自己

呢？我们来看下面的场景：（课件出示场景：公交车上）

师：老师现在是一位正在乘坐公交车的阿姨，我手里有一瓶饮料，（走到一个同学面前）说，小朋友，阿姨手里的这瓶饮料可好喝了，来送给你了。

生：陌生人给的饮料坚决不能要。

师：在平时的生活中，面对陌生人，你还有哪些家人教你的保护自己的小妙招呢？

…………

师：同学们自我保护的方法真多，希望同学们注意居家和外出安全，时刻绷紧安全这根弦。

师小结：心中要有110，安全防范记心间；生人敲门莫乱开，给你东西不能要；有人问路指方向，莫跟他人后面走；若遇坏人速报警，赶快拨打110。

【课后延伸环节】

师：当我们一个人在家或者单独遇到陌生人时，我们应该怎么办？课后，把今天学习的小妙招和家人分享一下，并和家人一起制作“遇见陌生人”安全海报吧。

案例分析

《心中的“110”》是部编版《道德与法治》三年级上册“安全护我成长”主题单元的内容。教材以学生独自在家遇到的各种情景为内容，引导学生思考如何面对外人来访。通过辨析生活情境，让学生学习一人独自在外与陌生人交往时，面对意外情况如何寻找正确的应对策略，以提高自救自护能力。现在很多家庭都居住小区，家庭生活方式个体化，其生活领域也是相对独立和隐秘的。如何引导学生学会独自居家安全防范以及警惕生活中可能遇到的陌生人，是呵护学生生命安全和健康成长的重要内容。因而，作为公共力量的学校教育，需要加强与家庭教育力量的合作与沟通，达成共识，形成教育合力，积极引导学生学会辨别和应对各种危险状况，保护学生安全健康地生活。教学中，通过情境模拟、视频互动、体验感悟等活动对学生进行生命安全与健康的教育。在课后延伸环节，通过布置和家人一起制作“遇见陌生人”安全海报的实践活动，让学生和家长进一步走进生活，践行课堂学习成果，将生命安全教育落到实处，从而提升家庭教育的能动性和持续性。家校一体化教育要尽可能覆盖学生生活空间，帮助他们学会保护自身安全，健康地成长。

“生命安全与健康教育”主题的有效教学，除了以上探讨的实践性教学策略、案例警示性教学策略、家校一体化教学策略外，在实际的教学中，应立足学生生活，综合运用多种教学策略，丰富学生实践体验，促进知行合一，有效促进学生核心素养的发展。

案例 11　　《生命最宝贵》第一课时教学设计①

（部编版《道德与法治》三年级上册第三单元第 7 课）

【教学目标】

1. 感受生命的宝贵，珍惜生命，对亲人的关怀心存感激，培养学生健全的人格。

2. 通过探寻自己的生命历程，了解成长的不易，了解生命是有限的，失去了就不会再有，学会珍惜生命，增强学生的安全意识、责任意识。

3. 在情境体验、访问交流中体会生命只有一次，懂得呵护生命。

【教学重难点】

1. 通过探寻自己的生命历程，了解成长的不易，知道自己的生命承载了许多亲人的爱和期待。

2. 了解生命是有限的，生命失去了就不会再有，懂得珍惜生命，对亲人的关怀心存感激。

【教学准备】

1. 教师准备相关课件。

2. 学生课前对家人进行调查访问。准备 1 个“我的成长小故事”和自己出生时的出生证、照片等物品。

【教学过程】

活动一、贴近生活，感受生命的来之不易

1. 谈话引入，视频激趣。

出示刚出生婴儿的小脚印，引导学生体会从出生到现在，我们在一天天长大。

① 本案例由云南省玉溪市第一小学教育集团文化校区胡梅芳老师提供。

师：从我们生命的孕育、出生到一天天长大，你知道我们的家人要付出多少心血吗？今天我们就一起走进爸爸、妈妈和其他家人的世界，去了解我们的生命。（播放视频《孕育》）

2. 提问总结。

师：在视频中，你看到了什么？感受到了什么？

小结：妈妈是孕育我们的大功臣，她冒着生命危险，把我们带到这个世界上。由此可见，我们的生命怎么样？生命真是来之不易。（板书：生命最宝贵）

3. 交流课前采访，感受生命的成长凝聚了家人的心血。

师：在生命的孕育过程中，我们并没有记忆，但是对于我们的父母和其他家人来说，却是终身难忘的。因为他们在这个过程中付出了太多太多……课前我们开展了采访家人的活动，你了解到了什么？拿出你的采访记录，和旁边的同学交流一下。（课件出示采访提纲）

课前采访记录：

妈妈怀孕的时候和平时有什么不同？

当自己还在妈妈的肚子里时，爸爸妈妈有什么想法、感受和期盼？

为了生个聪明健康的宝宝，他们是怎么做的？从妈妈的饮食、行动等方面交流孕育生命的不易。

你出生的那一天，爸爸妈妈、爷爷奶奶等家人是怎样度过的？

师：从刚才的交流中，你们体会到了什么？

小结：我们的生命是父母给予的，饱含着家人的期盼和心血，生命来之不易。（板书：生命来之不易）

活动二、走进生活，了解生命成长的故事

1. 播放视频，感受成长的不易。

师：通过刚刚的活动我们知道了生命来之不易，那爸爸妈妈养育我们的过程轻松吗？下面就让我们一起跟随视频回忆小时候的故事。（播放视频《养育我们不容易》）

师：看了视频，你想到了什么？

2. 出示见证自己成长的小物件，讲述家人养育我们的故事。

(1) 小组交流成长的故事。

(2) 汇报交流。

(3) 分享成长故事。(分享录音、图片等)

师：通过交流成长的故事，你们有什么想说的？

师：通过了解和回忆生活中的点点滴滴，我们感受到家人为我们的健康成长倾注了无尽的关爱与呵护，我们的生命凝聚着家人的爱。让我们一起说出自己的心里话：爸爸妈妈，亲爱的家人们，你们辛苦了！

3. 感悟要珍爱生命。

师：既然生命的孕育和成长如此不易，我们平时应该怎么对待自己的生命呢？生命真的很宝贵，我们要学会保护自己来之不易的生命！

小结：我们的成长凝结了家人无尽的心血和付出！生命不仅仅属于我们自己，我们一定要珍爱生命。(板书：珍爱生命)

活动三、爱护身体，学会珍惜生命

1. 体验身体受伤的不方便。

师：如果我们受伤了，不仅让父母担心，还会给我们的生活带来许多不便。下面我们一起开展一个体验活动。

单手系红领巾：下面我们先把红领巾解下来放在桌子上，接下来，请大家单手系红领巾。

师：从单手系红领巾的活动中，你体会到了什么？

师：如果不小心让身体受到伤害，不仅要承受巨大的痛苦，还要面临生活中的种种不便和苦难。可见，能拥有健全、健康的身体是多么幸福的事！我们一定要好好爱惜自己的身体。

2. 走进故事：莫莫的故事。

师：生活中，我们应该怎样爱护身体、珍惜生命呢？下面让我们一起走进莫莫的故事（播放视频），看看莫莫有哪些做得不好的地方？

师：从莫莫身上，我们也要学会反思自己的行为。下面就让我们来看看身边的小伙伴的行为，大家来辨一辨，他们在爱护自己的生命和身体方面，有哪些做得对的地方，有哪些做得不对的地方？

小结：“珍爱生命，注意安全，锻炼身体，讲究卫生”也是小学生守则对我们的要求。希望通过这次学习能进一步增强我们的安全意识和自我保护意识，学会保护自己的身体，珍爱来之不易的生命！

活动四、珍惜时光，让生命更美好

1. 感悟我们要珍爱生命。（播放视频《宝贵的生命》）

2. 看了视频，你想说些什么？

小结：同学们，你们是有梦想的新时代的好少年，实现伟大的中国梦要靠你们，你们要珍爱生命，珍惜时光，努力学习，让有限的生命更美好！

【板书设计】

生命最宝贵

生命来之不易

珍爱生命

案例分析

本课通过音、视频资源，了解妈妈肚子里的“我”。通过课前采访家长、讲述成长小故事发挥家庭教育的力量，通过探寻自己的生命历程，了解成长的不易，知道自己的生命承载了许多亲人的爱和期待。了解生命是有限的，失去了就不会再来，应该珍惜生命，对亲人的关怀心存感激。在教学中，通过游戏体验和情境辨析，让学生回顾自己生命的历程，感受成长中家人倾注的心血，充分体会成长的不易，让学生学会感恩家人的关心和呵护。在“单手系红领巾”的模拟体验活动中，感受身体受伤的痛苦，教育学生爱护身体，珍惜自己的生命，健康快乐地成长。借助“莫莫的故事”了解生命是宝贵的、是有限的、是不能失而复得的，每个人的生命只有一次，教育学生珍惜生命，提高自我保护意识和道德素质，培养珍爱生命和生命关怀的意识。

第四节 “法治教育”主题教学策略

新课程标准提出：小学思政课的法治教育旨在“培育学生的法治观念，有助于他们形成法治信仰和维护公平正义的意识，做社会主义法治的忠实崇尚者、自觉遵守者、坚定捍卫者”①。它不是简单的法律知识教育，而是要切实提高学生的

① 中华人民共和国教育部．义务教育道德与法治课程标准（2022 年版）．北京：北京师范大学出版社，2022：7.

法律素养。

道德与法治课程依据小学生的认知水平和年龄特征，采用分散教育与集中教育相结合的方式编写教材，落实法治教育。一方面，基于学生公共生活空间的不断拓展，按照儿童认知发展的规律，采取分散教育的方式，以纪律、规则为主要内容开展法治意识教育；另一方面，基于学生思维领悟能力和价值判断发展水平，在六年级上学期设置法治教育专册，开展系统的法治教育。“法治教育”这一主题的教学需要充分挖掘法治教育渗透点，通过调查访问、情境再现、社会实践等活动，有机开展法治教育。依托学校开展的法治教育活动、德育主题活动，将法治观念深入落实到学生每一天的生活中。注重与学生的生活实际紧密联系，通过开展法治专题教育、结合真实案例让学生在分享交流的活动中树立法治意识，形成守法用法的思维方式和行为习惯。

一、“以小见大”教学策略

法律作为社会生活的准则，对我们的生活具有十分重要的指导作用，对于小学生的法治教育，应选择与学生生活相近的场景，通过实地体验、对比分析，助力学生形成法治意识。

针对低年级的学生，法治意识培养的关键就是建立规则意识，可以从身边的“小事例”“小活动”“小场景”入手，启发学生观察、分析、讨论，从而在无形的教育中感知规则无处不在，认识到要做个遵守规则的好学生。

如部编版《道德与法治》二年级上册第三单元第 11 课《大家排好队》，重点就是要让学生理解规则的意义，实现从被动遵守到主动遵守的转变。教学的关键在于让学生体验和感受规则对生活的影响，从内心认同美好的生活需要规则与秩序。在教学中挖掘课程资源，抓住购物排队、上厕所排队、上下楼梯排队等“小事情”的教学，用因为没有排队而导致的伤亡事件，让学生感受不排队这样的小事情居然会酿成大祸，理解“小事情”后面的“大道理”。再如，针对学生出现的上课迟到、不专心听讲、不完成作业、随地吐痰、乱扔纸屑等个别现象，引导学生分析这些“小问题”后面对个人社会性发展的重大影响，促使其时刻记住“勿以善小而不为，勿以恶小而为之”的道理，养成良好的规则意识、责任意识。

二、“以悟促行”教学策略

新课程标准提出：“丰富学生实践体验，促进知行合一。”在道德与法治教学过程中，要让学生形成知行合一的意识和能力，教师可以创设丰富多样的教学活动，如行为辨析、角色扮演、情景体验等，提升学生认知，促进思想感悟与知识建构。只有知之全、悟之深，才能行之效，使道德与法治教学由知识的学习内化为自我发展的需求，再外化落实到行动上，从而使学生的学习达到知行合一。教学中我们需要结合生活实际开展丰富多样的体悟活动，促进学生的行为养成。

案例12 **“公共生活需要秩序”教学片段**①

（部编版《道德与法治》五年级下册第二单元第5课

《建立良好的公共秩序》第一个话题）

活动一、游戏体验，导入新课

1. 游戏体验，感受秩序的重要性。

游戏规则：请5位同学上台演示如何在5秒钟内将5个球从瓶子里拉出来。

2. 学生交流游戏感受：从刚才的游戏中，你们有什么感受？

3. 教师小结：我们的公共生活需要秩序。

活动二、走进生活，感受秩序的重要性

1. 寻找生活中的秩序。

师：一个小游戏的成功需要秩序，生活中还有哪些事情也需要秩序呢？请同学们拿出课前调查表，把你发现的生活中有哪些公共秩序，和旁边的同学说一说。

学生交流在校园、社区、电影院、游乐场、超市、图书馆、医院等地方发现的公共秩序。

学生谈调查感受：生活中，公共秩序无处不在。

2. 谈话交流，感悟遵守秩序的重要性。

师：如果公共生活中没有了公共秩序，我们的生活会怎样呢？（学生交流）

3. 观看视频：地震时有序逃生。

师：从刚才的交流中，你们感受到了什么？

---

① 本案例由云南省玉溪市第一小学教育集团山水校区刘芳老师提供。

师小结（配图）：是呀，我们的生活离不开公共秩序，维护好公共秩序对于我们来说真是太重要了！在关键时刻，秩序就是时间，就是生命。良好的公共秩序是人们安居乐业的保障，是社会稳定和进步的基础。

活动三、以悟促行，自觉遵守公共秩序

师：生活中有这么多的公共秩序，我们应该怎么对待呢？（自觉遵守）

1. 认识公共标志。

师：为了引导、提示大家自觉地遵守和维护公共秩序，人们设置了一些公共标志。

小组内交流、讨论生活中的公共标志。

师：公共标志的设置有利于维护良好的公共秩序，形成有序参与公共生活的意识。

2. 遵守法律法规。

师：有了公共标志的提醒，是不是人们就会自觉维护或遵守公共秩序了呢？接下来我们看段视频。（播放占用应急通道的视频）

师：看了这段视频，你有什么想说的？（大屏出示：占用应急通道的相关规定）

师：建立良好的公共秩序还需要什么？

生：处罚、罚款。

师：是的，建立良好的公共秩序还需要法律法规的保障。

3. 养成自觉的文明习惯。

师：法律禁止的不能做，法律没有明确禁止的呢？接下来，我们来看在高铁上发生的一件事。（课件演示：快速行驶的高铁上有人在看书，有人在休息，这时李先生的手机响了，李先生大声接电话“喂，我在高铁上，还需要2个小时呢……”），此时，如果你坐在李先生旁边，会有什么感受？

生：觉得很心烦，太吵了。

师：可李先生却这么说，法律又没有规定不可以在高铁上接听手机，这是我的自由和权利。同学们，法无禁止皆可为吗？对于李先生的话你有什么想说的吗？

生：李先生的行为影响了他人，扰乱了公共和谐的生活。

师：在公共生活中，我们每个人都要注意自己的言行举止，规范自己的行为，每个人都应该养成自觉遵守公共秩序的文明习惯。

案例分析

了解生活中的公共秩序，知道在生活中人人都应遵守规则，初步形成规则意识，学会遵守规则，是小学生法治教育的重要内容。规则教育主要结合学生的学校生活和社会生活来进行，让学生懂得规则无处不在，知道规则的作用，每个人都要自觉遵守规则。教学中，教师通过占用应急通道的具体事例引导学生思考辨析秩序、规则的重要性，指导学生以悟促行，在思辨中作出遵守规则的正确选择。之后，通过创设李先生在高铁上大声接电话的生活场景，引导学生交流讨论，最终让学生在交流中碰撞，在体悟中感受，懂得遵守规则靠自觉，培养学生的规则意识和责任意识。

三、“以案说法”教学策略

开展“法治教育”主题教学时，为了让教学更有说服力，需要及时地把社会生活中的实时法治教育案例和学生生活中的新问题吸收到课程中去，以案说法，不断提高法治教学的针对性、实效性和主动性，探寻更多拓展课堂活动的途径，向学生传递法治观念，在活动中育人。如通过开展参加升旗仪式、看专题片、法治宣传等活动，让学生在教育实践中感悟法律的作用，并引导学生养成依法自律、依法做人、依法维权的习惯，在潜移默化的感性教育中，触发学生对知法、守法必要性的理性思考。

案例 13 **“公民身份从何而来”教学设计①**

（部编版《道德与法治》六年级上册第二单元第 3 课

《公民意味着什么》第一个话题）

【教学目标】

1. 理解公民身份内涵，强化学生对中国公民身份的认同，增强公民意识、激发爱国情感。

2. 理解法律所规定的“公民”的含义，知道公民身份与国家密切相关，了解国籍的取得方式，学习《国籍法》的相关知识。

① 本案例由云南省玉溪市第一小学教育集团山水校区普文鸿老师提供。

3. 懂得运用相关的法律规定来分析一些与公民身份有关的情境问题，并能运用于生活中，强化学生法治意识、责任意识。

【教学重难点】

1. 理解法律所规定的“公民”的含义，知道公民身份与国家密切相关。

2. 认同自己的“中国公民”身份，提升自己作为中国公民的幸福感、自豪感，增强公民责任感。

【教学过程】

活动一、感知“公民”——聊身份

1. 联系生活——聊身份。

师：我们的美好生活需要各行各业的人来共同创造，他们都有一个共同的身份，那就是中国公民。

2. 问题导入——聊“公民”。

师：对于“公民”，你想知道些什么？

师：带着这些问题，我们一起来学习：公民身份从何而来。（板书：公民身份从何而来）

3. 合作学习——知“公民”。

师：课件出示“活动园”情景图：有一个叫彼得的小伙子来自英国，在中国的某所学校担任外教。他是中国公民吗？（生回答）

师：你有什么方法来确认他们是哪国人？（护照、身份证、户口簿等）

师：凡具有中华人民共和国国籍的人都是中华人民共和国公民。

活动二、学法律——明身份

1. 情景体验——猜“身份”。

师：我的好朋友李超，他是中国人，他的妻子玛丽是德国人。在话家常时，李超一家聊到了二胎的问题，他们未来的宝宝会是哪个国家的公民呢？

学生讨论交流。

2. 法律帮助——定“身份”。

师：《国籍法》规定：父母双方或一方为中国公民，本人出生在中国，具有中国国籍。父母双方或一方为中国公民，本人出生在外国，具有中国国籍；但父母双方或一方为中国公民并定居在外国，本人出生时即具有外国国籍的，不具有中国国籍。中华人民共和国不承认中国公民具有双重国籍。

3. 国家认同——明“身份”。

师：李超的德国妻子玛丽想成为中国公民，她的愿望能实现吗？（请大家结合教材第 23 页的内容进行讨论交流）

生：能。我的依据是，外国人或无国籍人，愿意遵守中国宪法和法律，并具备一定条件，是可以经申请批准加入中国国籍，成为中国公民的。

师：通过刚才的学习，我们知道了中国国籍的取得方式有两种：一是以出生的方式取得；二是以申请加入的方式取得。（板书：出生　申请）

活动三、聚焦案例——辨身份

师：我们一起来看看下面案例中的说法是否正确？

案例一：公民身份出生即获得，不以年龄为界。

（1）普老师的表妹顺利地生了一个小宝宝，普老师的儿子看着刚出生的小妹妹，感叹道：“哇，小姨家又多了一个中国公民。”你认同他的说法吗？（同桌交流）

（2）小亮的哥哥今年高三，学校举行了成人宣誓活动，小亮羡慕地说：“哥哥，恭喜你正式成为中国公民了。”小亮的说法对吗？（全班交流）

案例二：公民身份伴随终生。

平平的邻居因在野外引火烧烤，引发森林火灾：“他违反了法律，会被剥夺公民身份吗？”

生：我觉得应该不会被剥夺公民身份吧。

师：是的，公民身份从出生即获得，并且伴随终生。一般情况下是不会丢失的，除非你放弃了中国国籍，才不是中国公民。

活动四、感悟提升——惜身份

1. 播放视频。（撤侨事件）

师：孩子们，此时此刻作为中国公民的你，有什么想说的？

生：我为自己是中国公民而感到骄傲！

生：我们的祖国在任何时候都会是中国公民最强有力的保障。

生：中国公民的身份让我很自豪、很骄傲。

生：作为中国公民，我要珍惜我的公民身份。

师：孩子们，身为中国的小公民，你会怎样珍惜这一身份？

生：我要好好学习，用知识报效祖国。

生：我要努力锻炼，以后驻守边疆，护卫边防。

生：我要健康生活，做文明的小公民。

师：作为中国公民，我们倍感幸福，因为我们身后有强大的祖国。让我们肩并肩、手挽手，共同珍惜我们的中国公民身份，永远和国家在一起。（板书：国家）

【板书设计】

公民身份从何而来

出生　　　　　　申请

国家

案例分析

为了让学生更好地理解“公民”这一身份，设计“聚焦案例——辨身份”这一环节旨在帮助学生建构“公民身份出生即获得，不以年龄为界”“公民身份伴随终生”的知识体系。在这一环节的教学中，教师从不同的方面列举了3个生活中的例子，引导学生走进生活，结合真实的案例，了解法律所规定的“公民”含义，变枯燥的知识讲授为生动的案例研究，通过具体的案例，帮助学生理解法律的规定。在案例的选择上紧紧围绕学习目标，选取具有代表性和典型性、针对性的案例，引发学生从不同的方面进行分析、思辨，促进法治观念的培养。

第五节　“中华优秀传统文化与革命传统教育”主题教学策略

新课程标准提出，道德与法治课程是落实中华优秀传统文化教育的核心课程，要注重传承崇德向善的传统美德，帮助学生了解中华优秀传统文化中蕴含的社会伦理和风尚，养成恪守诚信、严于律己、敢于担当等优秀品质，培养关心社会、关爱他人、奉献社会的思想意识，形成正确的世界观、人生观和价值观，坚定理想信念，增强国家认同感和民族自豪感。

“中华优秀传统文化与革命传统教育”这一主题的教学可以围绕各主题目标有机地开展参观革命历史博物馆、革命圣地、烈士陵园等活动。通过调查访问、讲述故事、观看视频等方式将中国共产党的奋斗史与英雄人物的事迹结合起来，对学生进行社会主义核心价值观教育，培育学生红色基因，厚植爱国情怀。本主题的教学可通过运用以下几种教学策略，达成中华优秀传统文化与革命传统教育的育人目标。

一、内容融合教学策略

（一）学科整合

小学道德与法治课程教材设计上的综合性和教学内容的综合性，决定了课程实施过程中教师必然要尊重这种综合性特征，采取更加开放的、实践性更强的综合化教学策略。各学科课堂教学以及学校开展的各种主题教育活动是学习和传承中华优秀传统文化的重要途径。在教学时，要注意运用整合的观念和方式来进行教学，使各种资源达到有机整合。教学中，要通过整合不同领域的知识，为发展学生的核心素养服务。

例如，部编版《道德与法治》五年级上册第 8 课《美丽文字　民族瑰宝》围绕中华民族的文字展开教学。汉字是世界最古老的文字之一，形体优美，具有十分独特的审美价值。同时，汉字熔铸着先人的智慧和灵感，中华民族的传统美德、道德观念蕴含其中，汉字充分体现了中华民族的创造力和价值取向。汉字不仅是维系中华文明的重要纽带，也是世界人民的共同财富，它在历史上对中国周边地区的文化产生了深远影响，并在当今信息化时代释放出新的活力。在教学中可以将文字的审美与语文课中的识字教学进行有机的融合。例如：在语文课中教学“德”字时，可以让学生欣赏德字的结构和组成部件，感受汉字深刻的内涵。从而引导学生理解中华文化中“德”的内涵包括诚信、责任、爱国、尊重和友善，有机地对学生进行优秀传统文化的传承教育和美德教育。本课可以通过与语文、美术、书法等学科的整合教学来培养学生热爱祖国通用语言文字，热爱中华优秀传统文化的情感。引导学生继承和弘扬中华优秀传统文化、革命文化、社会主义先进文化，厚植爱党、爱国、爱社会主义的情感，养成自尊自信、勤劳勇敢、自强不息、无私奉献的美好品德，树立正确的世界观、人生观和价值观。

再如，部编版《道德与法治》二年级下册《传统游戏我会玩》一课，旨在使学生对传统游戏有所了解，感受传统游戏的魅力。基于本课教学内容与体育课程的互通性，教学时可以通过设计“跳房子”的传统游戏，与体育学科整合教学，在培养学生弹跳能力、反应能力等体育素养的同时，让学生在具体的集体活动中培养团结友善、合作分享的精神，使学生在体育学科的游戏活动中，体验更充分，感悟更深刻。激发学生对优秀传统文化的兴趣，在学生的心里种下对传统文化喜爱的种子。

（二）活动对接

道德蕴于生活，教学蕴于活动，突出“活动性”是道德与法治课程的重要特点之一。小学生，特别是中低学段的学生，其抽象思维能力不足，思考问题时更多地以形象思维展开。因此，教师必须结合学生这一实际情况，在进行中华优秀传统文化教学时，将课堂教学活动化，寓教于活动，提高学生学习的积极性。在部编版《道德与法治》四年级上册《我的家庭贡献与责任》一课的教学中，可以让学生体验爸爸妈妈的角色，体会父母承担着的家庭责任重担，同时理解、感受父母之爱。以生活情境的创设丰富教学内容，有助于学生通过切身体验深刻体会“孝”的内涵，深入理解传统美德。

“中华优秀传统文化与革命传统教育”这一主题的教学要围绕学生实际生活，选择最佳契合点，融入中华优秀传统文化展开渗透教学。可以和学校开展的“经典通读”“小小书法家”“红色之旅”等活动进行对接，引导学生学习、理解中华优秀传统文化，感悟中华优秀传统文化的精髓和魅力，并从中华优秀传统文化中汲取营养，自觉践行社会主义核心价值观。让学生在传统书法练习中，感受书法的魅力，提高审美能力和文化品位，增强文化自信和爱国情怀。也可以组织学生开展丰富多彩的寻访红色足迹活动，引导他们了解中国近现代史，特别是中国革命史和中国共产党的发展历史，体验革命情怀，弘扬革命精神，坚定永远跟党走的理想信念。

（三）以物生情

道德与法治教材根据儿童的认知特点呈现了许多案例、图片，教学时要引导学生透过图片、典型案例，看到教材的“核心”，激发学生的情感体验。可以通过探索话题式、体验式、项目式、热点分析、角色扮演、情境体验、模拟活动等教学方式和活动形式引导学生参与体验，促进思想感悟与知识建构。通过代表性物品，寻找物品背后的故事，体会到情感，激发学生的学习兴趣，提升学生的主动参与意识，让学生在活动中体验，在体验中感悟。

例如，在教学部编版《道德与法治》三年级下册第二单元第 7 课《请到我的家乡来》时，通过“我是家乡小导游”活动，让学生介绍自己的家乡。课前让学生从家乡的自然景观、特产、民间传说、传统艺术等方面走访调查、搜集资料。课中通过介绍实物、观看图片、品尝美食等方式，帮助学生加深对家乡的了解，从而激发学生对家乡的热爱之情，厚植家国情怀。

又如部编版《道德与法治》五年级下册第三单元第9课《中国有了共产党》，通过研究象征革命意义的具体事物，如红船、半根皮带、金色的鱼钩、一封家书等物品，以物生情，让学生透过一个个红色物件，看到革命者坚持不懈、不畏艰难险阻、不怕牺牲的长征精神。从具体的革命物品背后的故事中，看到革命者宁死不屈、舍己为人的奉献精神，从而激发学生强烈的爱国热情。

二、情境创设教学策略

在“中华优秀传统文化与革命传统教育”主题教学中，要注重提高道德与法治教学的实效性，让学生认识、接受、主动传承中华优秀传统文化与革命传统。本主题的教学可以结合课程内容，通过创设学习和生活的情境，丰富教育教学资源，让中华优秀传统文化与革命传统教育形成合力，引导学生感悟责任担当，树立文化自信，厚植爱国主义情怀。

案例14　　《多姿多彩的民间艺术》教学片段①

（部编版《道德与法治》四年级下册第四单元第11课）

活动三、体验探究，揭示民间艺术的由来

1. 走进民间艺人的故事——孔雀公主杨丽萍

师：你的家乡一定也有许多这样的民间艺人，谁来讲讲他们的故事？在这些民间艺人成长的背后，你看到了一种什么样的精神？

生：从小有梦想、为梦想而奋斗、持之以恒，坚持不懈的追求，精益求精的技术。

师：是的，这些民间艺人用他们的智慧和汗水，书写了祖国多姿多彩的民间艺术，这些民间艺术令人大开眼界！

师：我们应该怎样对待民间艺术？

小结：让我们热爱民间艺术、热爱可亲可敬的家乡人！

活动四、拓展延伸，保护民间艺术

师：同学们，在你们的家乡，看到过哪些传承民间艺术的活动？

① 本案例由云南省玉溪市第一小学教育集团文化校区胡梅芳老师提供。

生1：我的家乡在云南玉溪，那里的民间舞蹈——花灯，很受老百姓欢迎。

生2：晚饭后，人们会聚集到广场唱山歌、崴花灯。

生3：花灯丰富了我们玉溪人的生活，表达了玉溪人对幸福生活的美好向往！

师：你们愿意和老师一起学习我家乡云南的民间歌舞《崴花灯》吗？

师：让我们一起跟随视频崴起来吧！

（略）

师：同学们，刚才我们学习了崴花灯，这就是对民间艺术的传承。你还可以用什么方式传承民间艺术？

生：我可以做民间艺术的小小宣传员。

生：我可以把我去旅游时见到的艺术品收藏起来。

生：我要学习泥塑、剪纸……

生：我要学习蜡染……

小结：作为中国人，我们要了解和热爱民间艺术，树立文化自信，做民间艺术的传承人。

案例分析

《多姿多彩的民间艺术》是部编版《道德与法治》四年级下册第四单元“感受家乡文化　关心家乡发展”中的一课。本课通过讨论、分享、展示等多种形式的教学方法，引导学生了解民间艺术的多样性和魅力，激发学生对民间艺术的喜爱和认同，探索民间艺术背后的价值和意义，为继承和发扬民间艺术作出自己的贡献。本课体现了《道德与法治》政治认同核心素养中“对家庭有深厚的情感，热爱家乡，热爱伟大祖国，热爱中华民族，自觉铸牢中华民族共同体意识，有以实现中华民族伟大复兴为己任的使命感”这一教学目标。这一课时的教学重点是引导学生了解中华优秀传统文化的代表性成果和我国的文化遗产，积极参与文化遗产保护活动。了解中华民族对人类文明的贡献，为中华民族创造的文明成就感到自豪，坚定文化自信。教学片段中，教师通过当堂带着学生学习传统艺术——崴花灯，现场传承传统文化，感受传统文化的魅力，将做传统文化传承人的文化信仰落到实际行动中。通过引导学生拓展交流“如何传承民间艺术”，激发学生热爱民间艺术的情感，从而树立做民间艺术传承人的意识。

案例 15 　　**《中国有了共产党》教学设计①**

（部编版《道德与法治》五年级下册第三单元第 9 课）

【教学目标】

1. 引导学生走进中国共产党，感悟革命时期的红色精神，理解中国共产党对中国发展的重要作用，培养爱党爱国的民族自豪感。

2. 了解中国共产党诞生的伟大历史意义，坚定“没有共产党就没有新中国”的信念。

3. 在现实生活中热爱中国共产党、践行新时代的奋进精神。

【教学重难点】

1. 理解中国共产党对中国发展的重要作用，培养爱党爱国的民族自豪感。

2. 了解中国共产党诞生的伟大历史意义，坚定“没有共产党就没有新中国”的信念。

【教学过程】

活动一、创设情境，导入新课

1. 结合实际，视频导入。

师：2021 年 3 月，我们一起参加了学校举行的特殊的开学典礼。（播放视频）

2. 交流互动，激发情感。

师：你们知道 2021 年新学期开学我们学校为什么要举行这样特殊的开学典礼吗？

生：因为 2021 年 7 月 1 日是中国共产党成立 100 周年纪念日。（板书：1921 年 7 月 1 日）

3. 教师小结，激情学习。

师：是的，新学期开学时，我们学校全体师生以崭新的面貌，致敬英雄，礼赞中华！以震撼人心的仪式，向中国共产党成立 100 周年献礼。（板书：2021 年 7 月 1 日　100 周年）

活动二、探寻中国共产党的诞生

（一）探寻中国共产党诞生的过程

1. 观看视频，引导学生走进 1921 年的南湖。

师：让我们一起回眸历史，探寻红色记忆，走进 1921 年 7 月，走进 100 年前

① 本案例由云南省玉溪市第一小学教育集团文化校区胡梅芳老师提供。

嘉兴南湖上的那一艘小船。（播放视频《红船故事》）

2. 中国共产党在这里诞生，从这里出征。看了视频，你想说些什么？

生 1：原来小小的红船上竟有如此传奇的故事。

生 2：这是一艘革命的红船。

生 3：这是一艘开天辟地的红船。

生 4：这是一艘敢为人先的红船。

3. 唱响革命歌曲《爷爷带我看红船》。

小结："红船精神"永放光芒，激励一代代中国共产党人接续前行。也就是从这一天开始：中国有了共产党。（板书：中国有了共产党）后来，每年的 7 月 1 日被确定为中国共产党诞生的纪念日。让我们记住这个日子：1921 年 7 月 1 日。

（二）认识党旗、党徽，理解它们的象征及意义

师：从此，中国共产党的党旗便高高飘扬在中华大地上。（录音介绍党旗、党徽的象征意义）

师：指名说说你在哪里看到过党旗和党徽？（出示图片）

师：每一位共产党员的胸前都佩戴有党徽，老师胸前也佩戴着这样一枚闪耀的党徽。哪里有困难，哪里就有党旗飘扬；哪里有危险，哪里就有党徽闪耀。中国共产党就在我们身边。

活动三、走进红色故事，探寻红色足迹

1. 了解八一建军节的来历。

师：从南湖红船出发，我们的党走向井冈山，走向延安，走向西柏坡……庄严的中国共产党党旗在中华大地上升起，成为中华儿女心中永不褪色的中国红。在新中国成立以前，你知道在中国历史上发生了哪些大事吗？自主阅读教材第 61 至 62 页。

学生交流。

师：让我们走进第一个故事。（录音讲述南昌起义）

小结：南昌起义标志着中国共产党独立领导革命战争、创建人民军队和武装夺取政权的开端。自那时起，中国共产党领导下的人民军队，就英勇投身为中国人民求解放、求幸福，为中华民族谋独立、谋复兴的历史洪流，同中国人民和中华民族的命运紧紧连在了一起。

2. 走进井冈山。

师：在八一南昌起义之后，毛泽东又领导了秋收起义，随后建立了井冈山革命根据地。(录音介绍：井冈山是中国革命的摇篮，以毛泽东同志为代表的中国共产党人在井冈山创建了第一块农村革命根据地，开辟了“农村包围城市，武装夺取政权”的道路，毛泽东创建井冈山革命根据地后，各地党组织也抓住有利时机，建立革命根据地，培育了伟大的井冈山精神，星星之火渐成燎原之势)

师：在井冈山上有许多感人的故事，结合课前搜集的资料先在小组里说一说。

学生讲述故事：朱德的扁担、井冈山的油灯、红军给老百姓留的便条……

师：从这些故事里，你感受到了中国共产党是一支怎样的队伍？

生：这是一支艰苦奋斗、依靠群众、坚定执着追求理想的革命队伍。

小结：一座山，辉映历史；一种精神，照耀未来。这座山就是井冈山，这种精神就是坚定信念、艰苦奋斗、实事求是、敢闯新路、依靠群众、勇于胜利的井冈山精神。中国共产党的这种精神激励着中华儿女奋勇前行。

3. 感悟长征精神。

师：1934 年 10 月中国共产党开始了二万五千里长征。(播放视频《长征》)

师：在长征途中，红军战士同敌人进行了 600 余次战斗，跨越近百条江河，攀越 40 余座高山险峰，其中海拔 4 000 米以上的雪山就有 20 余座，穿越了被称为“死亡陷阱”的茫茫草地，以顽强意志一次又一次突破人类生存极限。

视频看完了，结合你课前了解的长征故事，你想说些什么？(学生交流感受)

小结：举世闻名的长征，是中国共产党和中国红军谱写的壮丽史诗，铸就了伟大的长征精神。伟大的长征精神，凝聚着中国共产党为实现崇高理想而卓绝奋斗的坚定信念，凝聚着人民军队不断走向胜利的坚强意志，凝聚着中华民族不懈奋斗、自强不息的伟大品格。

4. 探寻新时代中国共产党身上的时代精神。

师：正是因为有了中国共产党的领导，中国才突破重围，吹响了胜利的号角。也正是有了中国共产党，我们才迎来了 1949 年新中国成立的曙光。此时此刻，你最想说什么？(板书：没有共产党就没有新中国)

5. 在中国共产党的领导下，哪些成就感动着你？(课件出示图片：抗洪抢险、抗击非典、抗震救灾、梦圆飞天、脱贫攻坚)

师：在1998年的抗洪抢险中，在2002年的抗击非典中，在2008年的抗震救灾中，在每一次梦圆飞天的航天奇迹中，在脱贫攻坚的历史潮流中，是谁领导中国人民取得了一次又一次的胜利，是伟大的中国共产党。这一切辉煌成绩的取得，都是因为：中国有了共产党。

此时你想说些什么？（我热爱中国共产党）

活动四、展望未来，成就辉煌

师：同学们，当中国共产党成立120周年时，你们已经是30多岁的热血青年了，大胆畅想，那时的你会怎样向党的120岁生日献礼呢？

学生自由畅想20年后的自己。

师：同学们，听了你们的畅想，老师很欣慰。20年后因为有了你们的加入，我们的党旗会更加鲜艳！我们一起祝愿祖国的明天更辉煌！亲爱的同学们，学党史、感党恩、听党话、跟党走，让我们追忆红色历史，争做新时代的好少年！我们齐声高唱：没有共产党就没有新中国。（齐唱歌曲《没有共产党就没有新中国》结课）

【板书设计】

中国有了共产党

1921年7月1日⟶2021年7月1日　100周年

没有共产党就没有新中国

案例分析

这是一堂斗志昂扬的革命历史和红色精神教育课。在教学中，教师紧密联系学生生活，由学校开展的学生记忆犹新的庆祝中国共产党成立100周年《开学典礼》的视频引入新课的学习，引起学生情感的共鸣，有效地营造学习氛围。紧接着，结合7月1日建党纪念日，播放《红船故事》的视频，引导学生了解中国共产党的诞生和百年奋斗的重大成就。在创设情境、实地调查等活动中认识党旗、党徽，体悟每一位中国共产党员都是人民的公仆，中国共产党就在我们身边。紧接着，通过观看视频《长征》，了解长征是中国共产党谱写的壮丽史诗。通过调查访问、走进红色故事、探寻红色足迹等活动，培植学生的爱国情怀。之后，在交流分享中认识和了解伟大的长征精神。通过观看影视资料、讲述革命者的故事、参观革命纪念馆等活动，了解英雄模范人物的事迹并向他们学习。在搜集资料、活动体验、分享交流和热点分析中，走进新时代，深刻感受到伟大的中国共产党领导中国人民取得了一次又一次的胜利，实现了跨时代的飞跃，从而激发学生热爱中国共产党的情感，坚定学生的政治认同，并在畅想未来的活动中，立下报国之志，共筑强国之梦！

想一想：

“中华传统文化与革命传统教育”这一主题旨在引导学生了解中华文化的悠久历史和博大精深，体会中华优秀传统文化的精髓。请选择其中一个主题内容，设计一个参观红色革命基地的活动方案。

第六节 “国情教育”主题教学策略

在义务教育阶段“国情教育”这一主题的教学内容安排在第二、三、四学段（4～9 年级）。这一主题的教学把学生的视野扩大到对祖国和社会的认识，通过对我国国土地理、历史文化、民族文化、国情的学习，引导学生多维度地认识和了解祖国，增强学生对祖国的亲近感和作为中国人的自豪感。这一主题的教学要结合国情，与时俱进，充分体现时代性。要注重引导学生关注新闻，了解时事。积极组织学生参加学校开展的爱国主题教育，结合学校每周的德育主题活动，激发学生的爱国情。本主题的教学要在学生课前查阅、搜集资料的基础上，采用自主、合作、创新的学习方式，进一步培植学生的家国情怀。教学中需要进一步拓宽学生的视野，培养其作为公民所应具备的基本素质，为中学的学习奠定基础。

新课程标准关于“家国情怀”的培养目标是：“对家庭有深厚的情感，热爱家乡，热爱伟大祖国，热爱中华民族，自觉铸牢中华民族共同体意识，有以实现中华民族伟大复兴为己任的使命感。”我们要依靠“国情教育”，树立爱家爱国的情怀。“国情教育”这一主题的教学要突出道德与法治课程的价值和意义，注意把握讲授知识的度，从发展学生学科核心素养的角度出发，关注学生道德情感的变化及价值引导，突出道德与法治的学科特点，避免上成地理课、历史课或常识课。因此，“国情教育”主题教学可运用以下几种教学策略。

一、与时俱进教学策略

道德与法治课程具有政治性、思想性、综合性和实践性。新课程标准提出：

"教学要围绕课程内容体系，及时跟进社会发展进程，结合国内外影响较大的时事进行讲解。要将党和国家重大实践和理论创新成果引入课堂，充分体现马克思主义中国化最新成果。要密切联系社会生活和学生生活实际，用富有时代气息的鲜活内容，以学生喜闻乐见的方式，增强道德与法治教育的时效性、生动性、新颖性，让道德与法治课成为有现实关怀和人文温度的课堂。"因此，在"国情教育"主题教学中理论联系实际是非常重要的。教学时，教师可结合学生生活实际，引入时政热点，让学生从真实情境中探究思考，提高认知，促进学生"政治认同"这一道德与法治学科核心素养的发展。

例如，部编版《道德与法治》五年级下册第 12 课《富起来到强起来》中，"走进新时代"这一话题的教学，就可以用视频展示党的二十大报告资料：

"国内生产总值从五十四万亿元增长到一百一十四万亿元，我国经济总量占世界经济的比重达百分之十八点五，提高七点二个百分点，稳居世界第二位；人均国内生产总值从三万九千八百元增加到八万一千元。谷物总产量稳居世界首位，十四亿多人的粮食安全、能源安全得到有效保障。城镇化率提高十一点六个百分点，达到百分之六十四点七。制造业规模、外汇储备稳居世界第一。建成世界最大的高速铁路网、高速公路网，机场港口、水利、能源、信息等基础设施建设取得重大成就。我们加快推进科技自立自强，全社会研发经费支出从一万亿元增加到二万八千亿元，居世界第二位，研发人员总量居世界首位。基础研究和原始创新不断加强，一些关键核心技术实现突破，战略性新兴产业发展壮大，载人航天、探月探火、深海深地探测、超级计算机、卫星导航、量子信息、核电技术、新能源技术、大飞机制造、生物医药等取得重大成果，进入创新型国家行列。"①

通过与时俱进的具体化数字和有代表性创新成就的列举，让学生感受国家从富起来到强起来，深刻感受到祖国的繁荣与强盛。

二、价值主导教学策略

在小学道德与法治的教材中，家国情怀的内容分散在各学段，其中，五年

① 习近平．高举中国特色社会主义伟大旗帜 为全面建设社会主义现代化国家而团结奋斗：在中国共产党第二十次全国代表大会上的报告．北京：人民出版社，2022：8.

级下册第三单元相对较为集中。五年级下册第三单元“百年追梦 复兴中华”呈现了近代以来中国人民为实现民族复兴走过的历史进程，以重大历史事件、重要历史人物为主线，进行国情教育、革命传统教育和爱国主义教育。新课程标准在第三学段（5～6年级）“国情教育”学习主题的教学提示中提出：“观看有关主题展览和视频等，感知中国共产党团结带领中国人民取得的伟大成就，感受中国特色社会主义的优越性，坚定走中国特色社会主义道路的决心。”① 为了发挥教材的有效作用，突出家国情怀，教师要全面解读教材，充分发挥好教师价值主导作用，充分挖掘国情教育资源，以活动为载体，与校园主题活动相结合，开展主题教学活动，引导学生体会其中所蕴含的家国情怀，让教育的实效性最大化。

案例16　《富起来到强起来》教学案例（部分）②

（部编版《道德与法治》五年级下册第三单元第12课）

改革创新新成就

师：党的十一届三中全会后，中国人民积极投身到改革开放的洪流中。那么改革最早是从什么时候开始的呢？又是从哪里开始的呢？

生：改革先从农村开始，小岗村是中国农村改革第一村。

师：现在请同学们分小组讨论，我国的改革体现在哪些方面？

（四人小组根据提供的学习参考资料和教材内容，归纳总结工农业等方面的改革成就）

师：现在请同学来给大家汇报一下你们组的发现。

生1：以前，小岗村是一个什么样的村子呢？改革后小岗村有了怎样的变化呢？我们要向大家介绍小岗村改革的故事。（介绍家庭联产承包责任制）

师：这位同学讲到的是农村改革，由于家庭联产承包责任制的推行，农民有了生产自主权，劳动热情高涨，农业生产和农民收入都有了很大提高。

生2：相信很多同学都知道“杂交水稻之父”，我们来说一说袁隆平爷爷的故事。（介绍袁隆平事迹）

① 中华人民共和国教育部．义务教育道德与法治课程标准（2022年版）．北京：北京师范大学出版社，2022：32.

② 本案例由云南省玉溪市第三小学教育集团珊瑚校区张云霞老师提供。

师：袁隆平和他的杂交水稻，为解决我国这样一个人口大国的吃饭问题作出了巨大贡献。

生3：我们是从生活中的工业说起的。（介绍改革开放后中国工业和新兴技术的发展情况）

师：同学们分别从农业、工业、科技的发展和我们日常生活的变化中感受到了改革开放的成就。正是这些创新举措让我们的国家取得了巨大成就。秋去春来，左搏右击，改革的浪潮推动了中国的发展，掀起了经济腾飞的新时代，唱响了一个又一个春天的故事。（视频播放动画故事《春天的故事》）

小结：今天的中国，在中国共产党的领导下，真正实现了从富起来到强起来的美好愿景。我们是新时代的好少年，要坚定不移听党话、跟党走，立志做有理想、敢担当、能吃苦、肯奋斗的新时代好少年，做社会主义事业的建设者和接班人。

案例分析

《富起来到强起来》是部编版《道德与法治》五年级下册第三单元“百年追梦　复兴中华”第12课。教学中，教师依据教学目标精心设计，提前预设有价值的探究问题，由浅入深，层层深入，引导学生由感性认识上升到理性认识。通过层层追问，引导学生在讨论交流中感受到改革开放的伟大成就，充分发挥了教师价值主导的作用。通过音频、视频、图片等资料，在教师正确的价值观引导下，让学生直观感受到改革开放以来取得的成就，感悟改革开放对中国发展的影响，激发学生对祖国和中国共产党的热爱之情。最后，在教师激情飞扬的价值引导中，感受中国共产党领导下祖国的时代变革和飞速发展，激发学生的爱国情和报国志，激励学生争做新时代的好少年！

案例17　《我们神圣的国土》教学设计①

（部编版《道德与法治》五年级上册第三单元第6课）

【教学目标】

1. 知道我国的地理位置、领土面积、海陆疆域、行政区划，激发学生强烈的爱国意识和爱国热情，有坚决捍卫领土完整的使命担当和责任意识。

① 本案例由云南省玉溪市第一小学教育集团山水校区刘芳老师提供。

2. 懂得台湾是祖国不可分割的一部分，强化政治认同、责任意识。

【教学重难点】

1. 知道我国的地理位置、领土面积、海陆疆域、行政区划。

2. 理解台湾是我国不可分割的一部分，祖国领土神圣不可侵犯。有坚决捍卫领土完整的使命担当和责任意识。

【教学过程】

活动一、情境激趣，导入新课

1. 猜谜引入中国版图。

师：同学们，老师给大家带来了一个谜语："蓝色星球浮太空，一只雄鸡在其中，南北两分它在北，东西二分它居东，头向世界最大洋，尾靠全球最大陆。"有谁知道，谜语里说的是哪个国家？

生：这是我们的祖国——中国。

师：对，这个国家就是中国，中国的版图像一只雄鸡。现在我们就一起走进美丽的祖国。

2. 播放祖国风光图片。

师：你看到了什么？有什么感受？

生自由发言谈感受。（板书：风景秀丽）

师：是的，我们的祖国不仅风景秀丽，而且幅员辽阔，那我们的祖国到底有多大？这节课，我们就来学习《我们神圣的国土》中的第一个话题"辽阔的国土"。

活动二、激励探究，感受国土的辽阔

（一）感受陆地面积

1. （出示世界地图）引导学生在世界地图上找到中国并画出轮廓。

2. （出示中国版图）你知道我们中国的陆地面积是多少吗？（960 多万平方千米）

3. 学生动手分小组算一算：960 多万平方千米有多少个云南省？云南玉溪第一小学山水校区占地 30 亩，我国的陆地面积是我们学校占地面积的多少倍？爸爸妈妈自驾开车，从东到西，从南到北，分别需要多少天？

师：通过计算对比，你发现了什么？

生：我们的国土真辽阔。

师：中国陆地面积 960 多万平方千米，仅次于俄罗斯和加拿大，是世界上面积第三大的国家。

（二）认识领海，陆上邻国和海上邻国

1. 出示中国疆域图。

师：我国是一个既有陆地又有海洋的国家，请大家在教材第 45 页的中国的疆域地图中自北向南找出我国的四大海域，并和旁边的同学说一说。

生自由回答。

小结：我国是一个海陆兼备的国家，在祖国大陆的东边，自北向南与渤海、黄海、东海、南海四海相连。

2. 课件出示中国的疆域地图。

师：我国这四大海域中的岛屿很多，请大家在教材第 45 页的中国的疆域地图中自北向南找出咱们中国的岛屿，并用横线画出来。找出这些岛屿中的第一大岛屿和第二大岛屿。

生：台湾岛是我国的第一大岛屿，第二大岛屿是海南岛。

师：此时此刻，你感受到我们祖国的国土怎么样？（板书：幅员辽阔）

3. 认识海上邻国和隔海相望的国家。

师：近年来，在“一带一路”倡议的引领下，我国与各个友好邻国正共同打造人类命运共同体，共同迈向更辉煌的未来。

（三）认识省级行政区划

师：我们中国国土辽阔，它由几个省、几个自治区、几个直辖市、几个特别行政区组成呢？

学生在中国的省级行政区域图中找出 23 个省、5 个自治区、4 个直辖市、2 个特别行政区。

活动三、内化体验，感受祖国领土神圣不可侵犯

1. 出示台湾省地图。

师：你知道这是我们国家 34 个行政区中的哪个省吗？

生：台湾省。

师：通过课前调查，你对台湾省了解多少，和旁边的同学说一说。

学生自主交流，合作探究。

师小结：（出示课件）台湾省位于我国东南沿海，山地面积大，气候温暖湿润，景色秀美。

2. 播放视频：美丽的宝岛台湾。

师：台湾不仅景色优美，而且物产丰富，经济发达，因此台湾也收获了很多美称，你们知道吗？

生自由发言参与交流。

师小结：台湾素有“海上明珠”“亚洲天然植物园”“海上米仓”“东方甜岛”“水果之乡”的美称。它自古以来是我国领土不可分割的一部分，祖国的每一寸土地都神圣不可侵犯。（板书：神圣不可侵犯）为了保卫祖国的每一寸领土，中国人民解放军战士日夜守卫着边防哨所。（播放战士守卫边防的视频）

学生谈感受。（祖国领土神圣不可侵犯）

活动四、走进生活，延展践行

小结：同学们，幅员辽阔的国土为中华民族的生存和发展提供了巨大的空间，我们世世代代在这片土地上生息、繁衍。我们生活在960多万平方千米的土地上，每一寸土地都是我们美丽祖国的一部分，是神圣不可侵犯的！我们有责任热爱和保护美丽的大中国！

【板书设计】

我们神圣的国土

风景秀丽

幅员辽阔

神圣不可侵犯

案例分析

五年级的学生对国家的相关知识有了初步的了解，对祖国的热爱之情不断增强。但是，这些认识相对零散，更多的是具体、微观的感性认识，学生并没有从宏观的角度深入领会。针对学生的实际情况，本节课设计了情境激趣、激励探究、内化体验、延展践行等板块，价值主导，层层推进，通过地图、数据、视频等多种多媒体手段，调动学生多感官、多方面来感悟、体验、内化，从而较好地达成教学目标。教学时还可通过观看有关祖国风光的影视片、交流分享课前搜集的名山大川和名胜古迹的图片、诗文、景点门票等资料，让学生深刻感受到我们的祖国幅员辽阔、风景秀丽，激发学生强烈的爱国情。通过图片引导以及交流课前搜集到的资料，引导学生走进宝岛台湾，深刻感受到祖国领土神圣不可侵犯，从而把爱国情转化为报国志，强化学生维护国家统一和民族团结的责任意识。

想一想：

你是如何理解“价值主导”这一教学策略的？

思考与练习

选择某一主题，综合运用有关教学策略，完成一份教学设计，并说明设计理念及教学策略的运用思路。

阅读文献

1. 中华人民共和国教育部．义务教育课程方案（2022年版）．北京：北京师范大学出版社，2022.

2. 中华人民共和国教育部．义务教育道德与法治课程标准（2022年版）．北京：北京师范大学出版社，2022.

3. 沈晓敏，赵孟仲，程力，等．道德与法治学科核心素养研究．上海：华东师范大学出版社，2022.

4. 张淑清．小学道德与法治教学实施成效、问题与对策．教育理论与实践，2022，42（26）.

5. 郝国强．新课标背景下道德与法治的学科实践．思想政治课教学，2022（10）.

6. 桓旭．道德与法治课程核心素养的五位一体建构．思想政治课教学，2022（10）.

第四章

小学道德与法治课程情境创设环节教学设计

本章导读

情境教学的理念已经被广泛运用于各科教学。在情境教学中，情境的创设起着至关重要的作用。我们既要充分利用这一教学方式，又要赋予其学科特点，实现高效的课堂教学。那么，该如何正确地认识情境在道德与法治课程中的价值，如何在操作层面合理地创设情境，如何通过情境创设提升课堂效能最终指向学科核心素养的提升，从而使学生通过课程学习逐步形成正确的价值观、必备的品格和关键的能力？通过本章的学习，将帮助你解决以上问题。

第一节　情境创设的基本理论

一、情境创设的内涵

在中国，“情境”并不是一个新词，明朝沈德符在《万历野获编·辛丑二宗伯》中说：“是年董之子给事道醇殁于家，而陆之子彦章，适登第，拜行人使归，则情境大不侔矣。”到了清朝，刘鹗在《老残游记续集》的自序中也提及“情境”：“若百年后之我，且不知其归于何所，虽有此如梦之百年之情境，更无叙述此情境之我而叙述之矣。”时至近代，李大钊在《工人国际运动略史》中写道：“所以工人的国际运动只能出现于现代资本主义者情境之下。”① 其中的“情境”并不难理解，即情景、境地。所以，道德与法治学科教学中的情境创设，就是为学生创设一个特定的情景，使之在当下的境地中实现政治认同、道德修养、法治观念、健全人格、责任意识各维度核心素养的养成。

新课程标准指出，道德与法治课程以“成长中的我”为原点，将学生不断扩大的生活和交往范围作为建构课程的基础。可见，关联生活是道德与法治课程的重要特性之一。生活本身就是个大情境，它时时有情，处处有境。例如，一个学生今天考得不错，被老师大力表扬。学生心中立生喜悦之情，顿觉所处之境令人泰然。隔天，该生生病卧床，只得在家休养，虽然清净，但想到落下的课程又心生担忧，原本闲适的卧室，立刻显得孤冷了。所以说，生活就是个永恒存在的大情境。既然如此，道德与法治教学中的情境为什么要特别创设呢？

道德与法治课程教学中所创设的情境，必须是把握时代脉搏，直指教学目标，紧扣教材，根据学生特点、教学目标设计出来的，它用情和趣编织出师生、生生互动的广阔空间。在这个空间中，师生、文本、生活没有主客体之分，没有施众和受众之分，所有的要素都被有机地、无缝地糅合到一起，充分对话，充分体验，充分互动。

因此，课堂上所呈现的情境是经过提炼后的生活情境。它能凸显生活中的主要矛盾，能解决生活中的主要问题，学生走进课堂，即走进生活；学生走出课堂，又能以更好的道德审美视角看待生活，以更强的道德判断力解读生活，以更规范的道德行为重塑生活，以更美的道德情操享受生活。要达到这样的目标，我们必须精心创设情境。

想一想：

教学情境与生活情境有什么异同？

二、情境创设的价值

儿童青少年道德核心素养形成发展有两个基本程式：一个是“外塑—内化—内生—外化”的品德形成程式，另一个是“他律—自律—自觉—自为”的品德发

① 中国李大钊研究会．李大钊全集：第4卷．北京：人民出版社，2013：212.

展程式。这也是我们在进行道德与法治教学时必须遵循的儿童青少年品德形成与发展的两大基本规律。而恰到好处的情境创设，能够充分尊重儿童的道德成长需求，最大限度地激发儿童道德自省、道德内生，从而使我们的品德教学归属儿童。

（一）强化儿童的道德思维

在道德与法治课程教学中，学生的各项活动无一不与思维紧密相关，道德认知、道德情感体验等所有的活动都受思维活动的支配和调控。可见，提高儿童的道德思维能力是多么重要。其实，就是要把我们的孩子教育得能从容应对各种道德问题、难题。我们要帮助孩子找到解决道德问题、难题的方法，就要把道德问题、难题在课堂上呈现出来，但怎样让这些道德问题、难题看似自然地生成，让学生把“要我解决的问题”内化成“我要解决的问题”，并随着教学的推进体验探究的过程，探寻到最终的结果，自我达成一段完整的思维过程，提升思维的能力呢？这就必须通过情境创设来实现。

案例 1　《这些事我来做》情境创设环节教学实录（部分）①

（部编版《道德与法治》四年级上册第二单元第 5 课）

【教学目标】

学会独立招待长辈的基本礼仪，解决各种实际问题，在解决问题的过程中做更好的自己。

【情境创设环节的实录】

师：周末一大早，爸爸妈妈突然接到通知，都去加班了，小朋友们在家看看书、做做作业，时间一分一秒地过去了。这时，门铃响了，怎么办？

生：看猫眼。

师：如果门上没有猫眼，怎么办？

生 1：问问是谁，然后听声音。

生 2：听出是认识的人才能开门。

…………

师：谁上来挑一挑适合外婆的、外婆喜欢吃的食物？说说你为什么这样

① 本案例由江苏省南通市师范二附小李铭萱老师提供。

挑选？

生：蛋糕、香蕉、橘子都适合给老人吃。如果外婆牙齿好的话就能吃蚕豆了。

师：我们每个人的外婆喜欢吃的不一样，身体情况也不一样，挑选食物的时候一定要多想一想。

案例分析

从以上教学片段我们不难看出，学生在特定的情境中，直面“我要解决的问题”时，在极短的时间内进行了高效的思维活动，找出了解决问题的方法，不但明白了该如何做，还知道了为什么要这样做。学生通过自发的思维活动，从根本上解决了本课蕴含的核心素养问题。上述一系列的思维活动最终指向了本年段的学业要求——感受父母长辈的养育之恩，以恰当的方式表达对他们的感激、尊敬和关心。

情境推进了教学环节，达成了教学目标，也推进了学生思维向更深、更远、更高处延伸。

（二）激发儿童的道德情感

道德情感是个人道德意识的构成因素，指人们依据一定的道德标准，对现实的道德关系和自己或他人的道德行为等所产生的爱憎好恶等心理体验。由此可见，道德情感的体验过程要经历两个阶段：首先，要求主体通过各种学习途径形成正确的道德评判体系，这是一个理性的内化过程；接着，主体以此为凭借对自身或客观世界做出各种评判，继而产生不同的体验，这是一个感性的外投过程。在短暂的课堂教学中想实现如此高效的教学效果，很大程度上要依赖情境的创设。

案例2　《让我们的学校更美好》情境创设环节教学设计（部分）①

（部编版《道德与法治》三年级上册第二单元第6课）

【教学目标】

体验花草受伤的痛苦，激发儿童对花草的爱护之情，引导学生寻找保护花草的方法，并在实践中体会保护花草树木的快乐。

① 本案例由江苏省南通市师范二附小孙小苗老师提供。

【情境创设环节的实录】

师：走着走着，我们就来到了花圃边。咦，你们听，这是哪儿来的声音啊？（出示小花的哭诉：我是校园里的一朵小花，和小草、小树快乐地生活在一起，我和伙伴们给校园带来了清新的空气、缤纷的色彩，校园有了我们是多么美好呀，小朋友们可喜欢我们了。可是有一天，一个小男孩到花圃里捡沙包的时候，一脚就踩在我和小伙伴的身上，我们的脸上全是黑乎乎的泥巴，我们的腰也被踩弯了，哎呀，疼死我了，疼死我了，快来帮帮我们呀！）

师：是谁在哭呀？原来是这朵小花在哭泣呢！听到小花的哭声，你心里有什么感受？

生：我好心疼它呀！

生：我觉得就像自己疼一样。

生：它实在太可怜了！

师：你打算怎么做呢？

生：我要把它扶起来。

生：我想对它说："小花，别伤心了，我来照顾你。"

生：我可以拿根木棒，把它绑直了。

师：看，小花得到了我们的帮助，变样了！（出示小花挺直腰杆、绽开笑脸的图片）现在，你想说什么？

生：我觉得我替它松了一口气。

生：看到小花笑了，我也觉得很高兴。

生：我觉得自己很能干。

案例分析

情境创设中的"境"即有"情"之"境"，投射到道德与法治课程教学中，就是为学生创造能够进行道德情感体验的"境"。教师根据教学目标、学生的道德修养成长需求，将优化的生活情境"搬到"课堂上，利用移情作用，让学生产生身临其境的感受，在这个阶段，学生受到周围特定环境的触发，道德情感世界的大门被打开。情境不断推进，学生不断接受着环境给予的心理暗示。在这个过程中，学习主体与客观环境之间无意识地发生关联，从而形成无意识的心理倾向，并在有序的、持续推进的情境中不断推动自身道德情感世界走向纵深。

面对各不相同的、具体的生活情境，学生一边凭借道德评判标准实现对客观世界的主观体验，一边对主体原有的道德评价体系进行反思，对新的评判标准进行批判性吸纳。由此可见，创设情境后，之前所提到的学生道德情感体验的两个阶段不再有明确的界限划分，它们相互融合，相互作用，相互推动，使学生的道德情感世界更加向善、向美。

（三）提升儿童的道德审美水平

道德与法治课程渗透着道德之美，蕴含着人性之美。这种美往往呈现形式多样，且内藏其中，不易被学生察觉。例如《团团圆圆过中秋》（部编版《道德与法治》二年级上册第一单元第 4 课）中体现的民俗之美，《父母多爱我》（部编版《道德与法治》三年级上册第四单元第 10 课）中彰显的亲情之美，《多姿多彩的民间艺术》（部编版《道德与法治》四年级下册第四单元第 11 课）中饱含的民族文化之美等，这样的例子在道德与法治教材中不胜枚举。情境的创设，能够在无痕的教育设计中将学生纳入一个无形的“网”内，通过直观的体验，提升自身的道德审美水平。

案例 3　　**《正确认识广告》情境创设环节教学实录（部分）**①

（部编版《道德与法治》四年级上册第三单元第 9 课）

【教学目标】

通过欣赏广告，引领学生学会欣赏广告，懂得捕捉广告中智慧的闪光点、情感的激发点，体验广告的深刻内涵，同时提升学生在日常生活中对广告的审美情趣。

【情境创设环节的实录】

师：今天，我们来开一个小小广告发布会，教室就是发布会现场了。我先来发布我带来的一则广告，在座的各位同学就是各大媒体的负责人了。大家看看，你们愿意不愿意在大家的媒体平台上播放我的这则广告。（播放视频《爱的表达》）

师：你们觉得怎么样，愿意在你们的媒体平台上播放吗，为什么？

---

① 本案例由江苏省如皋市实验小学章小英老师提供。

生 1：我觉得这则广告非常有创意，它把“family”这个英文单词解释为“father and mother I love you”，一下子就表达了“爱”这个主题，我们平台一定会播放的。

生 2：广告很形象，让那些字母变成大树、拐杖、雨伞等形象，让我们感受到父母对孩子的关爱。我们也接受这样的广告。

生 3：我们很满意，因为里面的色彩和音乐也很温馨，特别是视频开头婴儿的声音，一下子就有了“家”的感觉。

生 4：广告虽然简短，却让我们看到了成长的过程，觉得很真实。

案例分析

在这个案例中，教师创设了一个广告发布会的情境，现场播放了一则令人为之动容的广告，给学生以美的感受。在情境中，书本上的平面教材一下子变得立体生动了，其中蕴含的美感能够清楚地看见、听见，甚至触摸到，而“美感总是通过人的视觉、听觉、触觉具体感受的”①。如果我们每一堂道德与法治课都能通过情境创设，为学生挖掘感受道德之美的通道，让学生浸润在教材背后的美感世界里，那么经过长期的熏陶，学生在欣赏美的同时，就能逐渐建构自身道德审美的评价体系，不断提升自身的道德审美能力。当他们带着道德审美的眼光回到现实生活，必将有新的发现、更高的追求、更好的改变。

（四）重塑儿童的道德行为

我们必须考虑一个问题，我们应该凭借什么来评判课堂教学是否有效，或课堂教学是否高效？最显性的应该就是道德行为了。简而言之，如果道德与法治课教学成功了，那么学生的道德行为就会得到进一步的提升或者是巩固；如果课堂教学失败了，那么学生的道德行为就会处于原有水平，甚至退步。教师可以遵循教材体系，通过活动情境的创设，将道德行为的培养转化成课堂活动，因为只有让活动融入道德与法治的课程教学中，才能充分激发学生的主观能动性，才能让学生在实践中检验本学科学习的成效。

① 李吉林．美的彼岸：诠释：情境课程的建构．北京：教育科学出版社，2013：339.

案例 4　《我家的好邻居》情境创设环节教学实录（部分）①

（部编版《道德与法治》三年级下册第二单元第 6 课）

【教学目标】

学会邻里相处的基本礼仪，懂得邻里之间要和睦相处，体验讲文明、懂礼貌给别人带去的快乐、给自己带来的方便。

【情境创设环节的实录】

师：给予邻居帮助，让我们感受到了快乐。其实，在生活中，我们也需要邻居的帮助。你们瞧，丹丹家的衣服晾在外面的衣架上，一转眼就不见了。丹丹东瞧瞧，西望望，发现衣服掉在了楼下王奶奶家的衣架上。这该怎么办呢？

生：去王奶奶家把衣服拿回来呀！

师：去王奶奶家拿衣服该怎么做呢？现在我就是王奶奶，谁来做丹丹呢？（挑选一名学生）

生：笃笃笃。（敲门）

师：谁啊？

生：是我。

师：你是谁啊？

生：我是楼上的丹丹。

师：（开门）是丹丹啊！

生：王奶奶，我的衣服掉在你家衣架上了，能帮我拿一下吗？

师：好啊。（取衣服）给你。

生：谢谢！再见！

师：你们觉得她做得怎么样？

生 1：我觉得，她见到王奶奶首先应该说："你好！"

生 2：应该是"您好！"

生 3：她让王奶奶拿衣服，应该说"能麻烦您帮我拿下衣服吗？"这样更客气些。

生 4：她最后说了"再见"还是挺有礼貌的。

生 5：但是，还可以说，"王奶奶，您有空到我家来玩儿"。

---

① 本案例由江苏省南通市五山小学张丽娟老师提供。

师：大家想得多好啊！能做到吗？现在请同桌的两个小朋友，一个做王奶奶，一个做丹丹，试着练练看。待会儿两个人可以互换角色。

案例分析

在活动情境中，学生参与实践的情绪被激发，主动地参与课堂活动。情境，容易使儿童形成产生动机、充分感受、主动探究……模拟操作的一系列变化。①就本教学环节而言，学生通过在模拟情境中操作，不但学会了解决问题的方法，还掌握了日常与邻居沟通的技巧。对于扮演角色的学生而言，他通过在情境中模拟实践活动，证实了自己在这个环节学有所得；对于其他学生而言，他们通过中间的评价活动，完善了他人和自身的日常行为。

知识链接　　夸美纽斯的“金科玉律”

教育家夸美纽斯认为，在教学中有这样一条“金科玉律”：“在可能的范围内，一切事物应尽量地放在感官的眼前，一切看得见的东西应尽量地放在视官的跟前，一切听得见的东西应尽量地放在听官的跟前……假如有一个东西能够同时在几个感官上面留下印象，它便应当用几个感官去接触。”② 其实，“教学情境就是以直观方式再现书本知识所表征的实际事物或者实际事物的相关背景，显然，教学情境反映的是学生认识过程中的形象与抽象、实际与理论、感性与理性以及旧知与新知的关系和矛盾”③。

第二节　情境创设环节教学设计策略

丰富、恰当的情境创设能够通过诸多途径把儿童带入各项学习活动，让学生和教材在情境的统领下，互相“走近”对方，继而“走进”对方。那么，在实践教学中，我们有哪些情境创设的策略呢？

① 李吉林．为儿童的学习：情境课程的实验与建构．北京：外语教学与研究出版社，2008：447.

② 夸美纽斯．大教学论．2版．北京：人民教育出版社，1984：156.

③ 顾明远．李吉林和情境教育学派研究．北京：教育科学出版社，2011：255.

一、动静结合，用画面创设情境

直观形象，是情境教学的突出特点。在创设情境的途径中，有一种方法集中体现了这一特点，那就是画面展示。在道德与法治课程教学中，用画面再现课文内容，或用画面诠释深刻的道理，把教学内容形象化，会极大增强教学的可感性。

（一）静态画面

情境创设中，静态画面的呈现主要有两种途径，分别是：图片投影、简笔画。以下用两个案例分别展示这两种静态画面的呈现途径是如何在情境创设中起到助推作用的。

案例5　　《富起来到强起来》情境创设环节教学实录（部分）①

（部编版《道德与法治》五年级下册第三单元第12课）

【教学目标】

1. 了解改革开放的历史进程。

2. 知道改革开放以来，在中国共产党的领导下，中国在各方面取得的突出成就，感受祖国的飞速发展。

环节一：创设情境，激趣导入

师：同学们，暑假快到了，各种游学活动向我们敞开了大门。听说我们学校最近正在开展“童心向党”的主题活动，深圳市某小学发来了邀请呢！瞧——（实物出示邀请函，配画外音）你们想不想参加？

师：看来同学们都想参加此次游学活动！好，我们一起来到兴东机场，乘坐深圳航空。（PPT出示深圳航空动态图）呀，两个多小时就到深圳机场了。

环节二：参观改革开放展览馆，学习“改革历程”

师：看！热情的小伙伴在迎接咱们呢。

（PPT出示欢迎画面，配音交代研学活动安排的第一站是改革开放展览馆）

师：走进展览馆，展现在眼前的是两幅巨照。（出示深圳对比图）仔细看这两幅图，你产生了怎样的疑问？

生1：改革开放前的深圳到处是农田，今天的深圳高楼林立，它为什么会有这么大的变化？

生2：是谁让它发生了这样大的变化？

---

① 本案例由江苏省南通市师范二附小秦丽华老师提供。

生3：它又是怎样变化的呢？过程艰难吗？

…………

师：同学们对比图片，积极思考，提出了心中的疑惑。要想解决这些问题，请往里走。这里有三个展区，包含三个研究方面，这三方面就是打开同学们疑惑大门的钥匙。

(PPT出示三扇门，门上分别显示A研学改革历程、B研学制度创新、C研学“拓荒牛”精神)

师：大家自由选择感兴趣的展区，领取资源包，各组组长读一读你们组的活动要求。

组长1：我们组选A研学改革历程。我们的活动要求是：研读资料，探讨两个问题。问题一：什么是改革开放，从什么时间开始的？问题二：小岗村为什么是农村改革第一村？

组长2：我们组选B研学制度创新。我们的活动要求是，研读资料，画思维导图。

组长3：我们组选C研学“拓荒牛”精神。我们的活动要求是，研读资料，了解人物事迹，体会人物精神，探讨人物的共同特征，绘制成表格。

(学生自主研学，合作探究)

案例分析

在这个教学片段中，教师充分利用了网络资源插图，将其从平面图画转化为立体情境。在情境中，教材里的人物成了学生身边的人物，教材里的环境成了学生所处的环境，教材要培育的政治认同成了学生自主生成的政治认同，教材要表达的对祖国伟大成就的歌颂成了学生心中油然而生的情感体验，教材要引导的责任意识成了学生无意识的自觉意识。利用静态情境的创设，不仅使教材本身得到了高效利用，同时也充分激发了学生道德内生的驱动力。

案例6　《我们爱分享》情境创设环节教学实录（部分）①

（部编版《道德与法治》一年级下册第二单元第7课）

【教学目标】

总结“分享快乐”教学环节，懂得无论和哪位小伙伴相处，都要做到“文明

① 本案例由江苏省南通市师范二附小李铭萱老师提供。

友善、乐于分享”，从中体验属于自己的快乐。

【情境创设环节的实录】

师：今天，我们学会了该怎样和小伙伴文明友善地交朋友，还和小伙伴分享了快乐，收获可真大呀！其实，平时无论是对待哪位同学，我们都要做到——

生齐：文明友善、乐于分享。(板书：文明友善　乐于分享)

师：这样，我们和小伙伴之间的感情就会越来越深厚，大家的心也会越走越近的。[在原有板书：“文明友善　乐于分享”的外面用红（粉）笔画上心形简笔画]

【板书设计】

案例分析

当“文明友善　乐于分享”这几个字出现在黑板上的时候，不一定能引起学生足够的重视，在他们看来，这只是普通的教学总结。但是，当这颗爱心随着教师的画笔跃然于黑板上时，不少孩子发出了赞叹声。从这赞叹声里我们可以一窥这个简单的心形至少起到了两个层面的作用：第一，和单纯的文字相比，生动的图形在瞬间将学生的思维、情感聚焦到了黑板上。第二，图形的出现，给孩子们带来了美感体验，他们乐于接受这颗“心”。在这里，教师简单的两笔画出的不仅仅是一个图形。它是一颗有情的心，那是和同伴相处时的友情，有对别人的关爱之情、宽容之情等。它是一颗有“境”的心，那是友善交流之境，是文明谦让之境，是乐于分享之境。随着这颗“心”的出现，整个教学情境的创设达到了一个高潮。所以，我们必须看到，简笔画在情境递进的过程中起着极其重要的作用。

（二）动态画面

这里所说的动态画面一般指电教画面，如影像资料、电脑动画等。

案例 7　　《富起来到强起来》情境创设环节教学实录（部分）[①]

（部编版《道德与法治》五年级下册第三单元第 12 课）

【教学目标】

1. 了解改革开放的历史进程。

2. 知道改革开放以来，在中国共产党的领导下，中国在各方面取得的突出成就，感受祖国的飞速发展。

【情境创设环节实录】

师：参观完改革开放展览馆，福田小伙伴接着邀请咱们去哪儿呢？（动图，进入平安大厦会展中心）瞧，屏幕上正播放着什么？（高铁视频介绍）

师：从这组数据中，你们读懂了什么？

生 1：中国高铁速度世界第一。

生 2：中国高铁的规模超过世界上其他国家的总和。

…………

师：这就是中国速度！中国高铁速度快、覆盖面广。

师：12 年前，中国受邀开始帮助很多发展中国家修建高铁，有人认为，我们不应该帮助发展中国家。对此，你怎么看？同桌之间可以讨论讨论。

生 1：应该帮助其他发展中国家。这样可以让我们的高铁技术走向世界，覆盖全球，还能与许多国家建立友好关系。

生 2：不应该……

…………

师：同学们各抒己见，展示了自己的思考结果，非常好！中国高铁已成为中国走向世界的一张名片，促进了世界经济的发展，（出示高铁名片图）充分展现了我们的大国实力和自信。但我们要展示大国风范，用实际行动帮助其他发展中国家，共同进步。

师：我们继续向前走，看，这是什么地方？你们敢接受挑战吗？

师：第一题，谁来选？

生：创世界新纪录的蛟龙号最大下潜深度是 7 062 米。

师：我们再来看看中国工业其他方面的成就。（视频播放工业、纺织业等的

① 本案例由江苏省南通市师范二附小秦丽华老师提供。

突出成就）

师：改革开放以来，我国工业取得了突出成就。（板书：工业）

师：大家认识这个人吗？（出示袁隆平的图片）

生：杂交水稻之父袁隆平。

非常棒，大家回答得很正确。那让我们来看看他给我们国家作出的贡献吧。（表格呈现出杂交水稻的优势和体现中国是农业大国的各项数据）

师：看了这组数据，我们情不自禁感念他。（播放视频《稻菽千重，禾下留梦》）

师：我们一起读读感动中国组委会写给他的颁奖词，再次感受袁老的丰功伟绩。（出示感动中国组委会写给袁隆平的颁奖词）

学生齐读。

师：改革开放以来，我国农业取得了突出成就。（板书：农业）

师：第三题，谁来连线？（出示图片）

生：祝融号探索火星、嫦娥号探索月球、天宫一号探测空间环境、北斗系统定位导航。

师：我们再看看这一视频。（播放火星车视频）

师：你有什么想法？

生1：中国科技创造了一个又一个奇迹！

生2：我们对宇宙的探索又前进了一大步！

…………

师：是啊！我们有幸联系到老师的同学，一位常年在酒泉卫星发射中心工作的航天工作者。我们可以称他为魏工，同学们有什么问题想问问他吗？

生1：魏工您好！您能和我们谈谈中国航天事业为什么取得了这么大的成就吗？

生2：魏伯伯您好！经年累月研究测试，您不觉得苦和累吗？是什么让您一直甘心奋斗在这黄沙漫天的茫茫大漠？

（魏工接受采访）

师：听了魏工的回答，我们深深为他们的奉献精神和拼搏精神所感动。改革开放以来，科技的突出成就离不开无数中华儿女的默默奉献啊！（板书：科技）

案例分析

对于是否要通过这样直接的手段创设情境一直存在争议。赞同的人认为，这样的动态影像能够给学生的感官世界带来冲击，从而激发其理性的思维、丰富的情感；反对的人认为，通过教师语言描述等间接手段创设情境，能够在情境创设的过程中让儿童同步体验情境中的情与境。其实，无论是直接呈现，还是间接呈现，画面在儿童的眼前或脑海中都是以动态的形式体现出来的，其生动性是激发儿童道德思维及情感活动的重要触发点。

二、角色扮演，用活动体验情境

根据教学目标创设特定的体验情境，让学生在情境中扮演相应的角色，实现“自我”与“他我”的充分融合，在实践活动中实现师生、生生之间的人际互动。

（一）角色扮演中的“自我”体验

教师在教学时创设特定情境，并将学生带入特定情境，成为特定情境中的“我”。

案例 8　《爱心的传递者》情境创设环节教学实录（部分）①

（部编版《道德与法治》三年级下册第三单元第 10 课）

【教学目标】

在特定情境中学会如何让座，在让座的过程中，体验体贴老人、为他人着想的快乐。

【情境创设环节的实录】

师：一路上汽车停了好几站，车上的乘客越来越多，位置全都坐满了。这时，上来了一位老奶奶。老奶奶上了年纪，走几步就要喘口气，她一边上车，一边自言自语道：“唉，上了年纪行动就是不方便。要是能有个空座让我坐着歇一会儿，就好了。”（课件演示）看到这样一位老奶奶，孩子们，你们打算怎么办？

生 1：我要让老奶奶坐下。

生 2：我要给老奶奶让座。

师：那么怎么和老奶奶说呢？请同座的两位小朋友一起，一位做老奶奶，一位做小乘客，试着在位置上练练看。

① 本案例由江苏省南通市师范二附小李铭萱老师提供。

（学生分组练习）

师：知道该怎么做吗？那谁想做这位热情文明的小乘客，和老师搭档表演呢？（一学生上讲台，师生同体会）

师：现在，我来做老奶奶，你正坐在车上。“唉，瞧我这老胳膊老腿儿的，坐趟公交车可真不容易啊！”

生：（走上前）奶奶，您好！快到我这儿来坐吧！

师：这孩子，多懂事儿啊！

生：奶奶，慢点儿，我来扶您！

师：哎呀，真是个贴心的好孩子啊！

生：奶奶，我的位置就在这儿，您快坐吧！

师：谁来说说，这位同学刚才做得怎么样？哪些地方特别好？

生1：他首先和老奶奶打招呼，显得很有礼貌。

生2：他很细心，想到扶着老奶奶走。

生3：我也想表扬他有礼貌，因为他一直用“您”来称呼老奶奶。

师：孩子们，把位置让给别人，你们自己就没位置坐了，离目的地还挺远的呢，你们心里是怎么想的？

生1：我能够帮助别人，说明我很能干。所以，我觉得自己挺棒的！

生2：看到别人方便了，我自己心里就舒服了。

生3：不是有一句话说得好嘛——赠人玫瑰，手有余香。

生4：能帮助别人让我感到很快乐。

师：是啊，帮助别人是件多么快乐的事情啊！在公共场所，我们遇到需要帮助的人，都要主动伸出援助之手，助人为乐是我们中华民族的传统美德。

案例分析

在这个体验情境中，学生将自己想象成情境中特定的“我”，与创设出来的特定的人进行互动，完成自我道德体验，内生出自我道德认知。不难看出，这样的角色扮演可以让学生在身临“其境”的同时，内生“其德”。

（二）角色扮演中的“他我”体验

角色扮演中的“他我”体验，是指创设特定的情境后，让学生转换角色，将外界客体转变成内在主体，简言之就是让“我”扮演“他”，从而达成高效的道德情感体验。

案例9　《让我们的学校更美好》情境创设环节教学实录（部分）①

（部编版《道德与法治》三年级上册第二单元第6课）

【教学目标】

体验花草受伤的痛苦，激发儿童对花草的爱护之情，引导学生展开理性思考，寻找保护花草的方法。

【情境创设环节的实录】

师：咦，小朋友们，你们听，这是哪儿来的声音啊？（出示小花的哭诉：我是校园里的一朵小花，和小草、小树快乐地生活在一起，我和伙伴们给校园带来了清新的空气、缤纷的色彩，校园有了我们是多么美好呀，小朋友们可喜欢我们了。可是有一天，一个小男孩到花圃里捡沙包的时候，一脚就踩在我和小伙伴的身上，我们的脸上全是黑乎乎的泥巴，我们的腰也被踩弯了，哎呀，疼死我了，疼死我了，快来帮帮我们呀！）

师：是谁在哭呀？现在呀，我们小朋友就是一朵朵娇小动人的小花。谁来说说，此时此刻，受伤的你最希望什么？

生1：我希望别人把我扶起来。

生2：我希望能有个人给我喝口水。

生3：我希望小朋友们只欣赏我，别用手和脚碰我。

师：小花们，你们觉得用哪些方法来帮助你们最合适？

生1：我希望大家给我们围一圈小篱笆。

生2：我想让小朋友们把我扶起来，再把我固定住。

生3：小朋友们还可以在我们中间竖一个牌子，上面写：“爱护花草人人有责”。

生4：小朋友们都可以来做爱绿护绿小卫士。

案例分析

苏霍姆林斯基曾说过，“把教育的意图隐藏起来，是教育艺术十分重要的因素之一”。在上述教学环节中，教师将爱护花草的道德教育隐含于角色扮演的过

① 本案例由江苏省南通市师范二附小姚丹老师提供。

程中。教师有意识地将学生与客观事物、客观世界进行转换、融合，让学生在无意识的状态下直面问题、解决问题，积累道德智慧，升华道德情操。

三、虚实结合，用生活优化情境

在创设情境时，要做到贴近儿童、贴近生活，但是，很多时候我们不可能把生活搬到课堂上来。课堂上的情境创设，应当是源于生活，同时又高于生活的。因此，我们可以根据自己的教学目标，从生活中采撷有效元素，并重新整合成优化的情境，力求实现课堂教学和日常生活的无缝对接。只有在这种高度模拟化的情境中训练出来的行为、培养出来的习惯，才能在儿童走出课堂回归生活时依然被保持从而实现学生道德行为的重塑和道德品质的提升。

案例 10　　《大家排好队》情境创设环节教学实录（部分）①

（部编版《道德与法治》二年级上册第三单元第 11 课）

【教学目标】

1. 通过对比体验，感受排队的好处，认识到排队的重要性。

2. 在多样的生活情境中学习排队的规则，学会排好队。

【情境创设环节的实录】

1. 学习“两人排队”。

师：我们像他们这样，按照先来后到的顺序，排好队取好水，接下来就出发啦！走出校门，乘上汽车，不一会儿，我们就来到了蓝海国际影院。（课件出示电影院售票处图片）

师：瞧！售票处就在眼前，宋老师已经打电话提前订好了票，请个代表取一下票。你们看！（播放视频）

师：两个人，还要排队吗？为什么？

生：要的，刚才说了人人都要排队，要遵守《中小学生守则》。

生：要排的。因为如果不排队的话，售票员阿姨就搞不清该给谁票，后面来的人也不知道该往哪儿排。

① 本案例由江苏省南通市师范二附小宋月红老师提供。

生：先到的排前面，后到的排后面。

师：说得真好！只要超过了1个人，就要按照先来后到的顺序排好队，这样才有序，才公平。

2. 认识“一米线”。

师：那这里的小朋友应该排哪儿呢？谁能来帮帮他？（学生在屏幕上拖动小人排队）

师：你认为他排得对不对呢？一起来听听售票员阿姨怎么说。（学生听售票员阿姨的录音）

师：听了售票员阿姨的点评，小朋友们有什么疑问吗？

生：为什么要排在一米线后面呢？

生：除了电影院，还有哪些地方有一米线？

生：一米线有什么作用呢？

师：小朋友们真会动脑提问，我们来一一解决。为什么这里要排到一米线后呢？

生：排到后面，这样阿姨往后走时，就不会撞到小朋友了。

生：黄线上有字，让排到后面去。

师：你关注到了地面的排队标志，真有心。小朋友猜得对还是不对呢？那就请售票员阿姨继续来告诉我们。（学生听售票员阿姨的录音）

师：听了阿姨的话，你明白了什么？

生：我明白了为什么叫一米线。

生：我明白了，为了保护阿姨的安全，必须排到一米线后。

师：生活中，你还在什么地方见过一米线？

生：我在机场过安检的地方看到过。

生：我在医院、银行里都见过。

生：地铁站、火车站都有，我见过。

师：你们真是有心人，有一双善于发现的眼睛。这些地方都设有一米线。（课件出示银行、机场、地铁站、铁轨旁四个场景）

师：这些场景中的一米线都有什么作用呢？

生：银行里的一米线，是为了防止后面的人看到前面那个人的银行卡密码，而且也可以防止后面的人偷前一个人的钱。

师：是的，银行的一米线是为了保证财产安全。

生：机场那儿，你要出示身份证什么的，有一米线，也是为了保护个人信息。

师：是啊，这些都是为了保护前一个人的隐私，是隐私线。

生：地铁站、铁轨旁的一米线，是为了防止乘客被车撞到，或被火车、地铁带来的气流卷进去。

师：对，它是在保护我们的生命安全，是安全线。

师：看来，排队时，在特殊情况下，为了保护别人的财产安全和隐私，为了自己的生命安全，我们都应该排在一米线之外。

师：生活中，有的地方没有一米线，（课件出示场景*）但是只要涉及密码等个人信息，咱们都应该自觉地保持一米距离，做到心中有一米线。有时涉及安全问题，便要加大间距。（课件出示场景图）这样做，就是排好队必须遵守的第三条规则——间距合理。（板书：间距合理）

师：排队买好了电影票，经过检票处，咱们终于来到了放映大厅。小朋友们坐好啦，找一个最舒服的姿势，瞧！电影马上开始喽！

案例分析

教学伊始，老师在导入部分用几句简单的话创设了一个亲切可感的观影排队情境。看电影是孩子们最喜欢的活动之一，将此刻的教学置于看电影这个大情境中，充分激发了孩子们学习本课的兴趣。教师充分利用生活元素来完善课堂情境。首先，教师出示了电影院售票处的图片，让情境真实可感，随后设计“认识‘一米线’”的教学环节，使儿童在课堂中走向生活，迅速融入情境，激发他们强烈的情绪，形成无意识的心理倾向，不由自主地投入到对话中，进而全情投入到老师创设的情境中，教学活动被迅速、高效地推进。

第三节 情境创设环节教学设计案例分析

在实践中，我们发现，儿童在创设的特定情境中获得形象的感知时，就会从一个被动角色转换成学习活动中的主动角色。在道德与法治课程教学中，客观情境和学生主观世界的对接点有很多，但两者的共鸣主要产生于情感的体验。在情境中，学生相应的道德情感被激发，从而形成情感活动。当这种情感活动和道德认知活动相结合后，儿童内心的道德体系就能够受到整体熏染和陶冶。

一、角色体验情境

苏霍姆林斯基说："道德，只有它被学生自己去追求，获得亲自体验的时候，才能真正成为学生的精神财富。"怎样才能让学生实现这种基于主体需求的追求，获得亲身体验呢？角色体验情境是实现这一目标的有效途径。

案例 11　　《生活离不开他们》情境创设环节教学实录（部分）①

（部编版《道德与法治》四年级下册第三单元第 9 课）

【教学目标】

通过角色扮演，体验送奶工高强度的工作，体会送奶工工作的不易，明白自己幸福的生活离不开许多普通人的辛勤付出，从而学会尊重他人的工作，尊重他人的劳动，珍惜幸福的生活。

【情境创设环节的实录】

师：你家住几楼？

生 1：我家住 2 楼。

生 2：我家住 6 楼。

生 3：我家住 5 楼。

师：根据客户的需要，很多公司都规定要将牛奶送到客户家门口。像吴老师家住 6 楼，没有电梯，送奶工每天都要准时都把牛奶送到 6 楼吴老师家门口，咱们现在当一回送奶工，亲自送几家的牛奶，看看有什么感受。

师：来，送奶工师傅们，拿起你们的"牛奶"。现在是凌晨 4 点，人们还在熟睡中，我们送奶的时候脚步要轻，千万不要打扰到别人。出发前，别忘了你的客户地址，拿好牛奶瓶呀！

（学生拿着"牛奶"，从学校 1 楼送到 4 楼，爬一次算到一家）

师：我们的体验就到这，请汇报你送了几家？有什么感受呀？

生：我才送了 3 家就好累呀，爬那么多楼梯，腿都酸死了。

生（气喘吁吁）：我才送了 4 家，就大汗淋漓，口渴得不得了。

生：我现在真想坐下来休息休息，真的好累呀！

…………

① 本案例由江苏省如皋市实验小学张伟伟老师提供。

师：看看大家，都气喘吁吁的。我们才送了三四家，还有几十家正等着我们送呢。老师采访了一个送奶工，他告诉我一瓶牛奶赚 2 毛钱，一天 100 瓶牛奶的话，一个月下来大约是 600 元……

案例分析

在这一教学环节中，学生在教师的引领下扮演角色，进而进入角色。学生以新的身份进入生活情境后，能设身处地地体验角色的所知所感，从而让本课的教学内容在学生的自主感知中变得可知、可感了。

案例 12　《生活离不开规则》情境创设环节教学实录（部分）①

（部编版《道德与法治》三年级下册第三单元第 9 课）

【教学目标】

扮演游客的角色，在动物园的情境中解决问题——为什么不能私自喂食动物。积累科学知识，并通过做宣传员的环节，巩固知识，强化道德认知。

【情境创设环节的实录】

师：你们瞧，（出示动物园游客私自给动物喂食的照片）这些游客在干什么呢？你觉得他们喜欢这些动物吗？咦，动物园的护栏上有一块牌子，上面有红红的字，写的是什么呢？

生：禁止喂食动物。

师：看到这块牌子，小朋友们，你们有什么问题吗？

生：为什么有这些的规定呢？

师：这个问题我可解决不了，我们一起去请教饲养员叔叔吧。（播放视频：饲养员向学生介绍为什么不能私自喂食动物）

师：哦，原来是这样！孩子们，从饲养员叔叔的话里，你们明白了什么？

…………

师：现在，我们回到动物园，看到还有许多游客要喂食动物，孩子们，你们该做些什么呢？

生 1：我要去把那些知识告诉他们。

① 本案例由江苏省南通市师范二附小李铭萱老师提供。

生2：我要去阻止他们。

生3：我们可以去和他们讲道理。

师：那我们就来做一回小小宣传员，把饲养员叔叔教给我们的知识讲给其他游客好吗？在宣传保护动物的知识之前，我们要先和游客打招呼，那我们怎么和这么多游客打招呼呢？请前后四个小朋友为一组，每人做一回小小宣传员，其他同学做游客。

师：现在谁愿意来做这个小小宣传员？（小组汇报）

案例分析

不难看出，该案例中最后小小宣传员的角色扮演活动将全体学生纳入一个整体的对话情境中。在这种整体的学习情境中，所有人都无意识地进入了角色，在深切、真实地经历了所扮演角色的心理活动的同时，还将道德认知的强化、道德情感的体验、道德行为的判断等糅合成一个有机的整体，实现了同步提升。

总体来说，品德教学中的学生角色扮演一般可以分为以下几个阶段：进入情境—担当角色—理解角色—体验角色—实现表现角色—实现自己与角色同一，产生顿悟。[①] 在实践教学中，我们可以遵循这样的心理规律合理运用角色体验这一教学手段。

二、道德两难情境

和一般的情境创设相比，道德两难情境在创设、运用上要更加复杂。创设道德两难情境要基本符合以下两个标准：第一，它牵涉到两条或两条以上的道德规范；第二，涉及的道德规范在情境中要发生激烈的冲突。

案例13　《大家排好队》情境创设环节教学实录（部分）[②]

（部编版《道德与法治》二年级上册第三单元第11课）

【教学目标】

1. 通过对比体验，感受排队的好处，认识到排队的重要性。

① 李吉林．美的彼岸：诠释：情境课程的建构．北京：教育科学出版社，2013：225.

② 本案例由江苏省南通市师范二附小宋月红老师提供。

2. 在多样的生活情境中学习排队的规则，学会排好队。

【情境创设环节的实录】

师：刚才我们学习了排队的第一条规则，知道了电影的两个角色。接下来，我们准备去离学校不远的幸福蓝海国际影院，观看他俩主演的火爆大片《得蛙娃游记》。（课件出示电影海报）

师：出发之前，得备点水。看，讲台旁边就有饮水机，哪些小朋友带好杯子了，来排队接水？（一组小朋友拿好水杯排队接水）

师：现在，我就是你们班的一名同学啦，也来排队接水喽。（戴上帽子，拿好水杯）

师：嗨，你是我最好的朋友，昨天你还帮了我大忙呢，真谢谢你！现在，队伍这么长，快，排到我前面来。（有学生在微笑赞同，有的则在摇头）

师：咦？怎么有同学在点头，也有同学在摇头啊？我这么做行不行呢？

生：行的。

生：不行。

师：你们各有各的观点。认为行的同学，你们是怎么想的呢？

生：好朋友应该互相帮助，否则人家以后就不帮助你了。

师：是啊，同学之间，友情很重要。

生：可以的，因为同学之间要互相谦让。

师：有道理的。那认为不行的同学，理由是什么呢？

生：因为别人也要接水啊，这样，别人不就慢了吗？

师：对，耽误了后面的同学。

生：让你的好朋友突然排进来，后面的人来不及往后退，很容易摔倒。

师：是的，这样就有可能不安全了。

生：大家都这样，不就乱套了。

生：我们几个排在你后面，都等那么久了，让你的好朋友插到前面来，不像话，不公平。

师：看来，插队不仅破坏了秩序和公平，还特别让人讨厌。排队需要按照先后次序，先到排前，后到排后。（课件出示排队规则）

师：可是，今天呀，我的好朋友有点急事。那我有没有好办法，既帮助了好朋友，又不影响后面的同学呢？

生：你把自己灌的水倒给好朋友。

师：这个办法很不错，可是有点不太卫生哟。有没有更好的办法呢？

生：让出自己的位置，然后排到最后。

师：多么巧妙的处理，既帮助了好朋友，又遵守了排队的第二条规则——先来后到。（板书：先来后到）

案例分析

学生对于让不让好朋友插队这个两难问题的反馈基本可以分成两个阵营，双方的答案互不相容、互相对立。正是这种对立、排斥使两难问题对学生的道德思维、道德判断形成极大的挑战性，刺激学生高效投入对问题的思考中。

案例 14　《爱心的传递者》情境创设环节教学实录（部分）①

（部编版《道德与法治》三年级下册第三单元第 10 课）

【教学目标】

在真实的生活情境中，对社会中存在的现实两难问题作出思考、判断、选择，引发理性思考，启迪生活智慧。

【情境创设环节的实录】

师：通过刚才的学习，我们都体会到了服务他人的快乐，帮助别人的幸福。可是，在前不久，我们这个城市发生了这样一个故事，请看新闻报道。

（课件播放新闻片段：一位老太太因身体不适在路边晕倒了，一位青年路过时，见状热心地将老人扶起，并用自己的汽车将其送至医院。结果，老太太苏醒后，和后来到场的家属一致认定是年轻人将其撞倒的，让其支付医药费和后续治疗费用。此后，社会上还发生了一些类似的事情，使得“晕倒、摔倒老人要不要扶”成了一个社会热议的话题）

师：同学们，看了这则报道，遇到这样的情况，你会不会去搀扶跌倒在地上的老人呢？

生 1：我想，还是救命重要。如果我不去扶老人，她可能会死。所以，我还是会去扶的。

① 本案例由江苏省南通市崇川区虹桥第二小学朱帅老师提供。

生 2：我心里有些害怕，我不会去扶。万一我也和那位青年一样倒霉，遇上不讲理的一家人，那可怎么办？

生 3：我不会去扶的。我爸爸妈妈告诉我，不能多管闲事。

生 4：其实还有个办法，我不扶，但是我替她拨打 120 急救电话。

…………

案例分析

这个道德两难情境的创设，挖掘出了潜藏在教材中的深层问题，联系生活，引导学生就道德冲突展开充分的讨论，使学生在讨论的过程中发现更高明的处理方式，接纳更合理的道德推理方式。可以说，道德两难情境的创设对学生道德判断力的发展具有巨大的推动力。

在这里要特别说明的是，在创设道德两难情境时一定要注意：（1）坚持学生本位。在道德两难情境中，教师不可在学生就两难问题进行讨论时发表任何具有导向性的意见。可以说，道德两难情境为学生的道德内生、德行内省提供了凭借，因此，就两难问题讨论时，教师要尽量隐身，让学生大胆说出自己的真实观点，在辩论中提升道德判断力，这样的习得才是去形式化的内在习得。（2）遵循问题的开放性。道德两难问题是开放性问题，同时，在思维方式上也不存在单一性。我们可以为不同年龄段的学生创设道德两难情境。学生置身其中，即使就同一个问题持有同样的观点，但这并不意味着学生观点形成的原因、理由是完全一样的。学生的观点取决于学生的道德思维方式。学生在各种观点的融合交叠中不断完善自身的道德评价体系，所以说，在运用道德两难情境时，我们要充分尊重甚至珍惜这一开放性。

其实，道德两难情境是一种颇具教育效果的道德教材，不仅可用于发展学生的道德判断力，也可用于提高学生的道德敏感性，使他们意识到各种不同的道德规范在现实生活中可能存在矛盾和冲突，意识到自己同别人在道德价值取向上可能存在矛盾和冲突。①

① 黄向阳．德育原理．上海：华东师范大学出版社，2000：136.

三、活动体验情境

如果你问孩子，学校生活中最喜欢的是什么？一定会有绝大部分孩子回答你，是活动。因为孩子对活动有天生的、发自内心的喜爱，所以它最能激发孩子的情绪，最能调动他们的主体性，它是一种极具综合性的教育形式。因此，在道德与法治课程教学中，我们可以尝试多创设活动情境。我们必须认识到，儿童在活动中产生的道德体验、道德情感更加真实、深刻。

案例 15　　《这些事我来做》情境创设环节教学实录（部分）①

（部编版《道德与法治》四年级上册第二单元第 5 课）

【教学目标】

通过课堂家务实践活动，学生体验家务劳动不易。充分交流后，感受家人对自己的关爱，以此激发自己的责任感，主动承担家务，分担家人的负担。

【情境创设环节的实录】

师：现在的我们能为家里做些什么呢？组长记录下同学们的主要观点，并展示给全班同学。

生 1：我们组的同学在家里扫地、拖地、洗碗。

生 2：我们组的同学在家里也能扫地、拖地，还能修简单的家电呢！

生 3：我们组的同学会利用家里的废旧物品给妈妈做储物箱，还能主动擦洗家里的电瓶车。

生 4：我们组有人会择菜，甚至还会烧几样简单的菜呢！好比说番茄炒蛋、煎鸡蛋、蘑菇炒蛋。

生 5：我们组的某位同学能在爸爸妈妈闹矛盾时做小小调解员。

师：看来，我们的同学从细小的事情入手，所做的事情多着呢。接下来，我们分成 8 个小组，请各小组从这些活动中选择其中一项进行活动体验。（课件出示：择菜、擦课桌椅、陪伴老人、剥毛豆、洗袜子、削梨、剥栗子、擦皮鞋）

师：（端起剥毛豆小组装毛豆的盘子）你们瞧，好几个人合作，花了好几分钟的时间，也就剥了这么一点毛豆。你们平时生活中吃的各种豆子都是谁剥的？

生 1：奶奶。

① 本案例由江苏省如皋市实验小学章小英老师提供。

生 2：妈妈。

师：是啊，他们一个人要剥全家人吃的一大碗豆子，那得花多长时间啊！说到这儿，你有没有什么想法？

生 1：他们真辛苦啊！

生 2：我不能浪费粮食。

生 3：我要帮他们一起剥，这点小事我能做！

案例分析

在这一教学环节中，教师把课堂教学与学生的实际生活紧密结合，创设了一个亲切可感的活动体验情境。在活动中引导学生做生活中的有心人，从生活细节里体验家人的关爱、付出的劳动。在这里，教师通过开展分组活动，让学生在课堂上实现了角色转换，体验不同家庭角色的担当、责任，从而让学生感受到家庭的温暖，明确自身的担当。这样的教学环节推进是在活动体验情境中不知不觉完成的，是一种无痕的教育技巧。

案例 16　　《父母多爱我》情境创设环节教学实录（部分）①

（部编版《道德与法治》三年级上册第四单元第 10 课）

【教学目标】

设置问答活动环节，充分体验家长对自己无微不至的关怀，同时反思自己是否对父母有所忽视，在这样的对比中，学会珍惜父母的关爱，也懂得回报父母的关爱。

【情境创设环节的实录】

师：小朋友，爸爸妈妈为了你们的健康成长，可以说是操碎了心。你们爱自己的爸爸妈妈吗？

生：爱！

师：那么，你有多爱自己的爸爸妈妈呢？你们互相之间又了解多少呢？下面我们来开展一个小小的问答游戏，好吗？（投影出示游戏题：

1. 请父母与孩子分别写出对方的生日。孩子有没有主动提出为父母庆贺生日？

2. 请父母与孩子分别写出自己和对方最喜欢吃的食物。

① 本案例由江苏省如东县马塘小学袁维和老师提供。

3. 请父母与孩子分别写出自己和对方最大的爱好。

4. 请孩子写出父母的工作单位和做什么具体工作。

5. 请父母和孩子分别写出孩子平时在家里做了哪些力所能及的家务事?)

老师组织大家交流结果。

师：看到这样的结果，你发现了什么?

生1：我不记得爸爸妈妈的生日，可是爸爸妈妈却记得我的。

生2：我不太清楚爸爸妈妈喜欢吃什么，但他们记得我喜欢吃红烧肉、排骨、鸡腿。

生3：我记得爸爸妈妈的工作单位，但不知道他们在单位里干什么。

生4：爸爸妈妈在家里做的事情要比我多得多。

师：同学们都有一双善于发现的眼睛。那么谁来说说，你现在心里的感受?

生1：我有点不好意思。

生2：我觉得自己爱爸爸妈妈，但表现得太少了。

生3：(红着眼睛）我很惭愧，很难过。爸爸妈妈，对不起!

案例分析

教师从学生的实际生活出发，设计了这样一个亲子问答活动情境。我们可以设身处地地想一下，孩子在这样一个问答活动中，接受的不仅仅是生活认知的问答，还是一次心灵的拷问。通过活动，孩子们体会到了父母对自己无微不至的关爱，也发现了自己对父母的忽视，以双方“爱”的不等式激发儿童内心的道德冲突，进而让孩子对自己的日常行为进行反思，为孩子日常行为的矫正做好了思想层面的准备，这也是最根本、最重要的准备。

四、实践操作情境

实践操作情境，深受学生喜爱，能充分满足学生身心需要。和之前的活动情境有所不同的是，它要求学生在教师创设的情境中，体验某种特定技能，或者习得某种技能，进而形成更加优秀的日常行为习惯。需要说明的是，实践操作情境的创设一定程度上受到教材的限制。因此，虽然实践操作情境的创设可以让道德与法治课程教学事半功倍，但不可强求创设，要根据教材的目标、内容等来确定。

案例 17　《古代科技　耀我中华》情境创设环节教学实录（部分）①

（部编版《道德与法治》五年级上册第四单元第 9 课）

【教学目标】

现场实践印刷术，体验该印刷术的便捷、高效、节能，从而发现祖先的无穷智慧，充分激发自身的自豪感、光荣感。

【情境创设环节的实录】

师：这就是我们生活中常见的肥皂，（请学生摸一下肥皂面）上面刻了“北坎小学”四个字。今天老师想学着古人的方法，体验一下印刷术，谁愿意来和我合作一下？（把有字的一面涂上颜料，在白纸上印出“北坎小学”四个字）其实，这就是古人所使用的雕版印刷术。

师：在你们的桌上，也有一些工具（0～9 数字、印油），大家也来试着用它们在白纸上印上一些对自己有意义的数字，或是特殊的纪念数字。（老师在巡视过程中发现孩子们印的数字各不相同）

师：现在请同学们来说一说你们印了哪些数字，都有什么含义。

生：我印的是“1711”，表示“一心一意”。

师：很有创意，我们干什么事都要“1711”，不能“3721”（“三心二意”）。（孩子们笑起来）

生：我印的是“70345”，“请你相信我”，希望同学们能相信我，这一次代表班级参加独唱比赛，我一定会取得好成绩的。

师：你是一个很有集体荣誉感，也很自信的孩子，老师也相信你一定会取得优异的成绩的。

生：我印的“19990815”，这是我的生日。

师：同学们，我们的生日其实就是母亲的受难日，所以我们要怀着一颗感恩的心，感谢母亲的养育之恩、培育之德。

…………

师：同学们，你们刚才印了很多不同的数字，所使用的就是活字印刷术，前面老师印的“北坎小学”四个字用的是雕版印刷术，同学们想一想和雕版印刷术相比，活字印刷术有什么优点？

① 本案例由江苏省南通市教科研中心提供。

生：活字印刷的材料可以反复使用。

生：可以节约材料。

生：提高了效率。

案例分析

在这个教学片段中，学生在教师的引领下走进了一个特定的实践操作情境，在这个情境中，学生通过实践操作，初步学会了活字印刷术。那么我们要问，在道德与法治课上，掌握这样一门技巧有什么学科意义呢？对于中国印刷术的发展过程，学生并不陌生，但是“不陌生”就等于“很了解”吗？显然两者的意义并不能画等号。通过实践操作，学生不但“走近”了印刷术，而且“走进”了印刷术。培养学生对中华优秀传统文化的热爱，激发其民族自豪感，进而担当民族复兴的重担是本课的重要教学目标，而这些道德情感的体验必须建立在充分了解的基础上。实践操作刻字印刷，能够让学生作为主体，在实践过程中了解中华优秀传统文化，为之后的情感升华做准备。

案例 18　《我能行》情境创设环节教学设计（部分）①

（部编版《道德与法治》二年级下册第四单元第 13 课）

【教学目标】

学会欣赏他人的优点和长处，懂得夸赞别人的方法，体验肯定他人的快乐。

【情境创设环节的实录】

师：现在，魔盒要向我们发出第二个挑战，谁来摸出来？（请远一点的孩子）。挑战绕口令。你玩过绕口令吗？

师：小朋友们玩过吗？绕口令比的是什么？

生：比谁说得快。

生：不能说错。

生：比谁的舌头更灵活。

…………

小结：绕口令，要说得准确、流利，越快越好，声音还要洪亮。小朋友们愿

① 本案例由江苏省南通市师范二附小宋月红老师提供。

意接受魔盒的挑战吗？

师：（出示课件）请看大屏幕，宋老师作为魔盒的助手，已经把绕口令准备好了，先自己练一练吧。（如果一起读，就提醒：自己练自己的，比比谁说得快）

师：谁来挑战？请你（只请一人）。

…………

师：老师要把大拇哥送给你，因为你……拿到大拇哥，听到老师的夸奖，你有什么感受？

生：非常开心高兴。

师：老师也很高兴！

师：小朋友们，你们看，当你真诚地夸赞了别人，别人的心里会感到很开心、很快乐，我们也会很高兴，快乐加倍了，这是一件多么美好的事情啊！你们愿意把这份快乐传递下去吗？

生：愿意。

师：在座的小伙伴们，你想夸谁呢？为什么？（我想夸……）

师：老师觉得，当面称赞更真诚，待会儿，你走到他的面前，看着他的眼睛，先喊出他的名字，然后送出大拇哥，跟他说：我要把大拇哥送给你，因为你……好吗？

（如果学生说得不好，走过去继续引导：双手拿好大拇哥，喊出他的名字，我要把大拇哥送给你，因为你……）

师：小朋友们，拿到大拇哥你高兴吗？你愿意把这份快乐继续传递下去吗？你还想夸谁？为什么？

…………

师：那就开始行动吧。

师：小朋友们，大家都愿意送出夸奖，传递快乐。那夸赞别人的时候要注意什么？

生：声音要响亮。

生：要看着对方，面带微笑。

生：最好先喊出对方的名字。两只手拿着大拇哥。

…………

生：要说出夸赞的理由。我们要善于发现别人的优点，真诚地送出我们的赞美。

师：接下来，我们就以前后四人为一小组，互相夸一夸。你夸夸我，我夸夸他，让这个大拇哥流动起来，把夸赞送出去，把快乐留下来。宋老师课前给每组都放了一个大拇哥，就在小组1号小朋友的抽屉里，把它拿出来，两手拿好，举起来，前面两个小朋友身体朝后转（机动），开始吧。

（学生练习）

师：（拍手）小朋友们朝前坐。小朋友们都在小组内都送出了自己的大拇哥，哪一小组愿意上来展示一下？（学生展示）

师：这一小组的小朋友都很真诚地夸赞了别人，特别棒，我们把掌声送给他们。哪一小组愿意再来大声地展示一下。

师：这一小组的小朋友善于发现别人身上的优点，夸得特别真诚，掌声送给他们。

小结：大拇哥带着欣赏，带着称赞，传给你，传给我，快乐幸福也在彼此间传来传去。生活中，我们发现了别人的优点，就可以像今天一样，真诚地赞美他。（板书：赞别人）

案例分析

在本学科教学中，大多数执教者都能认识到“导行”的重要性，那么怎样才能让“导行”落到实处呢？我们常用口头传授的方式告诉孩子们，该怎样做，为什么这样做，却不在课堂教学中直接指导孩子做的方法，感受做的意义，这使得“导行”目标只能停留于纸面。这个问题必须通过实践操作情境的创设来解决。意大利教育家蒙台梭利说过：“一件事，我听到了，随后就忘了；看到了，也就记住了；做了，很自然就理解了。”可见，在日常教学中，学生的主观感受是绝不可由教师的讲解来代替的。

情境创设环节的设置能大大提升道德与法治教学的实效，它凭借实体性现场操作、模拟性相似操作、符号性趣味操作等多种操作情境，让儿童在其中动脑、动手、动口，忘我地进行各种知识的应用。这就寻找到了一个巧妙的、富有吸引力的中介，使符号认知与生活连接起来，让知识有根、有联系、有背景，吸引着学者通过与情境的互动去建构知识。① 正是有了情境的创设，才使得学生、教师、

① 李吉林．美的彼岸：诠释：情境课程的建构．北京：教育科学出版社，2013：208.

教材有机地融为一体，实现三者的平等对话、平等互动，达成高效的教学。

思考与练习

1. 你认为，情境创设对于道德与法治学科的课堂教学有什么意义？

2. 选择小学道德与法治教材的某一课，根据教学目标，创设合理情境，完成一份教学设计。

阅读文献

1. 李吉林．为儿童的学习：情境课程的实验与建构．北京：外语教学与研究出版社，2008.

2. 李吉林．田野上的花朵：对话：情境教学的萌发．北京：教育科学出版社，2013.

3. 李吉林．云雀之歌：纪实：情境教育的拓展．北京：教育科学出版社，2012.

4. 顾明远．李吉林和情境教育学派研究．北京：教育科学出版社，2011.

第五章

小学道德与法治课程体验环节教学设计

本章导读

什么是体验教学？在道德与法治课程中，实施体验教学有什么意义？在教学实践中，又该如何设计体验教学环节？本章将通过生动翔实的案例、具体深入的剖析、通俗易懂的语言，阐述体验教学的内涵，探寻相关价值，揭示相关策略，从而让你感受体验教学的独特魅力，助你在教学中艺术地、智慧地践行体验教学。

第一节　体验教学的基本理论

一、体验的内涵

《现代汉语词典》对“体验”的解释是：“通过实践来认识周围的事物；亲身经历。”① 心理学认为，体验是人在实践中亲身经历的一种心理活动，并在亲身经历中体会知识、感受情感。朱小蔓教授认为：“体验作为情感教育理论中的一个

① 中国社会科学院语言研究所词典编辑室．现代汉语词典．7 版．北京：商务印书馆，2016：1288.

重要范畴，既有认识论的意义，即通过体验的方式达到认知理解，又有本体论和价值论的意义，即体验是人的生存方式，也是人追求生命意义的方式。”① 刘惊铎把“体验”定义为：体验是一种图景思维活动。② 其中，“图景”是一种跨越时空的、有机的整体性存在，它同时包含着个体过去的生活阅历、当下生活场景之生命感动和未来人生希冀的蓝图，其显著特征是整体性、现场性和超越性。感受、感悟和领悟等，是体验的重要发生方式和存在侧度。体验不同于经历、经验、感受等。相比之下，经历是随机的、遭遇性的，而体验具有选择性；经验是连续性、累积性的，而体验是非连续性、爆发性的；感受是感官的、短暂的，而体验不仅有感官的参与，还有心灵的介入，具有长久性。对体验来说，情绪、情感和认知都是其发生的重要内在基础性因素。体验是情感和理性交融的结晶性产物。体验注重与个体的生存实践的内在联系，在实践中，体验者可以对当下具体的生存环境有所超越，而生成一定的人生意义。

综上所述，我们认为，在道德与法治课程教学中，体验即以身“体”之，以心“验”之，是指教师以学生已有的生活经验为内容和资源，创设或模拟各种真实情境，提供实践机会，努力增强教学的感染力，使学生“身临其境”“心临其境”，并凭借自身已有的认知、情感结构，获得真实的感受和积极的情感体验，充分地学习和交流有关的感悟，从而实现内心反省、自我教育，促进道德认知的深化、道德情感的健康发展。可以说，体验是人独特的心理功能，也是人获取经验、品味人生、形成观念、走向成熟的重要途径。

二、体验教学的价值探寻

道德与法治课程是经验性课程，也是体验性课程。新课程标准中，“体验”一词出现多次：“道德与法治课程教学遵循道德修养和法治素养的形成规律，坚持教师主导与学生主体相统一。发挥教师主导作用，晓之以理、动之以情、导之以行，做到价值性和知识性相统一、灌输性和启发性相统一；突出学生主体地位，充分考虑学生的生活经验，通过设置议题，创设多样化的学习情境，引导学生开展自主、合作的实践探究和体验活动，帮助学生形成正确的价值观，涵养必

① 朱小蔓．情感教育论纲．南京：南京出版社，1993：150.
② 刘惊铎．道德体验论．北京：人民教育出版社，2003：60.

备品格，增强规则意识，发展社会情感，提升关键能力，使他们在感悟生活中认识社会，学会做事，学会做人，把道德与法治教育的方向引领和学生发展有机统一起来。”① 新课程标准在“总目标”中指出：“学生能够了解个人生活和公共生活中基本的道德要求和行为规范，能够在日常生活中践行诚实守信、团结友爱、尊老爱幼等基本的道德要求；形成初步的道德认知和判断，能够明辨是非善恶；通过体验、认知和践行，养成良好的道德品质。”② 在“教学建议”中指出：“要积极探索议题式、体验式、项目式等多种教学方法，引导学生参与体验，促进感悟与建构。要采取热点分析、角色扮演、情境体验、模拟活动等方式，引导学生开展自主探究与合作探究，让学生认识社会。”③ 在评价建议的基本原则中指出：“坚持以评促学。倡导以评价促进学习的理念，关注学生真实发生的进步，捕捉、欣赏、尊重学生有创意的、独特的表现，并予以鼓励，不断加深学生的知行体验，引导学生发现自己的潜能，合理运用评价结果改进学习，知行合一。”④ “重视表现性评价。围绕学生道德与法治课程学习实践性、体验性等特点，注重观察、记录学生在学习、实践、创作等活动中的典型行为和态度特征，运用成果展示、观点交流等形式，对学生的学习情况进行质性分析，同时兼顾其他评价方式的应用。”⑤ 在“评价方法”中指出：“作业是学习评价的重要手段，作业内容要结合学生生活，创新作业方式，采用开放性、情境性、体验式等形式多样、难度适宜、数量适当的作业。”⑥ 在“课程资源开发与利用”中指出：“各地区、各学校在课程资源开发中要增强课程资源共建共享意识，统筹规划建设课程资源系统；重视线上线下互动体验平台等数字化资源建设，逐步建立地区之间、学校之间资源互补、共建共享的机制。”⑦ 的确，体验教学，是达成课程教学目标的基本方式，其教育价值是多方面的，归结起来，主要表现在以下五个方面：

（一）师生关系的润滑剂

道德与法治课程目标的达成，对师生关系的依赖性很强，可以说，良好的师生关系奠定了教学活动顺利实施的心理环境和情感基础。正如古语所云：“亲其

---

① 中华人民共和国教育部．义务教育道德与法治课程标准（2022 年版）．北京：北京师范大学出版社，2022：3.

② 同①9.

③ 同①49.

④⑤ 同①50.

⑥ 同①51.

⑦ 同①60.

师，信其道”。

回顾传统的品德课程教学，我们不难发现，教师往往处于支配、控制和管理者的角色地位，学生会觉得有一种压迫感、疏离感，从而在不知不觉中产生敬而远之的畏惧心理。在这样的课堂氛围中，学生怎么可能“亲近”教育内容呢？又怎么可能敞开心扉说真话、吐真情，与教师进行心灵的对话呢？即使教师再怎样“苦口婆心”“呕心沥血”，大多数学生还是敛声屏气，或“当面一套背后一套”，这都背离了课堂教学所期望的目标。

而体验教学恰恰能够拉近师生间的情感距离，是师生关系的润滑剂。因为，在体验教学中，教师和学生面对的是同一个被体验的事物，处于同一体验情境中，双方是共同去体验、体会的，所以都有言说权。这样能让学生产生平等、自由、民主、尊重、友善等积极的心理体验，从而调动其主体性，唤醒自我意识，促进师生关系走向和谐。与此同时，再加上教师适当的引导、点拨、提升，又会让学生在轻松和谐的氛围中豁然开朗，享受“豁开云雾见青天”的喜悦。只有这样，教师才是努力为学生创设适宜的活动环境与条件的支持者；与学生共同进行活动的合作者；在参与学生活动的过程中，引导活动向正确方向发展，带领学生向着课程目标前进的指导者。

（二）道德理解的活化剂

新课程标准指出：“思政课是落实立德树人根本任务的关键课程，道德与法治课程是义务教育阶段的思政课，旨在提升学生思想政治素质、道德修养、法治素养和人格修养等，增强学生做中国人的志气、骨气、底气，为培养以实现中华民族伟大复兴为己任的有理想、有本领、有担当的时代新人打下牢固的思想根基。课程具有政治性、思想性和综合性、实践性。”① 由此可看出，道德与法治的教学过程，是一种价值阐释、意义激起、行为指引的过程。在此过程中，教师可以讲解道德知识，提出道德规范，明确道德行为，但如果这些内容仅仅依靠传统的授受方式，那么学生只能达到“记熟”“背过”“懂得”的效果，而不可能产生切己的理解和领悟，更不可能转化为自觉追求并付诸行动。肖川认为，拥有知识并不一定就拥有教养。只有当知识渗入性格结构之中，体现于日常的、细微的、不经意的行为之中时，知识才能转化为教养。而这一转化的必要中介就是丰富而

① 中华人民共和国教育部．义务教育道德与法治课程标准（2022 年版）．北京：北京师范大学出版社，2022：1.

且深刻的体验。① 的确，教师在做好课堂说理疏导的同时，还应积极创造条件，通过各种途径，有效诱发和唤醒学生的感官，让他们感受健康的关系、高尚的情怀、科学的方法、美好的德性，有力激发他们学习、理解道德思想和价值观念的兴趣，使学习的过程成为学生自我求解的过程，成为发自内心的自我追求的过程。在这样的过程中，学生体验着被理解、被欣赏的满足感、崇高感，体验着从困惑到顿悟的成长感、自豪感，从而缩短教育信息在“传者”与“收者”之间的“滞留”时间，减少教育信息的流失量，有效地强化和加深对道德信息的理解，提升个体的道德境界。此外，学生切身体验的东西，更容易入脑入心，珍藏久远，成为其德行中的有机组成部分，这正如瓦西留克所言，人，永远是自己也只能是自己才能体验所发生的事情以及产生危机的那些生活环境和变化。谁也不可能代替他这样做，就算是最有经验的教师也不可能代替自己的学生去理解所讲的内容。

（三）道德情感的助燃剂

道德情感，“是基于一定的道德认识，对现实道德关系和道德行为的一种爱憎或好恶的情绪态度体验，它是一个人根据一定的道德标准，在处理相互道德关系和评价自己或他人的行为时所体验到的心理活动”②。它既是人类品德结构形成的条件，也是品德结构中的重要要素，是道德认知深化为信念、转化为行为的中介。列宁曾说：“没有‘人的感情’，就从来没有也不可能有人对于真理的追求。”③ 可以说，没有学生积极的道德情感的体验，道德知识的理解就会停留在简单化、程式化的层面；没有学生真实的道德情感的投入，道德行为的落实就会蜕变成外在的装饰，甚至可能走向“虚伪”；没有学生深刻的道德情感的参与，道德意志的培养就是空中楼阁，道德习惯的养成就是昙花一现。

案例 1

《大家排好队》教学片段④

（部编版《道德与法治》二年级上册第三单元第 11 课）

师：（捧着一个纸盒，笑眯眯的）同学们，我家的兔子生了一窝小兔子，想看吗？

（学生兴奋地高喊“想”，有几个同学便迫不及待地站起来伸长了脖子，随

① 肖川．体验：从知识到教养的中介．北京教育（普教版），2003（4）.

② 曾钊新，李建华，等．道德心理学．长沙：中南大学出版社，2002：135.

③ 列宁．列宁全集：第 25 卷．2 版增订版．北京：人民出版社，2017：117.

④ 本案例由江苏省如皋市实验小学章小英老师提供。

后，大家纷纷往讲台前涌，挤成一团。前面的同学被挤得直叫唤，后面看不见的则想方设法往前挤，有的扯别人衣服，有的趴别人身上，有的索性站到了桌子上……教室里乱成一锅粥）

师：（组织学生回到座位）同学们，看到小兔子了吗？心情如何？

生：（生气地）我根本没看到，前面的同学挡得严严实实的。

生：我被后面的同学压得抬不起头，脚还被狠狠地踩了几下。

生：大家挤来挤去的，我看也看不清。

…………

师：是啊，刚才乱糟糟的场面，把小白兔都吓得缩成了一团（举起纸盒，幽默地说，学生不禁笑了）。那么，怎样才能让每个人都清楚地看到小白兔呢？

生：排着队轮流看。

生：一个一个依次看。

…………

师：现在我们就请一、二组的同学当体验者，试着“排队轮流看”；请三、四组的同学当观察者，看看他们是怎么做的，再评一评。

（学生有序观看后，观察者说看到的情景，再请体验者说说感受）

师：看，排队可以让活动更加有序高效。但是，在不同场合，排队也是有方法有讲究的。今天这节课，我们就一起来探讨一下吧。（揭示课题）

案例分析

在上述案例中，通过前后的体验形成强烈对比，同学们就会对“排队”产生亲近感、敬畏感，并从内心升腾起遵守规则光荣、违反规则可耻的道德情感，从而增强对美好道德生活的渴望，最终起到巩固言行的作用。试想，如果不让学生经历这样的体验，而是一本正经地讲“为什么要排队”“怎样排好队”“不排队可能会导致怎样的危害”，相信很多学生都会觉得老师在念“紧箍咒”，会对传递的道德信息产生一种排斥、厌烦的消极情绪。可见，在道德与法治教学中增加学生体验的环节，就犹如注入了助燃剂，能激起学生情感的火花，促进情感的升华，达到“不言而化”“自生其心”的效果。因为，在有效的体验中，学生的思绪和情感会不自觉地融入相应情境，产生既耳闻又目睹的效果，形成感同身受的震撼，进而牵发出内心的美好情感。难怪朱小蔓教授强调：“只有当人从内心体验某种价值，或产生认同、敬畏、信任的情感或产生拒绝、厌恶、羞愧的情感时，才谈得上道德学习和道德教育的实存性。”

（四）道德信念的稳定剂

道德信念就是人们通过对社会道德规范的认识和了解，在自身强烈的道德情感的驱动下，对履行某种社会道德义务产生的强烈责任感。它是“情”和“理”的结合，是正确的道德认识、强烈的道德情感、坚定的道德意志的结晶。

一个人具有道德信念，不仅能在日常生活中迅速定向，毫不犹豫地按道德常规行事，而且也能在复杂变化的、道德冲突的情境中运用它去辨明是非、善恶，克服内心矛盾，作出合理的行为抉择并加以执行。因为这样就会感到心安或满足，否则就会感到不安或内疚。事实上许多学生在遇到道德问题时，难以做出正确选择，或者不会自主选择，这正是我国当前道德教育忽视学生道德信念培养的表现。道德信念是道德行为的内部强大动力，也是人们自我监督、自我反省和自我强化的重要因素。

苏霍姆林斯基说过：“道德准则，只有当它们被学生自己追求、获得和亲身体验过的时候，只有当它们变成学生独立的个人信念的时候，才能真正成为学生的精神财富。”① 体验是道德信念的稳定剂，只有亲身体验到的东西，才是真正意义上获得的东西。生活体验越深刻，形成的信念就越坚定。要纠正道德认知主义的片面性，就必须发挥道德情感的动力作用，引导人们进行积极的道德体验。因此，体验依靠多次、长期的反复，不仅要动脑思考、动情感，有时还要伴有行动，经过了“动心”或“身受”的过程，印象必然深刻。

（五）道德践履的推进剂

我们知道，学生通过道德学习，道德认知水平获得提高，理解和掌握了一定的道德准则、道德规范，但可能还缺乏道德践履的主动性、自觉性，可能是“口头上的君子，行动上的小人”。比如，学生都知道不能随便丢垃圾，要保护环境，但在景区游玩、路上行走时，还是有很多人为图自己方便而随手丢弃垃圾；学生都知道自己是家中的小主人，要做力所能及的家务活，但生活中又有多少人能主动承担家务呢？

英国科学家麦克劳德小时候是个令人头痛的“坏”孩子，有一天，他突然想看看狗的内脏是什么样子的，便和几个小伙伴逮住一条狗杀掉了。没有想到杀掉

① 苏霍姆林斯基．给教师的建议（修订本全一册）．2 版．北京：教育科学出版社，1988：348.

的是校长最宠爱的狗。校长严厉地给以“惩罚”，要求他画两幅画，一幅是狗的骨骼图，一幅是狗的血液循环图。麦克劳德知道这下闯了祸，他只好找来了许多画狗和介绍狗的书，认真研究起来。在这一过程中，他对解剖学产生了极大的兴趣，同时深深地体会到自己知识的匮乏，开始发奋学习，后来成了著名的解剖学家并获得了诺贝尔奖。这一案例生动地告诉我们：道德是人们自主、自愿、自觉地选择并践履的准则和规范，不为外物所支配，不为外力所强迫。而一次强烈的体验，会坚定人的道德意志，并促使其在道德践履中体现，进而形成道德行为习惯，影响人的一生。

（六）道德品质的生长剂

之所以说体验是道德品质的生长剂，原因有三：（1）体验是一种倡导回归生活世界、回归自然之境和体验者内心世界的活动，它使得教学过程向教师和学生双方开放，使双方内心敞亮、自主选择、真诚以待，是师生间的灵魂碰撞，这就在极大程度上保证了道德与法治教学过程的人文性、真实性。可以说，体验的过程，就是一个德性的生长过程。（2）在体验活动中，人不再单纯局限于静态道德规范的学习，而是要成为知、情、信、意、行协调发展的人，于是，道德认识成为前提，道德情感和道德意志成为内在动力，道德信念成为核心和主导，并且这些都得以在道德实践活动中联系和统一起来。在反复的实践行动中，学生能加深认识，增强情感和信念，从而养成更高一级的道德行为。（3）现如今，青少年儿童的反思批判性、自主选择性明显增强，在体验式教学中，学生和教师都有自主选择的机会，双方可以互相倾听、平等对话，因而会对一些观念予以批判和摒弃，也会促发创造性思维，不断生成新的道德境界，从而使师生的道德思想体系更加完善。

知识链接　　**品德形成发展的内在矛盾运动①**

品德形成发展的内在矛盾运动转化是在一定外界环境影响条件下内在的知、情、信、意、行等诸心理要素辩证运动、均衡发展的过程。在品德形成发展的过程中，知、情、信、意、行五要素是相互联系、相互影响、相互渗透、相互制约、相辅相成的。知是情、信、意的基础，是行为先导；情是知、信、意的催化力，是行的推动力；信是知、情、意的“合金”，是行的强大动力和精神支柱；

① 丁晓东．马克思交往实践观在道德教育中的意义解读．教育评论，2005（5）；邱伟光，张耀灿．思想政治教育学原理．北京：高等教育出版社，1999：96.

意是知、情、信的必然体现，是行的杠杆；行则是知、情、信、意辩证运动的外在表现和一般结果，是进一步强化和巩固知、情、信的基础。任何人的品德形成发展过程都是这五要素不断的均衡发展和相互适应，以及知行转化循环往复、螺旋上升的内在矛盾运动过程。道德教育的效果取决于上述要素水平及其辩证运动情况。也就是说，以下条件是取得良好道德教育效果的关键：各要素均具有较高的水平且发展均衡，相互之间循环速度快。比如，各要素水平不高，即道德认识不深刻，道德情感不真挚，道德信念不坚定，道德意志不顽强，道德行为不高尚；或者，各要素水平参差不齐，常常道德认识清楚，而情、信、意、行缺乏；或者从道德认识到情、信、意、行的转化、循环太慢，甚至中断；有了这其中任一情形，道德教育均不可能达到预期效果。

总之，体验是一个完整的道德与法治教学过程的有机组成部分，它使教学回归生活世界，实现了从文本走向人本、从独白走向对话、从知性走向德性、从灌输走向涵养的转变，让课堂充满生机与活力，使教学效果扎实而弥久。

第二节　体验环节教学设计策略

在新课程标准的引领下，道德与法治课堂已由接受性学习向体验性学习转变，“体验”成为学生学习的重要方式。在设计体验活动教学过程中，教师应如何创设有意义的体验情境，并不断引领学生用心进行观察、体验、反思，从而生成意义、获得发展呢？下面结合相关实例谈谈体验教学设计的策略。

知识链接

接受性学习①

接受性学习，是指学生通过教师呈现的教材来获得现成知识的一种学习方式。接受性学习的对象不是自然与社会本身，而是前人或他人对二者的描述性解释与经验，学习者通过阅读、倾听与研究获得知识技能与态度。其基本特点是：（1）以老师讲授为主要方式。（2）以掌握系统知识为基本任务。（3）信息传输呈线性。（4）学生认知活动具有可指导性、可控性。接受性学习的最大价值在于学习者

① 文喆．学习方式、传播方式与课堂教学改革．人民教育，2000（12）．

不必从零开始学习活动，可以通过接受前人或他人的认识成果而加速个体的认识发展过程，从而使有限的生命个体能够从容地面对更无限的知识海洋。

传统的接受性学习以听讲、记忆、模仿、练习等为特征，往往重结论轻过程、重理论轻实践，从而使教育丧失了关怀学生、注重学生思维成长的功能，而封闭的书本教学使课堂变得沉闷机械和程序化，课堂没有了生气，也降低了学生的自主学习能力，学生的独立性、创造性也得不到发展。

体验性学习①

体验学习是指人在实践活动过程中，通过反复观察、实践、练习，对情感、行为、事物的内省体察，最终认识到某些可以言说或未必能够言说的知识，掌握某些技能，养成某些行为习惯，乃至形成某些情感、态度、观念的过程。

体验学习因其并非一定要借助语言工具来实现，所以它是一切较高等动物共有的学习行为，人类因其既可以通过语言工具又可以不通过语言工具来进行体验学习，所以人的体验学习的效率更高，质量也更高。体验学习的基础是在反复实践过程中的内省体察，所以它必然是一种个别化的学习行为。外在世界可以为学习者设置种种有利于实践与体验学习的环境，可以促成或阻滞学习者的学习活动，但是却无法取代学习者的主动行为。

一、儿童的视角——体验教学设计的前提

我们要深刻认识到：道德与法治课程，是儿童的课程，并非成人的课程；儿童有其特有的生活经验、思维视角和内心需求，他们是独立于世的，而不是成人的附庸和任人打造的产品。

案例 2　《家乡的喜与忧》体验环节教学设计②

（部编版《道德与法治》四年级下册第四单元第 12 课）

【教学目标】

通过调查、访问和参观，了解和感受家乡的变化和发展，萌发对家乡的热爱之情。

① 文喆．学习方式、传播方式与课堂教学改革．人民教育，2000（12）.

② 本案例来自 2022 年 10 月，江苏省如皋市道德与法治教学研讨活动。

【课前准备】

要求学生以小组为单位，通过收集资料、实地考察、采访家人等方式，了解家乡生活服务设施、教育、医疗等方面的变化（每组确定一个方面重点了解），并用文字、照片、小视频等方式记载下来。

【体验教学环节的设计】

1. 说一说。

师：课前，各学习小组通过各种方式了解了家乡的变化，现在把你们的发现说出来，同大家分享一下，好吗？（各小组从住房、交通、风景、教育、医疗等方面讲述家乡日新月异的变化）

2. 看一看。

师：是啊，我们的家乡这几年发展迅猛。请欣赏前不久电视台拍摄的一段家乡风光短片。（多媒体播放，让同学徜徉在家乡变化大、发展快的自豪情感之中）

3. 比一比。

师：现在，家乡已基本实现现代化。那么，以前，我们家乡又是什么样的呢？让我们跟随一些老照片去探寻一下吧。（教师展示家乡的一些老照片：低矮的青砖瓦房、幽深的小巷、老式的自行车、田间的独轮手推车、老牛耕地、人们挤在村头看露天电影……）

师：同学们，看着这一张张照片，你有什么感受？

…………

案例分析

在上述教学设计案例中，教师的预设是引领学生在对比中感受家乡发展变化之大，从而激起学生热爱家乡的情感和建设家乡的壮志。但是，在实际教学时，同学们却不约而同地表达着对过去生活的好奇，有的说："虽然以前住的房子没有现在的高大宽敞，巷子没有现在的水泥路平坦宽阔，但我觉得很幽静，很有诗意。"有的说："看露天电影，空气新鲜，肯定不会觉得闷。"还有的说："我真想试着推推那独轮手推车，试着指挥老牛耕地。"出现这种情况的原因在于教师没有真切地了解学生。现如今，对十多岁的孩子来说，住楼房、坐汽车、吹空调这些现代生活，他们都习以为常，已经不能从中感受到新鲜、幸福；而牛耕地、露天电影等事物，他们从未体验过，因而有强烈的好奇心，萌发了真切的向往之情，这是他们的天性，也是真实的心境。如果教学时教师还是以一个“过来人”的身份，陈述过去生活的“艰辛”，便会扼杀学生的“真性情”。因此，在体验教学的设计过程中，一切活动都应以儿童为基点和起点，从儿童的视角出发，作出契合儿童实际的安排，摸准儿童真正感兴趣的内容，了解儿童内心的困惑、认识的难点，明确儿童当前所能达到的认识程度。只有这样才能使体验活动的难易度适切，使活动成为学生真正的“内需”。只有一切从儿童的维度出发，让他们“用自己的眼睛观察社会，用自己的心灵感受社会，用自己的方式探究社会”，才能让体验活动贴近儿童心灵，真正变成他们的“精神食粮”，达到唤醒生命、激扬生命、展示生命、提升生活的目的。如果没有“儿童的视角”，就不可能让儿童在体验活动中把道德规范入脑入心。请牢记卢梭的话：“大自然希望儿童在成人之前就要像儿童的样子。如果我们打乱了这个次序，就会造成一些早熟的果实。它们长得既不丰满也不甜美，而且很快就会腐烂。儿童是有他特有的看法、想法和感情的，如果想用我们的看法、想法和感情代替他们的看法、想法和感情，那简直是最愚蠢的事情。”①

二、真实的生活——体验教学的源头

“问渠哪得清如许？为有源头活水来。”学生真实的生活是最好的课程资源，因为学生只有在自己的真实生活中才能进行有意义的学习，就像新课程标准所指出的：“以学生的真实生活为基础，增强内容的针对性和现实性，突出问题导向，正视关注度高、涉及面广的问题，引导学生发现问题、分析问题、解决问题，提升道德理解力和判断力，强化规则、纪律、秩序、诚信、团结合作、冲突解决等教育。”在道德与法治课程中，我们的教师应是“派往儿童世界的大使”，要从了解儿童已有的生活经验和他们对生活的感受、认识、体验和感悟开始，寻求已有生活经验与教学内容的最佳结合点，捕捉、提取和开发有教育意义的内容，不断丰富和推进体验活动的进程，使课堂生活成为一种快乐、积极、有意义的生活，促进学生在这种生活中体验、感悟。请看一个同课异构的案例。

① 卢梭．爱弥尔．北京：人民教育出版社，2001：88.

案例3 《安全记心上》体验环节教学设计（部分）①

（部编版《道德与法治》三年级上册第三单元第8课）

【教学目标】

懂得不遵守交通规则会给自己、家人、他人和公众带来伤害，知道常见的交通信号、标志和标线的意义，树立自觉遵守交通规则的意识，注意安全，平安出行。

【教师（A）体验教学环节的设计】

1. 看图片说原因。

师：同学们，请看这几张照片（违反交通规则的照片）。

师：这样的情景，我们并不陌生，想一想，生活中，这些人为什么要违反交通规则呢？

2. 看视频谈感受。

师：不经意的违章行为，有时就会带来永久的伤痛。请看一段真实的车祸视频。

师：每年有多少人是因交通事故而导致的伤亡呢？请看这组准确的数据。

师：看着这血淋淋的画面、触目惊心的数字，你想说什么？

3. 看标志学规则。

师：现在我们把教室当作十字路口，请你们根据老师手中出示的标志牌，模拟过马路的情形。

师：要求学生诵读交通小儿歌。

【教师（B）体验教学环节的设计】

1. 创设情境，激趣导入。

师：猜一猜，每年的12月2日是什么日？今天咱们就去南通市安全警示教育体验中心。看，谁来迎接我们啦？

（老师配音：你好，小朋友们好，欢迎来到南通市安全警示教育体验中心，我是安全首席官安安。今天我带大家探索四个场馆，每个场馆都有小任务，完成任务能分别获得“交通安全警示章”、“交通安全知识章”、“交通安全体验章”和“交通安全测试章”，集齐四枚徽章的小朋友就可以获得“小小交通安全员”的光荣称号！）

① 本案例由江苏省如皋市实验小学严慧敏老师提供。

2. 场馆体验，牢记安全。

第一站：交通安全警示馆

（1）案例警示：观看 4 则交通事故视频，说原因及警示。

（2）数据统计：出示 2022 年交通事故死亡数据，说感受。

（3）小结：一次次倒地，一个个数据，都让我们胆战心惊，痛心不已。这些真实案例都在警示着我们要把安全记心上。（板书课题）（播放配音：轻松获得“交通安全警示章”）

第二站：交通安全知识馆

师：这些状况的出现，反映出大家缺乏相关交通知识。

现在我们来到第二站——交通安全知识馆。在这个馆里，呈现了不同出行方式的相关知识，课前老师已经把相关资料分配到各小组，让你们自由研读、探究，接下来，就由你们来担任安全知识讲解员了。

（班级汇报：各小组根据分工，分别讲述步行和自行车、电动车、私家车驾乘规则，其他同学相关提问、补充）

第三站：交通安全体验馆

（1）配音：你们太厉害了！又收获一枚“交通安全知识章”。那在以下特殊情境中，你能冷静处理吗？

（2）情境一：绿灯倒计时五秒时，你会选择过马路吗？

现场体验：教室里设置了模拟斑马线，学生在情境中演示是否选择通过。

联系现实：生活中有些路口距离远，你会选择通过吗？

小结：如果距离近，时间充足，可以快步通过；如果距离较远，时间又少，咱们还是等一等。宁等一分钟，不抢一秒钟。红灯停绿灯行，还剩几秒慎通行。

（3）情境二：上学要迟到了，妈妈送我去上学，我没有戴头盔，妈妈说：“来不及了，驾车人戴就够了。”

师：生活中你们有没有遇到过类似的情况呢？

现场试验：用两个西瓜模拟人的头部，一个西瓜用头盔保护，另一个则不做任何保护措施，从同一高度撞击桌子模拟头部被撞击的车祸现场。看完实验结果，你有什么想说的？

（出示政府通告：在本市行政区域内驾驶、乘坐电动自行车的人员应当按照规定佩戴安全头盔）

(4) 情境三：播放测试汽车盲区的视频，角色代入体验。

看图猜想：你觉得坐在驾驶位上的司机能看清楚汽车四周的情况吗？

测评体验：如果你是这75个孩子中的一员，当老师发动了汽车，你会是什么心情？(播放视频)

案例警示：前不久，某小学有个孩子蹲在汽车旁边系鞋带，结果发生了意外。

说说做法：看了测评，听了真实案例，你以后会怎么做呢？

(5) 情境四：爸爸参加聚会，喝了一口酒，还想开车带家人回家……

法律普及：《道路交通安全法》第九十一条规定……

师生表演：遇到这种情况，你会怎么做？怎样有理有据地劝说？

链接自身：老师5月28日晚上8：51，即将左转进入小区时，后面一辆车快速从我左侧超车，撞飞我的左侧反光镜。我立马拨打110报警电话。交警现场对他进行酒精测试，尽管当晚他只喝了几口，我也没有受伤，但是他依然没有逃脱被处罚的后果。

案例分析

比较这两个教学片段，我们可以发现，虽然两位老师都注意模拟生活情境，让学生在活动中体验生活，从而掌握相关交通规则，但教学效果却截然不同。教学片段中老师（A）选择的图片、视频、数据，创设的十字路口情境，都是从生活中来的，很真实，能激起学生的道德情感，提高道德认知，但是也仅仅停留在学生原有的认知层面，因为三年级的孩子虽然没有经过本环节的教学，但他们肯定都知道要遵守交通规则，否则有可能酿成惨祸，知道过马路时要红灯停绿灯行。而教学片段中老师（B）却设计了几个由易到难的富有层次的体验活动，让学生在说说、演演、评评中不断提高认识，尤其是这四个情境，正是学生在生活中会遇到的相对复杂、隐患更多的情况，学生在这样的交流体验中，会得到更实际的、能指导今后生活的经验，这样的体验才是有效而深刻的。

透过上述案例，我们可以深刻地体会到：课程“并不是儿童生活的简单翻版，课程的教育意义在于对儿童生活的引导，用经过生活锤炼的、有意义的教育内容教育儿童”。也就是说，在课堂教学中，教师呈现生活经历、聚焦现实生活并不是教学的最终目的，而是要让学生对已有生活进行道德反思，丰富学生的体验、感悟，由感知生活经历上升到形成生活经验、生成生活智慧，从而进行有效的学习，实现个人的发展。因此，教师应该围绕发展性目标设计教学体验活动，更多地选择一些“源于生活而又高于生活”的教育内容，提炼出一些与时俱进的教育元素，展开一些有期待效应的活动，来帮助学生获得积极的体验，也就是“在儿童现在生活的河流里，引入一股他们未来生活的水流，要把我们藏匿在遥远地方的教育目的的种子种植到生机勃勃的儿童生活的心田里”①。

想一想：

在道德与法治课程教学中，教师如何成为“派往儿童世界的大使”？

三、明确的主旨——体验教学的方向

布鲁姆说：“有效的教学始于知道希望达到的目标是什么。”是的，没有目标的体验活动是盲目的，偏离目标的体验活动是低效的。在设计和实施体验教学时，教者心中一定要有非常明确的主旨——此体验活动是为了什么？这是活动的出发点和归宿，是判断教学是否有效的直接依据，无论是体验活动的内容还是形式，都应指向这一主旨。

案例 4　　**《生命最宝贵》体验环节教学实录（部分）②**

（部编版《道德与法治》三年级上册第三单元第 7 课）

【教学目标】

体会、理解妈妈孕育生命的艰辛，认识到家人养育自己付出的爱与辛苦，懂得生命来之不易，学会爱护身体并提高安全意识，初步树立珍爱生命、热爱生命的意识。

【课前准备】

采访妈妈及家人，了解妈妈妊娠期的生活、自己出生时的情况、家人照料的情况、成长过程中的难忘之事等。

【体验教学环节的设计】

（略）

① 阿莫纳什维利．孩子们，你们好．北京：教育科学出版社，2002：340.

② 本案例由江苏省南通市通州区通州小学曹晓英老师提供。

二、活动体验，感悟生命不易

活动一：了解出生

1. 播放视频：了解婴儿在母体内每个月的成长、变化过程，孕妇内脏被挤压的动图。

2. 动作比画：我们一起来用手比画一下自己在妈妈肚子里的大小变化。

3. 小结：原来，你们都是从一个个小细胞、一颗颗小种子一点一点萌芽生长而成的，生命是多么奇妙的过程。

活动二：模拟孕妇

1. 谈话：告诉你们，老师刚有小宝宝的时候是 108 斤，在宝宝出生的前一天，我的体重是 138 斤，聪明的你们能算出老师在整个怀孕期间体重增加了多少吗？今天我们就来体验一下 30 斤的重量背负在身上的感受。

2. 体验：邀请 3 名代表模拟怀孕的妈妈。书包化身为宝宝，轻轻挂在胸前，请大家小心地带着“宝宝”站到讲台前。

体验 1：“妈妈”请站立一分钟。

采访观众：观察他们的动作和表情，你有什么发现？

体验 2：“妈妈”请弯腰捡东西、弯腰系鞋带。

采访“妈妈”：你捡东西时感受怎样？系鞋带和平时一样吗？

体验 3：所有同学挂上书包，请所有“妈妈”趴在桌上午睡 1 分钟。

采访“妈妈”：你的感受是什么？

3. 小结：妈妈怀孕以后，不仅弯腰困难、走路很累，还会遇到很多不方便甚至是不舒服的情况；而且，她们需要经历 40 周左右的妊娠期。孕育一个小生命多么不容易啊！

4. 齐读课题“生命最宝贵”。

活动三：采访家人

1. 交流课前作业：妈妈在妊娠期间可能遇到哪些困难呢？请同学们拿出课前采访表。

小组汇报交流（饮食习惯、作息习惯、日常行为等发生的变化：强制饮食、补充营养、不化妆、不熬夜，呕吐剧烈，腰腿酸痛）。

2. 小结：我们的到来，给全家带来殷殷的期盼和无限的幸福，也让妈妈经历了从未有过的辛苦，让全家人付出无数呵护与关爱。每个人的生命都是父母的延续，都是珍贵且独一无二的，我们要珍惜自己的生命，要懂得感恩父母亲人的爱与付出。

案例分析

在上述案例中，我们可以看出，教者设计的这一系列体验活动的目的：以形象直观的方式感受生命的奇妙，触动孩子的心灵；通过短暂的模拟体验活动，让学生切身感悟孕妈妈的不便，让孩子的认知真正内化于心、交融于情；交流调查信息，了解孕育、养育不易，提升切身感悟，充分感知孕妈妈的幸福与不易，了解全家人为迎接“我”的到来都在付出，“我”凝聚着全家的期望，从而初步感受生命来之不易，延伸生命的主题。总之，在实施体验教学时，教者不但要自己清醒地把握体验目的，还要采取一些必要手段，引导学生将关注点放到相应的话题上，使体验的主旨悄然转化为内需，进而在活动中入情入境地思考和感受、体认和印证。只有这样，体验教学才不仅仅是一个热闹的场面、热烈的课堂气氛，而是借助于学生喜闻乐见、乐于接受的形式，引发学生去习得知识、获得体验与积极思考的过程。

四、恰当的形式——体验教学的桥梁

有效的体验活动形式能最大限度地激发学生的兴趣，调动他们的参与热情，强化其活动体验，正如苏霍姆林斯基所说：“如果教师不想方设法使学生进入情绪高昂和智力振奋的内心状态，就急于传授知识，那么，这种知识只能使人产生冷漠的态度，而不动感情的脑力劳动就会带来疲倦。”

小学生尤其是低年级儿童，形象思维占优势，这就要求教师在设计体验活动时重视学生自身的兴趣、经验、生活习惯和道德水平，确保活动能从学生的兴趣、爱好、经验、关注点而非教师的主观愿望出发，多采用游戏、制作、实验、故事、表演等儿童喜闻乐见的活动形式，引导学生用多种感官去观察、体验、感悟，使他们在主动积极的参与中，生活得到充实，情感得到熏陶，品德得到发展，为儿童形成积极的生活态度和养成实际的生存能力打下良好的基础。当然，形式要为内容服务，只有形神兼备、完美结合，才能发挥活动体验的最佳效果，否则，只会流于形式、流于表面、流于肤浅，成为一种外在的摆设或热闹的点缀，无法给学生带来内在的心动、情动、灵动。

在本章的第三节，我们将通过具体实例，着重谈体验教学不同的形式。

五、科学的引领——体验教学的支柱

成尚荣先生指出："体验必须'度过一段时间'，这是一个过程。倘若匆匆而过，过程被减缩，就不会有真正的体验，甚或谈不上体验。"① 这句话告诉我们，体验活动必须给足时间和空间，让学生真正浸润其中，学生才能有所感悟和启迪。如果活动如浮沫一样飘然而过，学生就不会有深度参与，也就不可能有深度体验。当然，这一过程必须是在交往和互动中进行、在对话和讨论中展开的，通过对话引导学生在具体的生活情景中自主选择和自主判断，促使学生实现从理解规范到践履规范的转变，最终帮助学生达到对自己合理的内在控制。

案例 5　　《坚持才会有收获》体验环节教学实录（部分）②

（部编版《道德与法治》二年级下册第四单元第 15 课）

【教学目标】

让学生明白坚持的意义，懂得坚持才会有收获，并努力学会坚持，在生活中、学习上培养自己坚持的良好品质。

【体验教学环节的设计】

师：在我们家乡，有这样一个人（出示家乡无臂残疾人石某的生活照），6 岁那年，他被高压电击中，失去了双臂。这样的他，还能完成穿衣、刷牙、炒菜、读书、写字等日常活动吗？让我们带着这份同情与担忧来一次小小的体验吧。请大家把左手背在后面，用右手把校服拉链解开再拉上。

【全班同学带着好奇，开始认真地体验，没有谁觉得好玩、好笑。单手拉下拉链，大多数同学都很顺利，接着重新将拉链拉上时，就窘态百出了：有的将拉链抵在大腿上，但固定不了；有的用右手夹住一侧，再用拇指和食指捏着另一侧小心翼翼地往一块儿凑，但力量不足，根本套不上；有的干脆用牙齿咬着往上套，无奈总也瞄不准。几分钟下来，没有一人成功拉上拉链。】

师：同学们，用一只手拉拉链是什么感受？

生：特别难拉，没有另一只手的帮助，根本就完成不了。

生：我真的很想用另一只手。

① 成尚荣．体验：学生新的学习方式．人民教育，2005（18）.

② 本案例由江苏省如皋市实验小学章小英老师提供。

生：我感觉太痛苦、太无助了。

师：一只手拉拉链，我们就觉得如此艰难，但是，石某失去的可是双手！看看他的一系列生活镜头吧！（伴着轻音乐展示他用脚穿衣、刷牙、炒菜、读书、写字的画面特写）

师：没有了双臂，他用双脚来代替！但是，你们能想象这其间付出的努力吗？

生：肯定不会轻易就学会，一定得经过长年累月的练习才行。

生：一开始会非常痛苦，但他没有灰心，心中有着坚定的信念，就是一定要学会自己照顾自己。

生：他一定流了很多汗，吃了很多苦，也流过很多泪，但他不屈服，而是不断总结，不断提高自己的自理能力。

师：是啊，石某抱着“绝不能成为废人”的坚定信念，克服着一个个障碍！刚才我们在体验单手拉拉链的时候，我看到很多同学表现得很急躁，现在，我要请大家重新进行这项练习，大家要像石某一样不屈不挠、不轻易放弃！

【这次，同学们的神态特别坦然，一个个都低着头，反反复复地试着。老师不时地用语言提示：“慢慢来，不要急。”“为什么拉不上呢？想想解决办法。”但几分钟后，依然无人成功。】

师：在这几分钟内，你们有怎样的感受？

生：我不再像第一次那样急切，心里很冷静。

生：我也是，而且还暗暗地对自己说，坚持练习，总会成功的！

生：老师，听到您说的话，我觉得充满了力量！

师：（欣慰地）是啊，调整心态，自我鼓励就会增加克服困难的信心。现在，我来给你们表演独臂拉拉链！

【在同学们疑惑的目光中，老师喊来一位额头上渗满汗的男生，附在他耳边轻声说了几句话，然后开始演示。只见男生右手捏住老师衣服上的拉链头，老师右手捏住另一侧轻轻插进去，很快便顺利拉上了，然后，再用相同的方法拉上了男孩的拉链。同学们看了茅塞顿开，不由自主地与周围同学合作尝试起来，不一会儿，都纷纷露出成功的笑容。】

师：这次，你们是不是又悟到了什么？

生：遇到困难时，要开动脑筋，不能蛮干。

生：一个人干不了时，可以与他人合作，互相帮助。

师：是啊，汗水加智慧，坚持就会有收获！

案例分析

马克思·范梅南说："生活体验，'它只存在思想中才变得客观具体'，生活体验离不开思维，离不开思想。"在上述体验教学的案例中，教者就充分发挥了主导作用，通过三次"单手拉拉链"的体验，引领学生在体验中思考，在思考中提升：第一次是"原生态"的体验，是真心情的流露，初知遇到困难时的急躁、绝望、无奈等情绪；第二次是走进人物心境的体验，是思想内核的感悟，明白意志之坚，明白坚持不放弃才会有希望；而第三次是教师亲身示范，让学生在行动中领悟智慧克服困难的美好。整个过程中，老师自始至终围绕目标进行引导，重视学生的体验、感悟，抓住契机进行点拨提升，让学生的道德认知得以丰富，道德情感得以充盈。

可见，在体验教学中，作为这一过程组织者、引导者的教师，要更加注重设计、组织、导引的适切性、合情理性、精致性和艺术性。一方面要尽可能顾及每一个孩子，帮助每一个孩子成为体验活动的参与者，并且都能"全程参与"，能"全身心"投入"多感官"的活动；另一方面要始终把握体验活动的过程，把握活动话题的范围及向度，把握学生总体的思维动向，及时处理"卡壳"事件，整合利用动态生成的教学新资源，在充分尊重学生的基础上，作出科学的包容和启发，引导学生互相倾听、彼此吸纳，对各种信息进行重组和提升，让思维走向纵深，观念在碰撞中澄清，行为在体验中坚定。

六、开放的时空——体验教学的翅膀

从学生品德发展的规律来看，小学生的道德发展过程实际上是由他律走向自律的过程，他们的道德认知、道德情感、道德动机和道德行为开始由外在规范走向自我觉醒。这种自我觉醒的过程需要课堂上教师的价值引领以及集体生活的规约，但更需要在自主的生活和社会实践中体验和生成。因此，道德与法治教学中体验的时空应该是开放的，应该打破学校教室的束缚，扩展到学生的一切社会生活空间里，指向和弥散于家庭、学校、社区、工厂等学生生活的所有领域，以帮助学生获得彼此联系的、不断深化的经验和体验。

案例 6　《传统游戏我会玩》体验环节教学设计（部分）①

（部编版《道德与法治》二年级下册第二单元第 6 课）

【教学目标】

了解传统游戏，感受传统游戏的魅力，参与游戏，爱上游戏，并在游戏中培养合作意识和创新精神。

【课前准备】

请家长回忆自己的童年生活，选择印象最深、最有趣的一项活动，用一段文字描述玩耍的情景和感受。

【体验教学环节的设计】

1. 快乐回放。

教者从收到的一篇篇情趣盎然的童年生活回忆录中摘录有代表性的镜头描写，印发给孩子们阅读。读着那些描写看露天电影、跳格子、抽陀螺等活动的纯朴文字，孩子们就仿佛看到了爸爸妈妈们五彩斑斓的童年。

2. 各抒己见。

教师问学生："和爸爸妈妈的童年生活相比，是你们快乐，还是他们快乐？"全班异口同声："他们快乐！"瞧瞧，一张张小脸蛋上都写着向往、羡慕。教师追问："为什么？"大家便畅所欲言，从而在比较中明白：尽管现在玩的是高档玩具、高科技产品，但是在较重的课业负担下，在众星捧月般的关爱里，在家人过高的期望中，他们的童年生活已渐渐失去了童趣，失去了鲜活，失去了快乐。

3. 亲子游戏。

教师布置了一项亲子作业：利用双休日，家长选择一项传统游戏，与孩子重温童年的快乐。这项活动，旨在让学生和家长都能深切体验到：不要因为学习的压力、虚拟世界的诱惑，而远离大自然、束缚手脚，要自我寻找、自我创造，过有创意的童年！

案例分析

在这一体验教学案例中，教师将教学时空拓展到家庭，挖掘家长们鲜活的童

① 本案例由江苏省如皋市实验小学章小英老师提供。

年感受，让学生在阅读中比较，在比较中反省，在反省中感悟；引导亲子活动，让他们在活动中领悟童年的真谛，修正自身的行为，指引未来的生活。可以说，有了开放的时空，学生体验的触角从课堂延伸到整个自然界和社会这部“活”的无字书中，延伸到课前的调查、参观、访问中，延伸到课后的实践、评价、完善中，使道德认知与学生的生活和谐统一，让体验的效果深刻而持久。

第三节　体验环节教学设计案例分析

在本章第二节，我们已经谈到：恰当的形式，是体验教学的桥梁。形式恰当的体验教学，能让学生的心灵、思维得到发展。因此，从道德与法治教材的特点和小学生的年龄特征出发，教学中常用的形式主要有以下几种：

一、情境模拟，在“悟”中产生共鸣

教学情境是课堂教学的基本要素，创设有价值的教学情境应该是在道德与法治课程中实施体验教学的重要一环。

案例 7　　**《我们的衣食之源》体验环节教学设计（部分）**[①]

（部编版《道德与法治》四年级下册第三单元第 7 课）

【教学目标】

通过教学，让学生增加生活体验和生活感悟，认识到衣服和食品与农产品的关联，初步养成勤俭节约的好习惯，能自觉珍惜劳动成果。

【课前准备】

通过实地观察、人物访谈等方法，了解庄稼种植的过程，明白农民生产劳动的辛劳。

【体验教学环节的设计】

1. 情景再现：交流课前自己实地观察、人物访谈等活动中的见闻感受。

① 本案例由江苏省如皋市师范学校附属小学高佳瑶老师提供。

2. 视频感知：播放视频《白白的大米哪里来》，知晓其经历的育秧、插秧、田间管理、收割、碾米这一过程。

3. 模拟体验。教者通过语言描述种植水稻的情境："烈日当头照，为了让一棵棵秧苗早日扎根，农民伯伯们头戴草帽，赤着双脚下田了，他们弯着腰，左手抓，右手插，这样的动作一直持续到天黑。秧苗渐渐长高。不好，杂草来抢营养了！他们天刚亮就走进田里，小心地拨开秧苗，眼睛雷达般搜寻，大手用力拔出杂草，从这头走到那头，一干就是一整天。不好，害虫来了！他们将几十斤重的喷雾器背在肩头，喷洒农药，一桶又一桶。在精心培植下，终于迎来了收获的季节，农民们弯下腰，挥舞着镰刀，一下又一下……"学生则在这样的描述中相继做弯腰插秧、拔除杂草、负重前行、挥臂收割等动作。尽管只是五六分钟的模拟体验，但他们也能对腰酸背痛、日复一日的艰辛劳作等有真切的感受。

4. 歌曲延情。吟唱歌曲《锄禾》。在悠扬的旋律中，孩子们会情不自禁地吟唱起来，但他们绝不只是在唱歌，也是心灵的倾诉、情感的流淌。

5. 实地践行。布置学生利用节假日，走进农村，选择一种农作物，了解种植的过程，拍摄劳动的典型镜头，亲身体验简单农事。

案例分析

在道德与法治课程的教材中，有许多贴近学生现实生活的案例、富于启发的话题，但其呈现方式是静态的，教者如能根据主题教育，将之转换为相应情境，"激活"静态的教材内容，便能调动学生的主观能动性和积极性，使之仿佛置身于真实的社会场景中，从而体验心理的细微变化，勇于表达内心感受，领悟其中道理，形成健康的道德品质，实现自我完善。运用"情境模拟"这一形式，一定要注意情境创设的自然、适切，要能让学生身心充分融入其中，自觉主动地调动所有器官，专注地体验道德内涵，而不是被形式吸引，导致体验的浮泛或畸变。

二、游戏体验，在"玩"中提升认知

英国教育家洛克曾说，教导儿童的主要技巧是把儿童应做的事变成一种游戏。把身体与精神的训练相互变成一种娱乐，说不定就是教育上最大的秘诀之一。①

① 洛克．教育漫话．北京：人民教育出版社，1985：59.

案例 8　《我是一张纸》体验环节教学实录（部分）[①]

（部编版《道德与法治》二年级下册第三单元第 11 课）

【教学目标】

懂得纸张代表的文化内涵，知道造纸术是中国四大发明之一，对世界文化传播作出了巨大贡献，感受造纸术中蕴含着中国古代人民的智慧和创造，产生骄傲与自豪之情。

【体验教学环节的设计】

师：纸每天都陪伴着我们学习、生活、成长，是我们的好朋友。早在 2 000 多年前，它就在咱们中国诞生了，在过去没有纸的时候，人们要是想把一件事情记下来，把字写在什么上面呢？

（交流：龟甲、兽皮、石片、竹简、布帛等）

师：小朋友们平时特别善于学习和积累知识。古时候，人们找不到合适的书写材料，就在龟甲、兽皮、石片、竹简、布帛上尝试写字（电脑依次出示图片），让我们来体验一下古人的生活，试试在它们上面怎么写字。

给每个学习小组提供不同的材料，小组成员合作探究：

1. 试一试：一名同学在该材料上写字，另一名同学在纸上写字，其余同学观察。

2. 想一想：和这种材料相比，纸有什么优点？

（小组探究结束后，开始全班交流）

组 1：大家看，我在布帛上写字，有点糊，布帛很贵，挺浪费的。在纸上写字，很便宜，写得也很清楚。

组 2：我们刚才在乌龟壳上写字，开始是袁同学用石头刻字的，她写了好久都写不上去，后来张同学主动要求试试，结果他费了好大的力气也才画了两三道白线，根本看不出是什么字，用手一抹就没了。我们觉得还是在纸上写字好，又快又清晰。

组 3：这是我们组写字的同学捏着鼻子在兔皮上写出来的字，你们闻闻，很臭吧，时间长了兔皮肯定要腐烂的，没办法把上面记录的东西保存下来。纸就不同了，我在图书馆里看到有些书都保存好几百年了。

---

① 本案例由江苏省南通市教育科学研究院朱琳老师提供。

组4：（两个男生拿着石片）大家也看到了，石片这么重，根本不适合写字，我们刚才用了很大的力气也没写出来，再说怎么运走呢？而纸就不同了，可以折起来放在袋子里带走，即使是一本书，重量也比石头轻啊！

组5：我们组这么一卷竹简才抄了这么一小段话，要是我们的课本都用竹简的话，那要多少竹简啊。幸好发明了纸，薄薄一片纸能写好多字，一本书就能记录很多知识。

师：是不是咱们书包里的书用竹简制作咱们也能“学富五车”？（全班点头大笑）

师：如果古人一直用这些东西来记录历史、记载文章的话，会怎么样？

生1：记录在兽皮上的话，估计很快就腐烂掉了，没多久就看不到了。

生2：我觉得这些东西有的保存不了多久，有的只能固定在一些地方，想让别的地方的人看到的话，就得花好长时间好多人去搬，很不方便。

师：也就是说，如果用这些材料写字的话，我们祖先悠久的历史、灿烂的文化，我们可能就看不到了。如果让你们用这些东西来写字学习，你愿意吗？（学生纷纷摇头）生活中如果没有了纸，又会怎么样呢？

生1：如果生活中没有纸币，我们就不能这么方便地买东西了，没有了面纸，我们吃完饭擦不了嘴，脏兮兮的。

生2：要是我们家没有壁纸的话，我们家就空白一片，不那么美丽了。如果没有纸灯笼，春节也没那么喜庆了。

师：刚才同学们说得特别好，纸给我们的生活带来了乐趣、带来了方便，最重要的是纸价格便宜、书写方便、易于携带，有利于文化的传播，所以纸才有机会走进千家万户，并得到大家的喜爱。因为有了纸，从古至今，让无数人也包括你我，都学到了知识。

案例分析

造纸术作为中国古代四大发明之一，蕴含着古代劳动人民的智慧，但这与儿童的实际生活之间有一定的距离。由此，在课堂教学中教者设计了体验活动，让孩子们在中国古代记录文字的材料龟甲、兽皮、石片、竹简、布帛上尝试写字，思考和古代的书写材料相比，纸有什么优点，用体验活动赋予儿童新的道德经验，让学生深刻了解纸的发明为文化传播、生活带来了多少便利。在情感的激发上，由纸对儿童的“陪伴”转为儿童对纸的“需要”，为儿童搭建通过体验了解祖先智慧的情感桥梁，感受历史进程中祖先为造纸所做的不懈努力，从而掀起情感高潮，民族自豪感在儿童内心激荡开来。薄薄的一片纸既承载着厚厚的历史，又饱含着祖先的劳动智慧。这作为相对稳定的情感、态度、价值取向，又将逐步内化、融入学生的个性之中，融入学生的生命之中，最终促进学生的道德全面健康地发展，这就是游戏体验的魅力！

新课程标准实施以来，越来越多的教育工作者清醒认识到：游戏是儿童文化生活的重要形式，是小学生喜闻乐见的最有效的学习方式之一，它带有“玩”的色彩，符合小学生爱玩的天性，既能实现活动的全员参与，又能与学习内容相配合，充分调动小学生的热情，让他们在生动活泼的课堂氛围中，在自由选择状态下进行价值建构。因此，在日常教学中，我们要留心搜集、用心创设，让道德与法治课堂充满童趣，充满张力。

三、角色扮演，在“比”中反省明晰

所谓“角色扮演”，就是通过创设与现实生活相类似的情境，让学生在现实和想象中把自己置身于他人的角色位置，并从这一角色的角度去体验周围的关系、自己应有的道德义务，理解他人的处境，体验他人在各种不同情境下的内心情感，进而对照、反思自己以往的态度和言行，获得新的道德体验，达到新的道德境界。

案例9　《大家的“朋友”》体验环节教学实录（部分）①

（部编版《道德与法治》三年级下册第三单元第8课）

【教学目标】

懂得什么是“公共设施”，了解公共设施的作用，激发学生爱护公共设施的情感，并明白在实际生活中应如何爱护公共设施。

【体验教学环节的设计】

师：听语文老师张老师说，咱们班的小朋友写的字特别漂亮，是不是？

① 本案例由江苏省如皋市经济技术开发区实验小学罗春儿老师提供。

生：（自豪地、大声地）是！

师：那接下来，就请你们写几个字让我欣赏一下吧！请拿起老师课前发给你的一张纸和一支铅笔。全体起立，把纸托在手上，写一写“我的班级我的家”这七个字。

（好多同学发出了“啊”的惊呼声，很快兴趣盎然地写起来）

师：小朋友们都写完了。谁愿意把自己写的字给大家欣赏一下？（好多学生都一边笑一边用手遮住自己写的字）咦，怎么没自信了？

生：你让我们站着写，我们根本写不好。（一个学生脱口而出，其他同学便七嘴八舌地说开了）

生：手托着纸，笔一用力，纸就破了。

生：是的，横写不平，竖写不直，字也大大小小的不整齐。

生：写的时候，手没有桌子支撑，就会晃动，字也就“站不稳”了。

师：（微笑着）看来，你们的字是写得漂亮，但离不开桌子椅子的帮忙，是吗？（学生肯定地点头）好，现在，请你端正地坐在椅子上，把纸放在桌子上，把刚才那几个字在下面再写一遍。

师：（学生很快写完，教师随手拿起几张纸放到实物投影仪上）看，这会儿写的字，真是又快又好！现在，你想对课桌椅说些什么？

生：谢谢你让我们坐、让我们用，你是我们学习的好帮手！

师：大家的心中都洋溢着感激之情！但是，你看，这张桌子却愤怒地瞪着你们呢！（课前拍摄的一张教室里的课桌照片，桌面上有好多笔的画痕）竖起耳朵听，它好像在说什么？

生：我让你们在我身上读书、写字，但你们却用笔在我身上乱涂乱画，让我面目全非，真是恩将仇报！

生：我原本干干净净、平平整整，现在变得这么难看，我好伤心！

生：桌面就是我的脸蛋，如果有人也用笔在你的脸上乱画，你会有怎样的感受？

师：不好，这张桌子的愤怒引来了更多桌椅的控诉。小朋友们，仔细看看你周围的桌椅，用心听听，它们在说什么？

生：我的小主人很调皮，不仅用笔在我身上画，还经常用硬硬的钢尺在我的边缘来回磨，看，我的一边已经血肉模糊了。

生：我的小主人很懒惰，东西不能及时整理，总是胡乱地塞到我的肚子里。看，书本、垃圾、活动器材、蜡笔，乱七八糟，把我撑得难受极了！

生：我的小主人坐在我身上时，总喜欢摇来晃去，我被晃得头昏脑涨，几乎快散架了。

…………

案例分析

在上述体验教学环节中，教者在学生毫不知情的状态下直接进入体验活动，保证了活动的神秘性、体验的真实性，让学生从自己学习的角度切身感受到课桌椅是好帮手；让学生看桌子图片说愤怒，其实是指引学生进行角色转换的范例，随后进入真实生活场域，让学生观察自己身边的课桌椅，并从课桌椅的角度讲述遭遇，有效地激活了学生平时不正确对待桌椅的生活经历，并在“控诉”中产生愧疚、歉意，从而明确自己应有的行为方式。这样的道德情感、道德认知是学生内心自发产生的，因而他们会觉得亲切、迫切，这样的教学效果必定是持久而深刻的。

因此，在进行角色扮演教学时，教师首先应该关注学生已有的生活经验，因为只有对外界事物具有较丰富和深刻的体验，学生才能在角色扮演中充分想象和创造；其次，要让学生清楚将要扮演什么样的角色，要体验什么，以唤起相应的认识基础和生活经验。只有这样，才能让学生真正与角色融为一体，才能让他们从内心深处产生真切的感悟，从而在对比中反省，在反省中深化认知、明晰行动准则。

四、生命叙事，在“讲”中自我建构

生命叙事就是由叙事主体表达自己的生命故事，生命故事是叙事主体在生命成长过程中所形成的富含对生活和生命的感受、经验和追求的故事。在生命叙事过程中，展现的是一个个生动的故事情境，为儿童描绘出一个个鲜活的生命活动历程，这不但呈现了具体情境中的道德行为方式，给人提供了鲜活的榜样，而且营造了一种生命气氛，牵动着人的情绪、情感、记忆与想象，唤起彼此的情感共鸣，让师生在不知不觉中进入一种生命情感的自然流动状态，在自动自觉的反思、内省中陶冶道德情感，启迪道德智慧，完成积极的自我构建。

案例 10　《我的家庭贡献与责任》体验环节教学实录（部分）①

（部编版《道德与法治》四年级上册第二单元第 6 课）

【教学目标】

懂得家庭中每个成员都很重要，家庭的幸福需要每个人作出贡献；知晓家人之间的相互陪伴、相互关心、相互支持，都是家庭成员对家庭的贡献；明白虽是孩子，但作为家庭中的一员，也要为家庭事务出力，用自己的创意和行动为家庭作贡献。

【课前准备】

请家长回忆孩子感动家人的言行，然后选择其中一件，给孩子写一封信，描述当时的情景及家人的感受。

【体验教学环节的设计】

师：前几天，我看到了这样一封信。（屏幕出示一位母亲写给女儿的信，并配以这位母亲的动情朗读）

亲爱的女儿：

此时四周一片寂静，我在温暖的灯光下给你写这封信，因为咱俩这份浓浓的母女情，因为你的一颗拳拳的孝心，所以我拿起了笔和纸。

这些天，妈妈被车撞伤了腿卧床在家，心情难免低落。放学回来的你在我旁边静静地做完作业后，总会将学校里的趣闻讲给我听，或者边跳边唱。看着你那可爱的模样，不知不觉中，妈妈的病痛减轻了，快乐在心中流淌。当我下床时，你总是轻轻地搀扶着我，嘴里还在说："妈妈，小心啊。"从你清澈明亮的眼睛里，妈妈读到了善良、爱心，妈妈很欣慰。相信这份关心他人、为别人着想的品质会陪伴你的一生。

看着一旁熟睡的你，妈妈忍不住一次又一次俯下头轻吻你粉嘟嘟的面颊。睡吧，睡吧，我的宝贝，做个好梦，梦里我拉着你的手，开心快乐地往前走。

妈妈爱你，我的子牧。

妈妈

11 月 25 日于灯下

① 本案例由江苏省如皋市实验小学石宇虹老师提供。

（学生顿时安静下来，凝神听着，信的小主人万子牧同学眼泪止不住地流）

师：（走近子牧，轻柔地擦去她腮边的泪水）子牧，你爸爸在哪儿工作？

子牧：（抽泣着）他在南通，两个星期才能回来一趟。

师：爸爸不在身边，你就像妈妈的贴身小棉袄，真懂事！现在妈妈好些了吗？（子牧含着眼泪点点头）

师：（抚摸着她的脑袋）今天回家后，别忘了替我问候你妈妈。

子牧：嗯，谢谢老师！（此时，不少学生的眼圈都红了）

师：同学们，课前，我也请爸爸妈妈给你们写了一封信，就放在你们的抽屉里，快打开来读读。

（在一阵温馨的音乐声中，学生们一个个静静地读着信，不一会儿，大多数人都热泪盈眶了）

师：孩子们，你们都被感动了，在爸爸妈妈心中，你们都是最可爱的小精灵。擦干你的泪水，自豪地说说：你做的什么事深深地感动着爸爸妈妈？

生：有一次，我生病了，非常难受，妈妈带我去医院。急诊室在二楼，妈妈要背我，我不肯，自己用手扶着栏杆艰难地爬上去了。

师：你是怕妈妈背不动。让我们听听信上是怎么说的："儿子，在妈妈心中，你是一个坚强的男子汉，我打心眼里佩服你。"

生：爸爸妈妈忙着做生意，我就盛好饭菜等他们吃饭，而且还逗他们开心。

师：所以爸爸说："我们的疲惫一下子烟消雾散，全家沉浸在快乐的海洋里。"

生：我买了一杯冷饮，先给妈妈喝。

师：你可知道当时妈妈的心情？（拿起这位同学收到的信，朗读其中的话语）"望着你满头大汗的样子，听着你催我快喝的话语，我顿时觉得炎热已和冷饮一起融化成甜蜜，流进我的心田。"

…………

师：看，只要是用心的，哪怕一句简短的话，一个小小的动作，都能让家人心情舒畅、笑容灿烂。这就是作为家庭中一员的你们，为家庭做出的贡献与承担的责任！

案例分析

在这一体验教学环节中，教师课前悄悄地请每一位家长用心给孩子写了一封信，谈谈孩子最感动家人的言行。课堂上，在音乐的渲染中，学生读着信，情感的闸门一下子打开了，他们为自己的行为激动，又为自己带来的“麻烦”而愧疚。之后，他们倾听着同伴的故事，又使一个“孤独”的个体生命与其他生命相连，互相启迪，智慧共享，进而更有力地激活并生成当下的自己、想象并描述未来的自己，营造了一个强有力的情感磁场。

生命叙事既可以是学生对生命故事的讲述，也可以是教师表达自己对生命成长过程的感悟、体验和追求，还可以讲述其他与教育主题相关人员的人生经历。当然，在实施生命叙事这一体验教学时，教师要清醒地分析叙事内容中的道德价值取向，并有目的地加以利用、引导和控制，使之既贴近学生的生活和经验，又能提升学生对生活的道德理解，为他们自主参与道德活动留下足够的选择和发展的空间。

五、调查访谈，在“察”中有所触动

让道德与法治课回归生活，教师要根据教学内容的需要，有意识、有目的地引导学生开展一些调查访谈活动，让他们考察与教材相关的场所或情境，充分调动各种感官，体验社会生活、人文环境，体验真实的亲情、可贵的友情，体验助人的快乐、诚实的高尚……

案例 11　　《富起来到强起来》体验环节教学实录（部分）①

（部编版《道德与法治》五年级下册第三单元第 12 课）

【教学目标】

了解改革开放的历程及重要意义，知道中国在农业、工业、科技、文化、生活等各个方面取得的突出成就，感受祖国的飞速发展；学会收集、整理信息，能够运用信息做简单的分析；激发学生的创新意识、民族自豪感和爱国之情，增强政治认同感。

【课前准备】

各学习小组通过多种形式调查祖国最近十年以来不同领域的辉煌成就，汇总调查成果，商定汇报方式，准备汇报材料。

① 本案例由江苏省如皋市实验小学谢红老师提供。

【体验教学环节的设计】

师：中国实行改革开放，用几十年的时间走完了西方发达国家几百年走过的历程，中国强起来了！如果让你推荐，你认为这十年里哪些方面的成就最能表现祖国的强大呢？课前，我们已经分组选择了某一个领域，查阅与搜集了其十年内的辉煌成就。（出示课前寻访要求）下面请各组推荐官分别来交流分享，哪组先来？

1．“科技强国——航空航天工程”小组汇报

生1：我们组重点探究了科技领域，就以引以为傲的航空航天工程来说。探索浩瀚宇宙，发展航天事业，建设航天强国，无数航天人不懈奋斗，取得了骄人的业绩。

生2：大家看，十年来，“北斗”指路、“神舟”飞天、“羲和”逐日、“嫦娥”奔月、“祝融”探火、“天宫”遨游太空、“中国天眼”探索宇宙未知地带……（依次配上这些图和简要文字说明）中国航天事业喜讯不断，重大成果竞相涌现。正如特级航天员、二十大代表王亚平所说……（播放原音）

生1：其实，航天只是科技中的一部分，还有很多方面也体现了科技之强，我请我们组其他同学来补充。

生3：中国高铁总里程和速度都是世界第一。

生4：蛟龙号、奋斗号、深海一号一次次突破中国“深度”。

师：是呀，太多的例子，彰显着我国的科技之强！

2．“军事强国——国防力量”小组汇报

生1：强国必须强军，我们组特别关注了我国的国防军事。

生2：我们通过搜集资料，知道中国海军实力不输美、俄，中国拥有几百艘战舰和潜艇，是世界上规模最大的海军。中国目前有3艘航母，位列世界第二。

生3：我们了解了中国空军这十年的成就，他们飞出了强国强军十大新航迹，中俄联合空中战略巡航，歼-20常态化战巡东海、警巡南海，东部战区砺兵台海……空军“由空到天”向高处拓展，“由陆向海”向远处延伸。

生4：所以习近平总书记在党的二十大报告中奏响了国防和军队改革的最强音。（播放语音：人民军队体制一新、结构一新、格局一新、面貌一新，现代化水平和实战能力显著提升，中国特色强军之路越走越宽广）

师：他们的推介，饱含豪情！是的，有了强大的国防，才有家国的安宁！

（其他小组从农业、工业、文化教育、脱贫攻坚等方面汇报）

师：一张张图片、一段段视频、一个个数据……都在告诉我们：只有投身创新实践，发展才会有新思路，改革才会有新突破，才能开创更加美好的未来。

案例分析

从上述案例中，我们可以充分感受到：学生进行调查访谈的过程，不仅仅只是完成调查目标的过程，更是一个学习的过程。在这一过程中，他们须调动眼、耳、手、脑等器官，搜集各种资料，并通过自己的辨析、筛选、整合，形成自己的认识，这样不仅增长了知识，还能在体验和感悟中提升各种能力。因此，在实施调查访谈这一形式的体验活动时，教师要特别注意以下几点：（1）必须对学生的调查过程予以更多的关注和指导，尽量将调查环节设计得具体些，指导得细致些，而不能只期待一个结果。（2）必须根据实际情况，因地制宜，调整并创新调查形式，不必拘泥于教材。而调查形式的设计和采取主要因话题而异，可以即时生成，也可以分工合作。（3）学生参与调查访谈，绝不能只停留于事实的了解和信息的收集层面，更关键的是要借此思考问题，反思观念，从而更新认识。

六、活动实践，在“做”中指导行为

杜威发现，“做事的能力可能是知识的最基本的意义”，并一直倡导“做中学”，“从经验中学”；蒙台梭利也提出，“实践是最好的老师”，学生只有亲身实践和体验到了才会刻骨铭心、终生难忘。在道德与法治课程教学中，如果能创设一种开放性的实践活动，就会让儿童道德的学习变得真实具体、可感可触、可理解和可实践，真正起到引导儿童生活的作用。

案例 12　　《生活离不开规则》体验环节教学实录（部分）①

（部编版《道德与法治》三年级下册第三单元第 9 课）

【教学目标】

通过讨论、交流、合作等活动，让学生了解什么是规则，知道生活处处有规则，树立遵守规则的意识，懂得积极维护规则和改进规则。

① 本案例由江苏省如皋市外国语学校张筱清老师提供。

【课前准备】

1. 准备相关游戏器材。

2. 黑板画：课题十儿童游戏场景。

【体验教学环节的设计】

活动一、亲历，感悟规则

师：（出示课件）小朋友，今天，我们的教室成了“阳光游戏乐园”。大家看，有哪些游戏啊？

生：保龄球、投篮、飞行棋、拼图、拉小球、挑花棒。

师：待会儿，每个小组选择一个游戏，比一比，看谁最厉害！注意哦，音乐停，游戏结束，一定要整理好游戏器材，然后回到座位上。好了，开始吧！

（播放欢快的儿童音乐，小组游戏；音乐停，游戏结束）

师：刚才，老师发现有几组小朋友争吵了起来，为什么呀？

（学生纷纷“告状”：××玩保龄球的时候不排队，××下飞行棋的时候赖皮，没有退回到原点……）

师：小朋友，刚才，你们说的这些现象，就是玩游戏时不遵守规则。只有人人都遵守规则，我们才能玩得顺利、玩得开心。

活动二、讨论，制定规则

师：瞧，老师带来了筷子、彩色弹珠、两个塑料盆，小朋友们想怎么玩？

（小朋友们兴奋起来，有的说可以夹弹珠，用筷子把彩色弹珠从一个塑料盆夹到另一个塑料盆里；有的说可以打弹珠，用一个弹珠去撞击另一个弹珠……）

师：好，我们先玩夹弹珠游戏吧。制定哪些规则，玩起来才更有趣呢？和你周围的小伙伴们快速讨论一下吧。

（各小组积极讨论，随后全班交流。老师整合小朋友的意见，现场在屏幕上输入游戏规则：弹珠掉了，要用筷子夹起来，不得用手；在规定时间内看谁夹得多……）

师：规则制定好了，那派谁来参加游戏呢？

生：每个人都有参加游戏的权利，到底派谁呢？（很多同学都自我推荐，矛盾再次出现）

师：那就请同学们再商量一下吧。（又一次涉及游戏规则的制定）

（同学们想到了“石头剪子布”“击鼓传花”等公平、合理、可遵循的规则。老师选择了费时短的“石头剪子布”，确定了每组代表）

师：现在我们就来玩一玩。

（开始比赛，现场气氛非常热烈，尖叫声、鼓掌声、加油声此起彼伏。老师仔细观察，及时评点、解说）

师：小朋友，有了规则，夹弹珠这个小小的游戏，我们也玩得特别开心。游戏中有规则，生活中也是处处有规则，请各小组任选一个场景，找一找其中的规则，然后用讲一讲、演一演等不同的方式为全班同学解读。

案例分析

在上面这个教学案例中，学生投入活动实践，亲身经历游戏过程，在活动中体验、感悟、反思、提升。活动一，教师提供了六种游戏，供学生自主选择，尽情投入游戏过程，从而既让学生充分体验游戏带来的快乐，又在自然状态下捕捉到学生因不守规则而产生的一些摩擦，进而将学生引入矛盾冲突中，引起反思——怎样才能让游戏玩得愉快、玩出乐趣，使教学更具有针对性；活动二，在学生知道什么是“规则”之后，教师组织他们讨论制定夹弹珠游戏的规则，并尝试游戏，在活动中切身体验到共同遵守规则所带来的愉悦，在这一范例引领的基础上，再拓展到日常生活场域，找找其中的规则，显得具体、自然、真切，进一步强化了生活与规则之间的关系，唤醒了学生遵守规则的自觉意识。可以说，这样构建的课程生活才是动手动脑、有创意的。

案例 13　《这些事我来做》体验环节教学实录（部分）①

（部编版《道德与法治》四年级上册第二单元第 5 课）

【教学目标】

发现、展示并肯定学生的家务特长，让学生逐步了解做家务的好处和意义，激发学生主动参与家务劳动的积极性。

【课前准备】

准备相关活动器材。

① 本案例由江苏省南通市师范二附小宋月红老师提供。

【体验教学环节的设计】

师：你们会做家务活吗？你们平时经常做哪些家务活呢？（板书：这些事我会做）

生：我会做饭、拖地、擦窗户、整理衣橱。

生：我会洗碗、洗衣服、倒垃圾，还会做蛋饼。

师：原来大家平时会做这么多家务活啊，那我可要考考你们了！老师这儿有六项任务，请每组选择一个。

（各组组长自由选择数字，教师点击并出示相应的活动内容：择菜、整理书桌、削苹果、叠衣服、剥毛豆、缝纽扣）

师：各组根据选择的任务，秀一秀自己做家务的技巧；活动中，请尽量保持安静；时间为 3 分钟，音乐停止，表示时间到。

（各小组根据选择的内容积极活动起来）

师：家务活完成得怎么样啊？请带着成果来到前面。（各组代表带着成果到前面展示）这是大家的劳动成果。你们想点评哪一组的？

生：整理书桌那组做得好！桌面变得特别干净，看了让人心情都舒畅了。

生：削苹果的那组，把苹果削得干干净净的，让我看了都想去啃一口。

生：剥毛豆的同学，一会儿工夫，就剥了一大杯。

生：缝纽扣最难，可是缝得很牢固。

…………

师：同学们摆得有序、削得干净、剥得快、缝得牢，你们真能干！刚才，这些家务活，你们为什么做得这么好呢？下面进入考验二——复审交流站。有这样三个话题，请你们自由选择两个话题说一说。（出示话题：话题一，我学做这项家务活是因为……；话题二，我把这项家务活做得又快又好的诀窍是……；话题三，我一直坚持做这项家务活的感受是……）

生：我来交流第一个话题，我学做这项家务活是因为我常看到奶奶剥毛豆，奶奶眼睛不太好，我帮奶奶剥。

…………

师：你们都特别懂事，担当起了家庭的责任。

（板书：担当责任）

生：我来交流第二个话题，我把苹果削得又快又好的诀窍是我经常削，熟能生巧。

生：我剥毛豆剥得快的诀窍是我先将毛豆放在水里煮上一会儿，然后，过滤一下，放在盆里，毛豆就可以直接挤出来了，非常方便。

师：是的，做家务要讲究方法。

（板书：讲究方法）

生：我来交流第三个话题。我一直坚持叠衣服的感受是能够帮助妈妈节省不少时间，妈妈就不用那么辛苦了，我也特别有成就感。

生：我坚持自己缝纽扣，是感觉自己长大了，力所能及的事儿，我都能做了。

师：享受快乐，这样的劳动态度特别好。

（板书：享受快乐）

师：那平时生活中，你们还坚持做哪些家务活了呢？你们有什么收获？

生：我会帮奶奶种植花苗，让花圃变得更加美丽。

…………

师：同学们收获真不少呢。恭喜大家！在成长夏令营的资格审核中，你们顺利通过啦！

案例分析

作为家庭中的一员，主动承担一些家务活，不仅能够减轻大人的负担，而且在动手的过程中，还会有许多收获。要想让学生感知这一点，绝不能仅靠语言说教。在本教学案例中，教者从学生日常生活中经常会遇到的事情中选取了六种，让学生分组活动，再进行当场的展示、评价。整个活动实践过程，学生主动参与，师生、生生之间展开平等、真诚的对话，产生思维的碰撞，分享彼此的情感、体验与观念，从而达到了话谈清、理摆透、情交融、心贴紧的境界，使学生体验到自己的事情自己做、能做的事情帮着做的快乐，并在潜移默化中明白不会的事情要学着做，实现了从形象感知到抽象理性的顿悟。

七、媒体渲染，在“看”中浸润升华

多媒体具有直观性、形象性、可控性等特点，能将音乐、图片、视频等教学资源有机融合，为学生提供一个色彩缤纷、声像同步、能动能静的教学情境。在道德与法治教学中，可以根据教学内容的需要，选择具有代表性的图片资料，剪辑富有时代气息的视频，录制具有典型生活意义的镜头，在课堂上通过多媒体呈现出来，从而丰富教学素材，最大限度地调动学生学习的积极性与主动性，使之身临其境，心入其境，让道德认识有血有肉，情感体验深入人心，提高课堂教学的实效性。

案例 14　《富起来到强起来》体验环节教学实录（部分）①

（部编版《道德与法治》五年级下册第三单元第 12 课）

【教学目标】

了解改革开放的历程及重要意义，知道中国在农业、工业、科技、文化、生活等各个方面取得的突出成就，感受祖国的飞速发展；学会收集、整理信息，能够运用信息做简单的分析；激发学生的创新意识、民族自豪感和爱国之情，增强政治认同感。

【课前准备】

开展“学习二十大·三代比童年”的主题研究，每个学生可以选择其中一个方面制作绘本，形象体现生活变化。

【体验教学环节的设计】

师：同学们，再过不久，我们将迎来中国最隆重、最喜庆的传统佳节，那就是——（春节）。除夕之夜，阖家团圆，一家人围坐在一起吃年夜饭是最开心的。你们家年夜饭都有哪些菜？（学生纷纷报出菜名）

师：可真丰富！想知道爷爷奶奶、爸爸妈妈小时候的年夜饭是什么样的吗？我们一起去看看吧！（播放视频《年夜饭的变迁》）

师：从年夜饭的变化中，你有什么发现？

生：以前年夜饭很简单，就几道菜，后来越来越丰盛了。

生：以前肉很少，桌上的红烧肉就算是大菜了，现在既有不同种类的肉，又有各种不同的烹饪方法，真是色香味俱全。

师：我们的日子越过越好，年夜饭的丰盛程度直接体现了中国人的生活水平。课前，同学们还进行了“学习二十大·三代比童年”的主题研究，并制作了

① 本案例由江苏省南通市新区学校冯建军老师提供。

绘本，我们来交流一下，说一说各方面的变化。

生：爷爷奶奶那时候住的是草房，爸爸妈妈住的是瓦房，到了我们这一代住进了现代化的小区。居住条件有了很大的变化。

生：在调查中，我发现爷爷奶奶那时候的交通工具是自行车，爸爸妈妈那时候的交通工具是摩托车、公共汽车，我们现在自己家里几乎都有了小汽车，还有更快捷的高铁、飞机，前几天我们南通还通了地铁，出行方式越来越多样，出行也越来越便捷。

…………

师：是啊，从老百姓的衣食住行中，我们真切感受到，我们的日子富裕起来了，人民的生活幸福起来了。中国这艘劈波斩浪的巨轮正从“富起来驶向强起来”。（板书课题）老师还带来了一个小视频，体现的是 1980 年至 2022 年全球国内生产总值排行榜，我们一起来看看。

（播放视频，同学们看到“中国”的位置逐年向上攀升，情不自禁地一边鼓掌一边喊着加油）

案例分析

在这一教学案例中，教师两次使用多媒体，第一次，选取了《年夜饭的变迁》这一视频，让学生从餐桌上的变化直观感知生活水平的提高；第二次，在进行“三代比童年”后，播放了 40 多年来全球国内生产总值排行榜的变化，让学生在动态变化的条形图中、中国不断攀升的动态图中感受祖国的日新月异，从富起来走向强起来。这样的媒体渲染，直观形象，极富感染力，有效激发了学生的情感。

再如，教学《自主选择课余生活》（部编版《道德与法治》五年级上册第一单元第 1 课）时，选取学生学习生活和参加各项活动的代表性照片，通过不同方式播放，插入抒情的音乐，配上教师简短、活泼而动情的现场解说，便可让一张张熟悉的脸庞、一个个难以忘怀的场景，唤醒学生的生活经历，激起他们丰富的内心体验，加深他们对健康而丰富的课余生活价值的理解；教学《夺取抗日战争和人民解放战争的胜利》（部编版《道德与法治》五年级下册第三单元第 10 课）时，将日军屠城的图片和电影《南京大屠杀》中的历史性镜头组合起来，可以让学生在声像中了解那段暗无天日的时光，感受日军的残酷和带给中国人的无法愈合的创伤，从而从心底里迸发出强烈的谴责之情和深深的哀悼之情。

可以说，“媒体渲染”这一体验教学方式，以绘声绘色、栩栩如生的形象反映客观事物，以图、文、声并茂的方式呈现教学内容，极大地满足了学生视听感官的需求，充分刺激了学生的视觉和听觉，强有力地唤起了学生内心真实的感受。但是，在使用时，教者一定要紧扣教学目标，严格把握“适用性”原则，根据学生不同年龄阶段的心理特点、知识结构和理解能力，对各种资源、呈现方式和播放时机进行合理的选择，做到简明扼要，画面清晰，音响适度，时机恰当，力求达到最佳的视听效果，而不能变成音像资料的堆砌。此外，由于知识积累和理解能力的局限，学生观看时，教师要充分发挥主导作用，如介绍相关的时代背景、人物简历，帮助学生理解主题，进入角色；设置悬念或问题，让学生有目的地观看；在学生观看过程中进行必要的释疑、点拨、煽情，激活学生的思维、感悟；观看后组织学生讨论交流，诉说内心感受。只有这样，才能让“媒体”成为道德与法治课程教学中有效的辅助手段。

八、汇报展示，在“评”中倾听自我

在道德与法治教材中，有很多内容具有开放性，教师可结合本班学生实际，激发学生参与的热情，引导学生对自己的生活进行反思和整理，搭建展示的平台，让学生在评价中张扬个性，倾听自我，享受成长。

案例 15　　《我们班　他们班》体验环节教学设计（部分）①

（部编版《道德与法治》四年级上册第一单元第 3 课）

【教学目标】

主动了解别的班级的特点、长处，积极参加班级间的合作，以正当的方式进行班级间的竞争，能尊重和欣赏其他班级，为其他班级喝彩。

【体验教学环节的设计】

（1）制作展板。各班老师指导学生分工协作，制作展示本班班级特色的展示板。同学们个个献计献策、跃跃欲试，画画、写字、拍照、编辑文字，个个忙得不亦乐乎。

① 本案例由江苏省如皋市志颐小学周绍群老师提供。

(2) 展示交流。一个星期后，全校10个班的展示板都闪亮登场了，真是各具特色！有的将全班学生的照片做成树叶形，组成一棵色彩缤纷的班级树；有的模仿“感动中国”，评选出本班的“感动明星”，一张照片加上一段“颁奖辞”，特别吸引人；有的呈现出班级富有创意的“代号”“班色”“座右铭”“班徽”等，体现了奋发向上、健康乐观的精神风貌。这些展示板都陈列在学校大厅内，老师们组织学生按班级轮流参观。孩子们饶有兴趣地看着，不由自主地交流着，升华着对“我们班”的情感，感受着“他们班”的不同风采。

(3) 合作演绎。全校四年级10个班自由两两组合，设计一个合作表演的节目，如经典诵读、集体舞蹈、童声合唱等，通过排练、展示，真实经历班级间的合作，感受合作创造的快乐与自豪。

(4) 总结提升。最后，老师再组织同学们讨论：①和别的班级相比，我们有什么优势和劣势？旨在让学生全面客观地认识自己的班集体，既不自卑，也不盲目自信。②今后将如何扬长避短？让学生以集体主人公的身份，为班级的明天献计献策。③围绕班级间的“合作与竞争”展开交流，知晓正当竞争方式。

案例分析

本课由“走进他们班”“增进班级间的合作”“正确对待班级间的竞争”“为他班喝彩”四个板块构成。教学时，这位老师大胆创新，召集全校四年级10个班统一行动，采用了“汇报展示”的体验教学方式。在整个活动过程中，每个学生都融入了集体，真切体验着集体的智慧与温暖，充分享受着合作、讨论、劳动、超越的快乐，同时，每个个体内心也进一步明确了真诚“为他班喝彩”，让“我们班”“他们班”在合作竞争中共同走向美好。

道德与法治课是最美的课程。因为在这门课中，我们唤醒、挖掘真善美，让孩子的心灵变得纯洁、美丽。而只有源于学生对真实生活的深度体验、认识和感悟的教育活动，才能触及学生的灵魂，才能真正引发他们多视角地去分析社会和事物的本质，唤醒他们内心的真善美。因此，我们每一位道德与法治课程的教师，要把学习主体的体验过程看作教育活动的基本形式之一，强调学习中的体验，以及体验后的感悟，使原来静态的知识经验在个体的心灵中被激活，产生广泛的联系，获得新的意义，促进道德生命的茁壮成长。

思考与练习

1. 为什么说道德与法治课程是一种体验性课程？

2. 选择小学道德与法治课程教材的某一内容，从体验教学的角度，完成一份教学设计。

阅读导航

1. 高德胜．生活德育论．北京：人民出版社，2005.

2. 刘惊铎．道德体验论．北京：人民教育出版社，2003.

3. 刘晓东．解放儿童：第2版．南京：江苏教育出版社，2008.

第六章

小学道德与法治课程思辨环节教学设计

本章导读

什么是思辨教学？在小学道德与法治课程中，实施思辨教学有什么意义？在教学实践中，该怎样设计思辨教学话题、如何带领学生开展思辨活动呢？本章将通过理论讲解、案例剖析来让你感受到一个新颖而又容易操作的教学设计。

第一节　思辨教学的基本理论

一、思辨的内涵

思辨，在《现代汉语词典》中有两种解释：（1）哲学上指运用逻辑推导而进行纯理论、纯概念的思考。（2）思考辨析。① “思辨，顾名思义，思考和辨别的意思，就是让学生在思考的基础上，进行有效的辩论，达到提高思维及表达能力的

① 中国社会科学院语言研究所词典编辑室．现代汉语词典．7版．北京：商务印书馆，2016：1237.

目的。”① 思辨是思维过程，包括观察、认识、分析、判断及方法。中国古代的思辨，从一开始就是建立在对自然与人自身的观察上的。

在道德与法治课教学中，要重视培养学生多角度分析问题的能力、一分为二辩证分析问题的能力和运用书本理论分析实际问题的能力，来培养学生良好的思辨能力。这对于促进学生政治认同、道德修养、法治观念、健全人格、责任意识的培养，明确人生发展方向，形成乐观向上的生活态度，逐步树立正确的世界观、人生观、价值观有重要意义。不经省察的人生是没有价值的，不经思辨的知识也是没有意义的。思辨是一种重要的能力，是联系知识和觉悟的桥梁。思辨能力越强，分析、归纳、运用知识的能力就越强，对知识的掌握就越牢，对知识的理解就越深，觉悟提升的空间也就越大。

习近平总书记多次强调，要用心打造培根铸魂、启智增慧的精品教材。新课程标准也一再强调要按照灌输性和启发性相统一的原则，做到“灌中有启”“启中有灌”。强调教师在讲述中要注意用可以激发学生兴趣的素材和问题引导学生自己主动思考领会，不搞填鸭式的“硬灌输”；在学生主动学习、积极思考中对政治方向和价值导向加以规范和引导，不能“放任自流”。一个民族的胜出重点不是知识的多寡，或者谁提前掌握了知识，而是谁真正拥有智慧的头脑。智慧，则集中体现在思维品质方面，包括思维的深刻性、思维的灵活性、思维的批判性、思维的独创性和思维的敏捷性。

二、思辨教学的价值探寻

近些年，社会上出现这样的现象：有些学生专业突出却无法表达自己，掌握知识却无法独立思考，能考高分却缺乏自理能力……在高考的指挥棒下，逻辑思维、动手和实践等一系列能力被束之高阁。然而，这些能力却是学习、生活甚至是就业中必不可少的。越来越多的教育人士认识到：思辨能力的培养应该是教育中不可或缺的环节，是受教育的必需条件。素质教育作为新课改对小学道德与法治教学提出的重要课题，它的主要任务是在学生具有一定思辨能力的环境下，培养其核心素养。新课程标准指出：“以学生的真实生活为基础，增强内容的针对性和现实性，突出问题导向，正视关注度高、涉及面广的问题，引导学生发现问

① 王发亮．语文“口语交际”教学因思辨而彰显智慧火花．教书育人·校长参考，2014（22）．

题、分析问题、解决问题，提升道德理解力和判断力，强化规则、纪律、秩序、诚信、团结合作、冲突解决等教育。”① 思辨教学可以给德育带来以下变化：

（一）改变道德灌输，唤醒主体意识

德育过程就是为实现一定的德育目标，教育者、受教育者共同参与教育活动的过程，因此必须有两方面的主动性、积极性。受教育者的思想政治素质、道德修养、法治素养和人格修养等发展，必须建立在自身积极参与活动和交往的基础上，外界德育影响必须通过自己思想内部的矛盾运动得以实现。教育者的主导作用表现在启发、引导、指导方面，而不是代替受教育者的参与，不是代替受教育者自身的努力，否则将导致“教师中心论”。② 中国传统的德育是注重道德说教和道德灌输，然而思辨环节的运用，是教育者在受教育者的心理年龄特点和现有的思想品德的基础上，创设一定的情境，激发学生思辨的兴趣，发挥学生主体的积极性，主动去思考、辨析，使教育和自我教育结合起来，从而积极地学习掌握有关道德规范，并内化为自己的思想观点。这样的教育活动，体现了对道德主体性、对道德主体自由意志的尊重，较之传统的道德灌输式教育更深入地触及道德教育的根本问题，反映了道德的本质特征。

（二）清晰道德认知，促进道德生长

在道德与法治课堂中，教师注重培养学生的思辨能力，教会学生从不同的角度观察、认知、分析社会事物和现象，对生活中遇到的道德问题做出正确的判断和选择，这是非常有必要的。强调认知、思维在道德发展中的作用，重视道德教育过程中道德认知能力的培养，已经成为当代道德教育理论的一种普遍倾向。思辨教学重视学生的独立思考能力，教学的形式也不再是单纯的讲授和说教，而是给学生提供更多的机会，让他们在处理现实的道德问题、道德情感冲突的过程中增加对道德规则的认识和理解，从而促进道德的发展。思辨活动的运用，在引导学生辩证、多维地看待问题的过程中，能提高学生的思维、判断和选择等能力，是培养创新思维、促进道德生长的重要手段。

---

① 中华人民共和国教育部．义务教育道德与法治课程标准（2022年版）．北京：北京师范大学出版社，2022：3.

② 鲁洁，王逢贤．德育新论．南京：江苏教育出版社，2010：301.

第二节　思辨环节教学设计策略

思辨教学环节的进行往往离不开话题的设置和讨论活动的组织。

一、巧设话题

传统教育以灌输为主，老师提出的德育要求往往比较概念化，学生感受不到道德教育与他们自身需要之间的联系，这种距离感也使得道德教育流于表面，不能真正走进儿童的内心。而适切的话题情境可以让儿童由于情感的作用而主动投身到德育活动过程中。思辨教学环节话题的创设要能引导儿童自主学习，让道德教育成为他们主动参与的实践活动；还要注重思维的力量，把课堂的主要目的定位在发展学生思维能力和提高学生道德水平上。要设计丰富的、适切的、具有挑战性的、促进深度参与的高级思维活动任务，从而促进学生思维能力、道德水平的提升。一般以下三种课堂情境有利于学生思维能力、道德水平的提升：

（一）多维视角的话题

教师创建的多维视角的话题在教学中不是给学生一个现成的答案，而是启发学生从多个维度看问题，激活学生的思维，让学生学会主动地思考、选择。

案例 1　　《大家排好队》教学片段①

（部编版《道德与法治》二年级上册第三单元第 11 课）

教学中，老师创设了如下辨析活动：

师：我现在也是咱们班的一个小朋友（老师穿上了校服，走到排着长长队伍的饮水机前）。排队取水时，我的好朋友也来了，他昨天才帮了我大忙，他现在特别口渴，我想让他排在我前面，这样做，可不可以呢？

师生课堂辩论片段如下：

生：我认为这样做可以，好朋友之间要互相帮助，这样友谊才能长久。

生：我也认为这样做可以，老师教育我们，同学之间要互相帮助。

生：可以，他现在特别口渴，需要我的帮忙。

---

① 宋月红．创设情境，让小学德法课堂走向“和润”：以《大家排好队》教学为例．教育研究与评论（小学教育教学），2020（11）.

生：不可以，我如果帮助了他，后面的同学会不高兴，甚至会责备我的。

生：不可以，大家都应该排队守规则。

师：看来，不能让好朋友排我前面，排队得按照先来后到的顺序，这样才公平。那么有没有什么好办法，既能帮助我的好朋友，又不影响别人呢？

生：我灌了水倒给好朋友。

师：你能动脑筋、想办法，很好。可是这样不是很卫生。有没有更好的办法呢？

生：我让他把水杯给我，我帮他灌水。

师：这样你灌了两杯水，还是耽搁了后面的同学呀。

生：我把我的位置让给他，我排到最后去。

师：这个办法很好。这样做，不仅帮助了好朋友，而且对排在后面的同学也很公平。真聪明！

案例分析

在这个教学环节中，教者通过“排队取水时，我的好朋友也来了，他昨天才帮了我大忙，他现在特别口渴，我想让他排在我前面，这样做，可不可以呢”这个情境和话题，引导学生从多个角度去思考问题。一种观点是可以插队，“好朋友之间要互相帮助。”另一种观点是不可以插队，“大家都应该排队守规则”。引导学生从友情和规则两个角度去思考问题。这样的思辨活动，引导学生从多个角度去思考问题，提高了学生的分析能力、思维能力以及道德判断能力。在不断推进的教学中，学生仔细辨析，深入思考，不断寻找解决问题的佳径，从“帮不帮”到“如何帮”，最终收获“巧妙帮”这样的道德智慧。在这一辨析情境中，学生的思维层层深入，将道德知识自觉地内化，升华为道德智慧。

（二）矛盾冲突的话题

这类话题的设计，是让学生卷入特定的冲突之中，激活学生的思维，发展学生的道德思维能力，促进学生道德判断力的发展。

案例 2 **《平平安安回家来》教学片段①**

（部编版《道德与法治》一年级上册第一单元第 4 课）

教者设计了这样一个情境：

① 本案例由江苏省南通市高等师范学校附属小学帅宁华老师提供。

一群孩子放学时排着队走到红绿灯路口，绿灯显示还剩下5秒，这个时候两个同学争论起来，一个说：“快过去呀！”另一个说：“不能的”。这个时候你赞同谁的意见呢？该不该过马路呢？请说明理由。

问题抛出后，学生展开了激烈的争论：

生：能过去的，绿灯亮着呢。

生：不能走，绿灯马上就要变红灯了，万一走到一半红灯亮了，就会被撞到，可能会被送到医院去。

师：你的规则意识很强。

生：绿灯是亮的。我觉得是可以过马路的。走到一半，如果红灯亮了，我们就可以对车子挥挥手，司机看到我们了，车子就让我们过去了。

师：真有生活智慧呀！

生：我觉得，如果来得及过去就赶紧过去，如果来不及就不过去。

师：是呀，我们能不能过去，要看实际情况。当马路比较窄的时候，5秒钟来得及过去的情况下，我们可以选择立刻过马路；当这条马路比较宽的时候，我们选择宁等三分不抢一秒，坚持安全第一。

案例分析

这一话题情境的设计，促使学生在“过”与“不过”之间进行了激烈的争辩，这一刻他们的思维处于活跃的交锋状态，在激烈的碰撞中，对遵守交规与具体情况具体分析的生活智慧，进行深入的思考。此时，教师不失时机的点评，发挥了价值澄清的作用，对学生的价值冲突起到了积极的引导作用，帮助学生发展法治观念，培养责任意识，增长生活智慧。

案例3　《公民的基本权利和义务》教学片段①

（部编版《道德与法治》六年级上册第二单元第4课）

教者设计了这样一个话题：

有人在买书的时候遇到这样一件事情：营业员告诉他，买这些书如果开发票要付1 000元，如果不开发票只需付950元。如果是你，你会怎么选择？

① 本案例由江苏省常州市武进区人民路小学文翔老师提供。

师：选择开发票的同学举手（大部分），选择不开发票的同学举手（小部分）。

下面我们就来进行一个辩论，辩题是买书开不开发票。正方：开；反方：不开。

（生阅读资料，讨论）

生（反）：反方认为买书不用开发票，因为这张发票对我来说没用。

生（正）：这是你需要更换商品时的凭据。

生（反）：可是我一般也不需要更换呀。

生（正）：有些发票是可以在工作单位报销的。

生（反）：我没有工作单位。我是个体户不用报销。

生（正）：表面上发票对你没有用处，但是它是国家征收税款的重要依据。国家征收到的这些税款，对你是非常有帮助的。

生（反）：跟我有什么关系？我省了 50 块钱，这是实实在在的好处。

生（正）：国家用这些税款建医院、建学校、修马路……这些都和我们每个人的生活息息相关。

生（反）：他刚才说的这个好像还有点道理，有法律依据吗？

生（正）：《中华人民共和国宪法》规定每个人都有纳税的义务。

生（反）：这一点我还是有点认可的，但是从我的内心来说，并不乐意履行这项义务。因为我觉得这个钱还是装在我的口袋里比较实在，为什么要交给国家呢？

生（正）：虽然你纳的税也不是很多，但是大家的税聚在一起，聚少成多，就可以解决很多问题了，比如建医院、完善基础设施。

生（反）：你举了一个医疗上的例子，我生病了还是要上医院看病的，我有一点被你说服了。

生（正）：这个发票显示这个商店要交给国家的税款是 130 元，而你从中仅能获利 50 元。你为了贪图这个 50 元，却让国家损失了 130 元。所以要发票比较划算。

生（反）：但是这个 130 元是交给国家的呀，50 块钱却能装进我的口袋，这个怎么能一样呢？

生（正）：税收是国家财政收入的主要来源，与我们的生活息息相关。国防教育、医疗、科技、交通、文化……都需要税收的支持。

生（正）：国家税收和每个人的个人利益都息息相关，比如我们现在实行的九年义务教育制度，就是国家税收在支持。

生（反）：这个有点道理。

生（正）：宪法上规定公民有纳税的义务。

生（反）：法律的规定是有强制性的呢。

生（小结）：无论是建医院、学校，还是法律的规定，税收和我们每个人都息息相关，它非常重要。

案例分析

消费的时候该不该开发票是经常遇到的矛盾冲突。一边是国家税收，一边是个人的蝇头小利，抓住这样矛盾冲突的思辨话题进行讨论，会让孩子明白：纳税是每个公民应尽的义务，它惠及每个公民，同时法律规定的义务具有强制性，每个公民都应该自觉履行义务。

（三）真实困惑的话题

案例 4　　**《爱心的传递者》教学片段**①

（部编版《道德与法治》三年级下册第三单元第 10 课）

怎样做才是善于帮助别人，这对于学生来说，是真问题，真困惑。教者设计了这样的思辨活动：

思辨活动一：

师：日常生活中，有些同学也想帮助别人，可是效果却不太好，我们一起来看看。

投影图片：一个小个子的小朋友，够不到书架上的书，他却拒绝高个子同学的帮助。如果你是这个高个子同学，你会继续坚持帮助他拿书吗?

生：我会坚持的，乐于助人是美德，可能这个同学不好意思麻烦我。

生：也有可能是因为这个小个子同学自尊心强，怕别人嘲笑他个子矮，所以才拒绝帮助的。

生：我们可以试一试既能帮到他，又不伤害他尊严的方法。

生：如果他确实要坚持自己拿，我们也要尊重他，尊重他人也是一种爱心。

…………

① 本案例由江苏省南通市高等师范学校附属小学帅宁华老师提供。

思辨活动二：

师（投影情境）：放学回家的路上，亮亮看到街道边卖西瓜的老大爷是个残疾人，就想帮助他，递给老大爷10元钱，可老大爷却拒绝了。亮亮应该给老大爷钱吗？为什么？

生：亮亮应该给老大爷10元钱，因为这个老大爷很可怜，他很需要帮助。

生：也许老大爷并不觉得自己需要帮助。

生：也许老大爷觉得自己能卖瓜，自己很有本领，很开心，所以不应该收10元钱。

生：亮亮不应该给老大爷10元钱，因为老大爷不是乞丐，这样做会伤到他的自尊心。

生：亮亮应该给老大爷10元钱，但是要注意方法。

生：亮亮可以用10元钱买爷爷的瓜，让爷爷早点回家。

（先思辨，后模拟助人行动）

师（小结）：生活中，我们常常会遇见一些需要帮助的人，我们首先要心中有爱，但在给人以帮助的时候，请一只手给人帮助，另一只手给人尊严。这样的爱心才能得到别人的接纳。

对于小学生来说，他们有一颗愿意帮助别人的爱心，但是他们还没有意识到，帮助他人也是需要智慧的。该不该帮小个子的同学拿书呢？该不该给残疾的老大爷10元钱呢？这些是孩子心中的真问题。抓住真问题来思辨，帮孩子澄清道德观念，提高道德判断能力，增强解决生活中真问题的能力，这样的思辨才有指导意义，才是真正有价值的。

知识链接

道德两难问题简介

有一种影响力较大的关于矛盾冲突的话题讨论，叫道德两难问题讨论。所谓道德两难，是指同时至少涉及两种道德规范且不能兼顾。道德两难问题讨论法是科尔伯格的道德认知发展阶段理论运用于儿童道德教育实践而提出的重要方法。它以道德两难故事为基本材料，让儿童对故事中的道德问题进行讨论并回答围绕该故事提出的相关问题，以此判断儿童所处的道德认知发展阶段并引导和促进其进一步发展的方法。“道德两难问题是开放性问题每个难题都没有标准答案，而存在多种可能的选择。这些答案互不相容，相互对立，使得这类问题对学生的思维极具挑战性，刺激学生对它们作出认真思考，使真正的探究成了可能。”[①] 该方法的关键在于要以两难故事诱发儿童的认知冲突，促进其积极的道德思维从而推动其道德判断的发展。

科尔伯格使用的一系列两难推理故事中，最典型的是“海因兹偷药”的故事：

在欧洲，一名妇女得了一种特殊的癌症，快要死了。医生说只有一种药或许能挽救她的生命。这种药是本城药剂师最近刚发明的。每一剂药的成本是400美元，药剂师却要价4 000美元。患病妇女的丈夫名叫海因兹，他找到他所认识的每一个人去借钱并尝试了每一种合法的手段，但他最终也只能筹到2 000美元，仅够药价的一半。他告诉药剂师说他的妻子快死了，求药剂师将药便宜些卖给他或者让他以后再付钱。但是药剂师说：“不行，我发明这种药就是要用它赚钱。”所以，在走投无路的情况下，海因兹感到绝望并考虑撬开药店的门为他的妻子偷药。于是他在晚上撬开了药店的门为妻子偷来了药。结果，他被药剂师告到了法院。

讲完这个故事，主试就向被试提出了一系列的问题：

(1) 海因兹应该偷药吗？为什么？

(2) 他偷药是对的还是错的？为什么？

(3) 海因兹有责任或义务去偷药吗？为什么？

(4) 人们竭尽所能去挽救另一个人的生命是不是很重要？为什么？

(5) 海因兹偷药是违法的。他偷药在道义上是否错误？为什么？

(6) 仔细回想故事中的困境，你认为海因兹最负责任的行为应该是做什么？为什么？

儿童对科尔伯格所编制的两难故事中的问题既可做肯定回答，又可做否定回答。科尔伯格真正关心的不是儿童做出哪一种回答，而是儿童证明其回答时提出的理由。因为在科尔伯格看来，儿童提出的理由，即儿童的推理思路，是根据其内部逻辑结构而来的，所以，根据儿童提出的理由就能确定儿童的道德判断水

① 黄向阳．德育原理．上海：华东师范大学出版社，2000：135.

平。教师引导学生就不同的方案进行比较、辩论，引起学生道德认知上的冲突，引发更深的思考和逻辑推理，通过讨论以达到提高学生道德推理能力和认知水平的目的。

可见，道德两难教学法是一种“以学生为主体、以教师为主导”的教学方法，这种方法在儿童思想道德教育中产生了很大影响。在小学道德与法治教学课堂中巧设道德两难问题，启发学生积极思考，从道德冲突中寻找正确的答案，以有效促进学生的道德判断发展，进而焕发道德教育的魅力，让道德教育达到开启学生智慧、润泽学生生命的效果。

“道德两难故事”的来源大致可分三类①：

（1）可以是学生身边真实的或实际发生的道德两难问题。

（2）可以是社会关注或争论的热点、焦点问题。

（3）可以是虚构但却可信的道德两难问题。

围绕道德两难问题，组织学生进行小组讨论首先要设计出适当的道德两难话题情境，为讨论提供背景；其次需要设计出恰当的问题，引导学生展开讨论。

案例 5　“我该不该出去玩?”话题创设②

事情是这样的：第一天，几个同学约好，第二天下午 3：00 一起出去玩。可是到了第二天下午 2：30 左右，小敏同学的作业还有好几项没有完成。怎么办?小敏该不该出去玩?

要求：围绕“完成作业”和“信守约定”的矛盾点展开思辨。

这个话题情境来自孩子们的真实生活，是从孩子们可能会面临的道德两难故事中筛选出来的，所以能引起孩子的道德思维的兴奋点。把设计好的道德两难故事展示给学生，引起学生意见的分歧和失衡，并组织学生讨论，这是应用道德两难故事法的关键。孩子们选择出去玩，则信守了约定，但是作业不能及时完成；选择完成作业，则不能信守约定。怎么选择？没有一定的答案，怎么选都有一定的道理，却两者不能兼顾，形成冲突，通过这样的道德两难话题的讨论，孩子们的认识水平、选择能力、判断能力逐步提高。但是这时必须注意的是，讨论小组成员的观点应有所不同，如果讨论小组的学生之间在关于某一道德两难问题的讨

① 王立岩，于合乐．巧设道德两难问题 促进道德判断发展．小学时代（教育研究），2009（12）.

② 黄向阳．德育原理．上海：华东师范大学出版社，2000：227.

论中很容易得出一致意见，甚至一开始就没有任何分歧，那就不符合我们应用道德两难故事法的初衷了。

围绕着这个问题，由学生各自发表自己对这一问题的看法，并相机追问：

(1) 你不去和同学们玩，同学们会怪你失约的，万一以后不和你玩了怎么办?

(2) 你去赴约玩了，作业完不成怎么办? 老师肯定会批评你的。

(3) 如果你不去，该怎么向同学们解释呢?

(4) 老师批评你的话，你会怎么回答?

…………

案例分析

这样的追问，教师既需要预设，也需要随机应变。最后，把学生分成两组展开辩论。在激烈的辩论中，学生围绕己方观点，都想说服对方，道德思维是活跃的。

需要注意的是，在学生进行讨论时，教师不对讨论进行评判，不给任何的解决策略，只是在必要时引导讨论聚焦主题。在科尔伯格看来，道德教育既不能直接讲授道德概念、灌输行为规则，也不能仅帮助学生澄清价值观念，而应该促进学生道德思维的提升，最终向道德行为发展。因此，在道德两难问题思辨的主题课堂中，教师不该告诉学生“成人的答案”，而应该基于学生现有的道德思维水平和知道的社会基本准则，把道德两难问题讨论向前推进一步。

二、组织活动

常用的活动方式为讨论和辩论。

（一）讨论式

“通过教师本人的言传身教影响学生的品德，一直是学校德育的优良传统。自集体教育制度形成以来，学生集体其实也是影响学生个体品德发展的重要因素。教师组织和指导学生以班级或小组为单位，围绕一定的道德问题展开讨论，就是一种通过学生集体教育学生个体的方法。”①

① 黄向阳．德育原理．上海：华东师范大学出版社，2000：170.

案例 6　　**《我们受特殊保护》教学片段①**

（部编版《道德与法治》六年级上册第四单元第 8 课）

在教学《我们受特殊保护》一课时，教者围绕“关于做家务，我们未成年人是现在做，还是成年以后做”的话题设计了这样的一个情境（播放视频）：

孩子：妈妈你工作一天了，今天晚上就让我来洗碗吧。

妈妈：不用，学习是你现在最主要的任务，等成年后再干也不迟。

孩子：啊——（疑惑地挠挠脑袋）那我是现在干，还是成年以后再干呢？

【讨论题】

关于做家务，我们未成年人是现在做，还是成年以后做呢？

【课堂实录】

师：同学们，12 周岁的我们，关于做家务，是现在做，还是成年以后再做呢？请大家联系实际生活，各抒己见！

生 1：还是现在做比较好，因为这样可以培养我们的责任感。

师：责任意识要从小培养。

生 2：我觉得我们现在做比较好，因为这样的话可以培养我们的综合能力。

师：你很注重自己综合能力的提升。刚才视频里这个妈妈的态度，代表了很多家长的想法：咱们六年级了，学习任务挺重的，学习才是我们的主要任务，做家务嘛，以后再说。对此，你们怎么看？

生 3：虽然我们还是未成年人，但是我们也是家庭成员，作为家庭中的一员，应该做一些家务，承担相应的责任。

生 4：我不认同这个妈妈的说法，我觉得我们应该帮父母适当地分担家务。

师：那你在家里有没有这样做呢？都做了哪些家务？

生 4：洗碗、拖地、擦窗户……

师：掌声响起来，坚持下去，你一定会成为一个有责任、有担当的好孩子。

师：还有一个声音说，法律又没有规定我们必须要做家务，我们可以不做呀，关于这一点你们怎么看？

生 5：我想说，我们可以做一些力所能及的家务，而不是要法律规定了我们才做的。而且我们要想很好地生活就需要我们学会做家务，万一以后需要自己一

① 黄向阳．德育原理．上海：华东师范大学出版社，2000：171.

个人住的时候，如果不会做家务，那怎么生活呢？

师：能力，要从小培养；责任意识，也要从小培养。

生 6：我想说如果你不会做家务的话，你长大了，结了婚，老婆也会嫌你。（全班大笑）

生 7：我想跟大家说一个故事，有一个去美国留学的中国学生，有一天他突然放弃了学业回国了，原因是他不会做家务。从小到大，他的家务都是他妈妈帮他做的，所有的生活日常都是妈妈操心的。他独自去国外，就什么事情都不会干，更别说为自己、为家庭、为国家做贡献了。

师：同学们，我们要有高于法律的自觉意识和责任担当。从刚才同学们的发言，我听出来了浓浓的责任意识。我们是未成年人，但我们也可以为家庭、为学校、为社会做一些力所能及的事。

案例分析

"道德讨论的教育意义不限于讨论的结果——形成对集体成员有约束力的集体决议，即使集体讨论没有达成明显共识，讨论的过程也可能影响学生品德的发展。"[①] 在上述案例中，学生、老师组成了一个讨论的集体，他们思考、辨析，他们的认识、想法互相碰撞、补充，围绕"关于做家务，我们未成年人是现在做，还是成年以后做"这个道德问题展开讨论。通过讨论，孩子们丰富了认识；同时，老师适时引领，促进了学生道德认知水平的提高。

（二）辩论式

《现代汉语词典》对"辩论"是这样定义的：彼此用一定的理由来说明自己对事物或问题的见解，揭露对方的矛盾，以便最后得到正确的认识或共同的意见。[②]

辩论式活动的成员一般由主持人、正方、反方三部分组成。辩论过程中正方、反方先派代表阐述自己的观点，然后双方抓住对方的要害问题，调动自己积累的知识，有针对性地进行辩论，用简明扼要的语言来阐明自己的见解，并适时归纳对方的见解，主持人对场面进行调控，最后归纳总结。根据不同年龄段学生

① 黄向阳．德育原理．上海：华东师范大学出版社，2000：171.

② 中国社会科学院语言研究所词典编辑室．现代汉语词典．7 版．北京：商务印书馆，2016：83.

的特点和不同的话题，组织流程等方面也会有差异。

案例7　　**《建立良好的公共秩序》教学设计与实录（部分）**①

（部编版《道德与法治》五年级下册第二单元第5课）

教师用两段文字阐述了“应急车道就是‘生命通道’”。对于小学生而言，可以说这是两段抽象的甚至有些晦涩的文字材料，如果仅仅让学生去阅读材料，一是难以激发学生的学习兴趣，二是即使学生认真读完，也只是获得了相关知识或道理，难以从情感上去认同，就更不要谈“导行”了。教者课前先做调查，发现不少学生曾亲历过高速公路拥堵，于是设计了这样一个情境：一名学生去参加比赛的途中遭遇高速拥堵，学生因担心赶不上比赛建议爸爸从应急车道走，“应个急”，开车的爸爸很为难，进行着激烈的思想斗争。

【辩论题】

走了应急车道 VS 没走应急车道？

【课堂实录】

师：爸爸是走了应急车道，还是没走呢？

正：我觉得爸爸没有走，因为他从来没有违反过交通规定。

师：你觉得爸爸会坚持他的原则，不走应急车道。

反：我觉得爸爸应该是走了应急车道，因为他的孩子要参加比赛，时间可能来不及了。

师：这个爸爸还真是遇上难题了。

正：我也觉得他没有走应急车道，因为交通大堵塞，说明前面有可能是出了事故，如果他走应急车道很可能就会堵住救援车辆，我想他爸爸应该会想到这些。

师：你觉得这位爸爸心中有他人，不会走。

反：我认为爸爸最后是走了的，他肯定担心孩子赶不上比赛，而且他很可能抱有一种侥幸心理，认为走一次不会被抓到的。

师：他讲出了一部分司机的侥幸心理。

---

① 本案例由江苏省南通市紫琅第一小学赵晓亮老师提供。

正：我认为这个爸爸他并没有走，他那种遵纪守法的决心，可能让他留在了原本的车道上，因为他可能也知道如果他走了，其他车辆就会跟着学，一辆接一辆，应急车道也会拥堵起来。

师：他讲的是一种从众的心理，一个人可能会影响到一群人。

师：究竟是能走还是不能走，我们先来看看法律中是怎么规定的。

…………

生：我现在明白了，这个女儿的情况不算紧急情况。

生：我也明白了，紧急情况主要是与生命和健康相关的。

案例分析

本环节聚焦高速公路上的应急车道，关注现实问题，通过辩论的方式剖析违章者心理，学生们结合生活中的所见所闻，有的剖析违章者心理，有的说出坚守者所坚持的原则。再结合“阅读角”的材料和对相关法律法规的解读后，学生们明晰了如果今后自己和家人遇到此类情况应该如何去做。

想一想：

上述讨论与辩论的活动方式有什么异同？

第三节　思辨环节教学设计案例分析

前面讲过，进行思辨环节教学设计，首先，需要巧设话题，促进学生思维发展和道德水平的提升；其次要注意做好组织工作，充分发挥教师的引导作用。特别还要注意话题和辩论一定要设置在一定的情境中。

案例 8　《自主选择课余生活》思辨环节教学实录（部分）①

（部编版《道德与法治》五年级上册第一单元第 1 课）

辩论环节一：

师：（出示调查统计图）从这张条形统计图中，你看出了什么？

① 本案例由江苏省如东县实验小学张小纯老师提供。

生：自主选择课余生活和爸爸妈妈帮助选择课余生活的人数差不多。

师：课余生活到底由谁来选择呢？不同的人有不同的观点。老师课前采访了笑笑和乐乐两个小朋友，我们来听一听，看他们是怎么说的。

（播放视频：

乐乐：课余生活应该由我们自己来选择，这样我们想干嘛就干嘛。

笑笑：我觉得课余生活应该由爸爸妈妈来帮我们选择。他们见多识广，他们的选择可以让我们的课余生活变得更加丰富多彩）

（出示图片：笑笑和乐乐有两种不同的观点：

观点 1：课余生活由自己选择；

观点 2：课余生活由父母帮助选择）

师：同学们，你更支持哪一个观点呢？支持“课余生活由自己选择”的同学请打钩；认为“课余生活由父母帮助选择”的同学请打叉。（学生选择）

师：看来同学们的意见也不一致，老师建议，我们来个现场的小小辩论赛，怎么样？

生：好。

师：打钩的同学是正方，坐到左边；打叉的同学是反方，坐到右边。下面开始行动。

（生调整座位）

师：请看大屏幕，我们的辩论分三个环节。

（出示图片：

环节 1：陈述观点；

环节 2：自由辩论；

环节 3：总结陈词）

师：环节 1，请双方各推荐一名代表陈述观点。环节 2，请正反两方证实自己的观点，并反驳对方的观点。环节 3，推荐一名代表作总结陈词。听明白了吗？

生：明白了。

师：好，下面在小组里交流讨论。开始！

（学生小组讨论准备，老师巡视了解准备情况）

师：讨论好了吗？为了便于交流，我们正反双方向左向右转，面对你的辩友。

师：好，辩论赛现在开始。我是主持人张老师，下面我们进入第一个环节，陈述观点，有请正方，谁来？

生（正）：我方认为课余生活应该自己选择。

生（反）：我方认为课余生活应该由父母帮助选择。

师：刚才我们双方陈述的观点都非常清楚。下面进入展示智慧、点燃激情的自由辩论的环节，有请正方先来。

生（正）：我赞成自己选择课余生活。因为这样玩得更舒心，不会对爸爸妈妈产生意见。

生（反）：我赞成由父母帮助选择课余生活比较好。因为父母见多识广，帮我们选择课余生活可能会更健康、更合理。

生（正）：我也是赞成自己选择。因为自己选择更贴合自己的想法，在学习之余会放松心情，这样更开心一点。

师：谁来反驳？

生（反）：你怎么知道父母的选择和安排，就一定让我们不开心呢？父母是了解我们的，也许他们的安排正是我们需要的。而且他们站得高看得远，他们的安排也可能弥补了我们见识的不足，让我们少走弯路。

师：谁来接招？

生（正）：我赞成自己选择，因为我们已经长大了，要有自己的主见，也许我们会走一点弯路，但是这也是一种成长。

师：我觉得此处应该有掌声。

…………

生（小结）：我觉得课余生活自己选择，和由父母帮助选择其实都可以。父母推荐的地方是他们觉得好的地方。我选择的地方可能是我觉得好的地方。我可以借鉴爸爸妈妈的意见，综合一下大家的想法，最后自己做主选择。

师：好，同学们，所谓真理越辩越明，通过你们的辩论，老师听明白了，我们要做生活的主人，自己的生活自己做主，但同时也要善于听取父母有益的意见。

师：《儿童权利公约》你们知道吗？

（学生摇头）

师：《儿童权利公约》是一部国际公约，具有一定的约束力。《儿童权利公约》第 12 条这样规定："缔约国应确保有主见能力的儿童有权对影响到其本人的一切事项自由发表自己的意见，对儿童的意见应按照其年龄和成熟程度给以适当的看待。"从这句话中你读懂了什么？

生：儿童对自己的一切事项有发言权。

生：自己的事情自己做主。

生：我认为课余生活就是我们自己选择、自己做主的时候。我们不应该放弃自己的选择权。

师：随着年龄的增长、经验的丰富，我们对一些事情有了自己的看法，有权做出自己的决定，所以自己选择课余生活是我们的一项权利。生活当中我们要学会行使这一项权利。我们在选择课余生活的时候，是不是真的像乐乐说的那样，想怎样就怎样呢？让我们一起走进生活大考场吧。

师：（出示表 6－1）面对这么多可以选择的课余生活，你会怎样选呢？为什么会这样选？（学生作出选择）

表 6－1　可选择的课余生活

课余生活我来选（星期六）									
学校社团				少年宫兴趣班				家庭、社区	
合唱团		足球队		声乐		跆拳道		做家务	
古筝组		舞蹈队		乒乓球		篮球		看电视	
陶泥组		田径队		古筝		钢琴		做义工	
航模组		竹笛组		少儿街舞		拉丁舞		看课外书	
				围棋		象棋		看望爷爷奶奶	
				水粉画		足球		与同学一起游玩	
				机器人		摄影		看电影	
				素描		彩铅手绘		玩手机	
				硬笔		软笔		体育锻炼	

生（交流）：你作了哪些选择？（有的学生选择的活动多，有的学生选择的活动少）

辩论环节二：是选多好，还是选少好？

生：我觉得不应该选太多，也不应该选太少。应该根据自己的情况来选择。

师：你的意思是要从你的能力出发。

师：有不同的看法吗？

生：我觉得选多一点比较好，因为要根据自己的爱好充分选择。

生：我觉得选少一点比较好，因为以后还可以继续往外拓展自己的兴趣爱好。

生：我觉得多选一点比较好，既然是自己的兴趣爱好，没有必要每一项都非常深入，都了解一些，以后发展的机会更多。

生：我觉得选择少一点比较好，这样可以有更多的时间和同学一起玩，增进友谊。

师（小结）：面对丰富多彩的课余生活，我们在选择时，要从自己的兴趣和能力出发，同时也要关注到它的意义和价值，做到精心挑选。依据兴趣、关注意义是我们选择课余生活的一种方法。

案例分析

（1）该活动组织有序。

活动一开始，教师先亮出话题：课余生活到底应该由谁来选择？不同的人有不同的观点。观点 1：课余生活由自己选择；观点 2：课余生活由父母帮助选择。

然后让孩子通过“打钩”“打叉”的方式分成两组，“打钩的同学是正方，坐到左边；打叉的同学是反方，坐到右边”。接着调整座位，一切都在有条不紊地进行，为辩论赛创造了良好的条件。特别值得一提的是，教者非常注意活动的细节：“为了便于交流，我们正反双方向左向右转，面对你的辩友。”记得有一个节目主持人介绍过座位的安排对电视节目效果的影响，那是个谈话交流类节目，一开始，节目组安排嘉宾们一字排座，结果效果不能令人满意，嘉宾们不能像预期的那样流畅地交流；后来把座位安排成面对面，嘉宾们很自然地就能针对对方的话题流畅、深入地交流了。可见，在组织活动过程中，注意细节有助于提升活动效果。这节课中教师让学生面对面坐，为学生顺利进行辩论营造了氛围、创造了条件。

教师还明确了任务：“看来同学们的意见也不一致，老师建议，我们来个现场的小小辩论赛，怎么样？”同时，又给出了方法：“我们的辩论分三个环节。环节 1：陈述观点；环节 2：自由辩论；环节 3：总结陈词。”使得学生有据可依、有章可循。

当然，如果学生已经掌握了辩论的方法，也可以精简环节，如辩论环节二，抛出话题后，直接进入自由辩论环节，这样更直接、简便。

（2）适时教授方法。

在这个案例中，教师非常注意调动学生的积极性。辩论开始时，学生有点腼腆，所以由教师来主持，后来，“我觉得此处应该有掌声”等语言，给了学生鼓励、信心的同时，暗示学生辩论时表达要有条理、有说服力。在教师的引导下，辩论到精彩处学生能自发鼓掌，辩论者也不需要老师点名，可以自己主动站起来，踊跃发言了。

再来回味这个片段：

生（正）：我也是赞成自己选择。因为自己选择更贴合自己的想法，在学习之余会放松心情，这样更开心一点。

师：谁来反驳？

生（反）：你怎么知道父母的选择和安排，就一定让我们不开心呢？父母是了解我们的，也许他们的安排正是我们需要的。而且他们站得高看得远，他们的安排也可能弥补了我们见识的不足，让我们少走弯路。

师：谁来接招？

生（正）：我赞成自己选择，因为我们已经长大了，要有自己的主见，也许我们会走一点弯路，但是这也是一种成长。

师：我觉得此处应该有掌声。

老师的“谁来反驳？”“谁来接招？”这些看似简单的主持话语，却在引导学生辩论时要考虑别人的观点或意见，这样辩驳就会更有针对性，看学生辩得多精彩：“你怎么知道父母的选择和安排，就一定让我们不开心呢？”“我们已经长大了，要有自己的主见，也许我们会走一点弯路，但是这也是一种成长。”学生的思维是多么敏捷啊！

（3）要有价值引领。

江苏省中小学教学研究室思政教研员顾润生曾谈道：思辨一定要有正确的价值引领；同时，不是什么话题都可以思辨的。

首先，学生辩论以后，要适时进行正确的价值引领，不能放任学生不正确的观点不管。

在上面的案例中，老师在学生辩论之后，出示《儿童权利公约》，让学生意识到：自己选择课余生活是我们的一项权利，生活当中我们要学会行使这一项权利。把自己选择课余生活，上升到了法律规定、个人权利的高度，这是一次价值引领。随后，“我们在选择课余生活的时候，是不是真的像乐乐说的那样，想怎样就怎样呢?”第二次思辨后，教师引导学生：“面对丰富多彩的课余生活，我们在选择时，要从自己的兴趣和能力出发，同时也要关注到它的意义和价值，做到精心挑选，依据兴趣、关注意义是我们选择课余生活的一种方法。”

教师在学生越辩越明的基础上，做了有力的总结，还适时做了价值引领、提升。所以，辩论时，虽然学生是主角，但是教师的引导也很重要。

其次，不能为了思辨而思辨，有的话题并不适合辩论。

例如，部编版《道德与法治》六年级下册第一单元第3课《学会反思》，本课有两个话题，第一个话题是“生活离不开反思”，讲什么是反思，以及反思的意义和价值。第二个话题是“养成反思好习惯”。在教学第二个话题的时候，有老师设计了这样的辩论题：“干嘛非要反思呢？不反思我也能生活呀?”“有同学认为，英语课上得‘优’是好事，不用反思，你怎么看?”这些思辨设计就没有价值，因为反思的意义和价值是第一个话题的内容，不是第二个话题的任务。

又如，话题呈现：“一位同学明白了反思的重要性，也学会了一些方法，可是他认为平时自己的学习比较紧张，没有时间进行反思。思考辨析：你赞同他的看法吗?”这个话题虽然是本课学习范围内的内容，但是，这个问题没有思辨的空间，所以没有思辨的价值。

再如，教学部编版《道德与法治》六年级上册第四单元第8课《我们受特殊保护》时，教师设计了这样的辩题：小轩同学觉得老师不能开除自己，拿自己没办法，于是逃学旷课。思辨台：是让小轩继续学习还是让他混迹社会呢？课堂上我们发现学生的观点，高度一致，异口同声地认为不能让他混迹社会，一定要让他继续学习。说明这个话题没有“两难”的特点，倾向性太明显，没有思辨的必要。设计的时候要稍加调整，比如：小轩常常不能安静地上课，甚至有点肆无忌惮，搅得全班都不能好好上课，有的家长认为，不能再让他在这个班待下去了，你赞同吗？这样的两难问题客观存在，也是很多家长和同学面对的难题，这样的话题就有了思辨的空间和价值，让学生通过思辨明白：法律保护未成年人上学的权利，大家可以一起帮助小轩进步。

案例 9　《清新空气是个宝》思辨环节教学实录（部分）[①]

（部编版《道德与法治》二年级下册第三单元第 10 课）

【教学目标】

1. 通过生活体验，充分感受清新空气对美好生活的重要作用，了解国家政策，培育学生的政治认同。

2. 通过实践对比，进一步认识人的行为对空气的影响，提升道德修养，培养健全人格。

3. 通过调查，了解大气污染来源，学会判断空气质量的基本方法与途径，树立环保意识，提出保护清新空气的建议，增强责任意识和法治观念。

在教材第三个话题“我能做些什么呢”下，有个放鞭炮的插图，旁边写着：“一定要放鞭炮吗?”不同的老师有不同的思辨处理方法，效果完全不一样。

辩论案例一：

话题：

“爆竹声中一岁除”，又到了过春节的时候了，晨晨一家去乡下奶奶家过年。来到集市上，到处都是烟花爆竹，看着晨晨眼睛都花了，他真想买点回去放放。可是爸爸妈妈却有不同的意见。爸爸说：“燃放烟花爆竹会污染空气，不能放。”妈妈说：“过年时都不放，孩子还怎么感受爆竹声中一岁除的年味儿啊?”听了爸爸妈妈的话，晨晨心里想：“城里禁放，乡下又不禁放，就过年放一次，有什么关系呀?”

师：过年过节时，这烟花爆竹是放还是不放呢？你们怎么想？让我们来一场辩论吧。

生：我觉得应该放，因为你不也听说过一句诗吗，“爆竹声中一岁除”，说明古时候也在放，这是流传千年的习俗了，到我们这儿断掉了，总有点……嗯，没有年味儿。

师：这是你的想法，谁有不同的想法?

生：我有不同的想法，燃放烟花爆竹会污染空气的。

生：我认为乡下可以放，因为乡下没有说不可以放。在城里就坚决不能放。

① 本案例由江苏省南通市高等师范学校附属小学崔梅老师提供。

师：你的意思是，禁放的地方坚决不放，不禁放的地方就可以放。可是刚刚那个小男孩说了，会污染空气呢。你怎么想？

生：我也觉得它会污染空气。污染的空气被我们吸到身体里以后，我们会生病的，生病是一件很可怕的事情，身体健康比放鞭炮更重要。

生：我认为是不可以放的，因为我以前也很喜欢放烟花，虽然烟花很好看，也很好玩，但是后来妈妈告诉我，现在的空气没有以前的空气好了，现在很多地方都禁止放了，虽然乡下没有禁止放，但是我们也要负起责任来。

师：老师听明白了，传统习俗我们需要，美好的空气我们也需要，那我们可以怎么办呢？

…………

辩论案例二：

师：（指着插图）一定要放鞭炮吗？

生：不一定，因为会污染空气。

生：不一定，因为如果伤到我们，受害的是自己。

师：对，还有安全隐患。

生：中午的话别人在睡觉，会吵到别人。

师：真是个小暖男，心系他人。

生：放鞭炮会有火花，万一烧到稻草，会引起火灾。

师：有不一样想法的吗？

生：我觉得要放，这样就能表达对远方亲人的思念。如果放了，他们也许还能看到。也就能继续好好工作了。

师：也有道理。

生：我觉得要放，这样才能感受到过年的喜庆啊。

师：对呀，还有谁有什么想法？

生：我觉得还是不要放。因为放了，产生的噪声也会影响人的身体健康。

生：我觉得不要放，可以换成其他喜庆的事情做，比如吃年夜饭。

生：我觉得不要放，可能会引起火灾。

案例分析

从课例中我们可以看出，第一个辩论案例，老师抓住了当下人们共有的困惑，把握了真问题，创设了晨晨全家回乡下过年，乡下没有禁止燃放烟花爆竹的情境，就“过年过节时，这烟花爆竹是放还是不放呢”这个话题展开辩论，孩子们紧紧围绕环境污染、保护空气这个核心，畅所欲言。“我认为乡下可以放，因为乡下没有说不可以放。在城里就坚决不能放”，这说明学生已经有了规则意识、法治观念；“污染的空气被我们吸到身体里以后，我们会生病的，生病是一件很可怕的事情，身体健康比放鞭炮更重要”，这说明该辩论培养了学生健全人格；“我认为是不可以放的，因为我以前也很喜欢放烟花，虽然烟花很好看，也很好玩，但是后来妈妈告诉我，现在的空气没有以前的空气好了，现在很多地方都禁止放了，虽然乡下没有禁止放，但是我们也要负起责任来”，这说明学生辩论时有抓手、有方向，也提升了责任意识。通过辩论活动，学生的核心素养在不断提升。

再看第二个辩论案例，老师没有创设情境，直接问一定要放鞭炮吗，学生的思辨活动没有抓手，没有方向，学生思维散乱。“中午的话别人在睡觉，会吵到别人”，学生没有围绕“放鞭炮对空气的影响”来思考；“我觉得要放，这样就能表达对远方亲人的思念。如果放了，他们也许还能看到。也就能继续好好工作了”，这说明不符合生活实际。总之，整个辩论没有围绕主题进行，教师也没有加以引导。

可见，思辨的话题设计，要以学生的真实生活为基础，正视关注度高、涉及面广的问题，要增强内容的针对性和现实性，把握生活真问题，在创设的生活情境中抛出思辨话题。这样的思辨才能突出问题导向，引导学生发现问题、分析问题、解决问题，从而提升道德理解力和判断力。

思考与练习

1. 为什么思辨是促进学生核心素养提升的有效手段？

2. 根据道德与法治的教学要求，结合小学生的生活实际，设计一个思辨活动。

阅读文献

1. 鲁洁，王逢贤．德育新论．南京：江苏教育出版社，2010.

2. 黄向阳．德育原理．上海：华东师范大学出版社，2000.

第七章

小学道德与法治课程学科实践环节教学设计

本章导读

“实践”在不同的行业领域或不同的学科教学中被赋予了相应的功能和意义。在小学道德与法治课程的教学中，我们该如何理解学科实践教学的内涵和价值？根据本课程的特点，我们又该如何策划实践环节呢？本章将结合丰富的实际案例带领大家一起探讨。

第一节　学科实践教学的基本理论

一、学科实践教学的内涵

“实践”在《现代汉语词典》中的释义是：人们有意识地从事改造自然和改造社会的活动。道德与法治教学中“学科实践”的提出具有特殊的背景和深远的意义。“好习惯益终生。”本学科的一个重要任务就是帮助学生养成良好的日常行为习惯。但是，学生“知道”不等于“做到”。小学一节课只有短短的 40 分钟，怎样才能在 40 分钟的时间里实现有效“导行”呢？这就离不开学科实践。

在本学科中，学科实践就是让学生根据学习的主旨，通过亲身体验，实际参与，把道德意识和道德行为紧密联系起来，明确行动的意义，学会行动的方法，并内化成一种“道德反射”，即“内化于心，外化于行”。生理学、心理学大师巴普洛夫的理论可以为这个定义提供理论支撑。他认为，机体生来具有的、对保存生命具有根本意义的反射称作无条件反射；而机体后天学得的反射则称作条件反射。条件反射是外在世界和有机体之间形成联系的机制。我们就是要通过行为学科实践，帮助学生形成这种“条件反射”。

道德与法治的学科传授，“超越了单一的书本知识的传递和接受，以活动为教和学的基本形式。课程的呈现形态主要是儿童直接参与的各种主题活动、游戏或其他实践活动；课程目标主要通过儿童在教师指导下的活动过程中的体验、感悟和主动建构来实现”①。简而言之，在本学科教学中要充分体现“实践性”的特征，而热衷活动，参与实践，恰恰是儿童的天性，只有遵循了课程的特点，重视儿童身心发展的特点，将两方面的要求和需求有机地、巧妙地结合到一起，才能完成适合儿童的教育。本学科实践环节的设置，就是让学生在课堂教学中充分地活动起来，在道德行为的不断锤炼中，整体提升由道德认知、道德情感、道德意识等多种因素构建而成的个人道德核心素养。

二、行为训练的价值

黄向阳在《德育原理》一书中指出：“美德最终要落实到行动上。任何一种美德都是通过实践获得的。它首要问题不是知识的教与学，而是行为习惯的培养和获得。”② 结合我们的日常学科教学，就是要在课堂上实践起来，操作起来，简而言之就是要动起来。让学生的外化行为在活动的过程中完成塑形、定形，就能使我们的道德与法治教学更加有效、高效。

（一）儿童道德内需的“挖掘机”

在新课程标准“课程目标”下的“总目标”中，“践行”“行为”这两个关键词反复出现，要求我们的教学能够引导学生“了解个人生活和公共生活中基本的道德要求和行为规范，能够在日常生活中践行诚实守信、团结友爱、尊老爱幼等

①② 黄向阳．德育原理．上海：华东师范大学出版社，2000：79.

基本的道德要求”，并且“通过体验、认知和践行，养成良好的道德品质”①。此外，在培养规则意识和安全意识的同时，能够最终帮助学生“养成自觉守法、遇事找法、解决问题靠法的思维习惯和行为方式”②。对照这样的学科目标，我们在日常教学中用足用好“学科实践”，紧紧抓住儿童喜爱活动的生理、心理特点，激发儿童的探究热情，在卷入式学习中提高本学科的核心素养。

案例1　　《清新空气是个宝》学科实践环节课堂实录（部分）③

（部编版《道德与法治》二年级下册第三单元第10课）

【教学目标】

1. 关注空气质量，知道了解空气质量的基本途径，掌握在空气污染环境中自我保护的基本方法。

2. 培养学生收集整理资料、质疑、思辨探究等自主学习能力，培养学生自觉的环保意识与公民意识。

【实践环节的课堂实录】

师：小朋友们，看看老师手上拿的是什么？

生：一张餐巾纸、一个玻璃杯、一盆水。

师：它们之间会发生什么神奇的事情呢？我想请小朋友上来试一试，谁愿意？

生：（上台操作实验1）餐巾纸蘸水就湿了。

师：谁来说说，你看到了什么？

生：餐巾纸一下子就湿了。

生：这个实验不用做我就知道，餐巾纸肯定会湿。

师：那接下来，我再请一个同学来做第二个实验。

生：（上台操作实验2）将餐巾纸放进玻璃杯中，杯口朝下倒扣放进水里。

师：谁来说说，这次你又看到了什么？

生：太神奇了。纸没湿。

生：这是为什么呢？

---

①② 中华人民共和国教育部．义务教育道德与法治课程标准（2022年版）．北京：北京师范大学出版社，2022：9.

③ 本案例由江苏省南通市师范二附小单玲玲老师提供。

师：我再请几位同学上来，近距离看看、闻闻，再动手摸摸。

生：好像什么都没有。

生：我没发现什么。

师：这就要请出我们这节课的主角——空气了。什么是空气呢？请大家读读书上的这则谜语：

看不见，摸不着，

没颜色，没味道。

生命世界当个宝，

每时每刻少不了。

我是——。

生：空气。

师：说说你知道了什么？

…………

师：是呀，空气可是生命世界的宝。今天这节课，我们就来聊一聊“清新空气是个宝”。

案例分析

在教材中，本课以谜语揭示主题——“空气”是第一个话题。在这里，教师设置了实验操作的环节，通过实践体验触发学生自主思考并解决这样几个问题：(1) 空气在哪里？(2) 空气有什么特点？(3) 关于空气，我已经了解了哪些知识？在实践操作的过程中，学生不自觉地卷入教学进程，由实践中的奇特现象引发思考。此时，教材需要“我”解决的问题，即“我”自己要解决的问题，以“成长中的我”为原点，从教材要我学，老师教我学，转化成了我要自己学、我会自己学。学生的学习内驱力被充分激发起来了。

（二）儿童道德认知的“助推器”

在传统的品德教学中，我们通常通过教师口述传授的方式将道德认知的相关内容直接传授给学生。从操作层面讲，就是以教材为蓝本，告诉学生该如何做，教学到这里就戛然而止了。学生究竟接受了多少，消化了多少，无法从课堂教学中得到体现和印证，可以说，这样的教学就是低效教学甚至是无效教学，我们应该杜绝这样的课堂教学模式。我们要在现在的道德与法治课堂上引导孩子思考怎样做，并且真正实践起来，从“我想做”到“我会做”，进而延伸到生活中的“我习惯”。

例如，通过《我能行》（部编版《道德与法治》二年级下册第四单元第13课）学科实践环节的教学设计①，可以看出，在这个案例中，学生需要习得的是发现他人优点的能力，赞扬他人长处的方法。这是新课程标准中“核心素养内涵”之“健全人格”所提及的“友爱互助。真诚、友善，拥有同理心，相互支持，相互帮助，具有互助精神”的具体体现。为了培养学生“体会成长的快乐，能够看到自己的进步和不足，欣赏他人的优点和长处”的学段核心素养，教师通过实践操作，引导学生自主探寻夸奖他人的方法，体验夸奖他人后美好的情感体验，从而最终达成教学目标。学生运用“已知”，发现“未知”，最终达成更加完善的“认知”。这种道德认知实践推演是一个循环往复、螺旋上升的过程，是学生实现自我建构道德认知体系的过程。

（三）儿童道德行为的“矫正仪”

在本学科日常教学中，为了实现“导行”的目标，我们常会用一种教学形式——行为正误判断。例如，在《我们都是少先队员》一课中，一位老师出示了一组图片，分别是用红领巾做道具玩游戏、胡乱把红领巾塞进书包里、认真搓洗红领巾。接着，教师让学生判断正误，教学环节即完成。而另一位老师，则在该环节后又设计了实践环节（具体内容可见案例2），教学效果发生了怎样的变化呢？

案例2　　《戴上红领巾》学科实践环节教学实录（部分）②

（部编版《道德与法治》一年级下册第四单元第15课）

【教学目标】

通过课堂辨析，初步懂得应爱惜红领巾。通过学叠红领巾，进一步学会怎样做是尊重红领巾。

【实践环节的课堂实录】

师：大家判断得都很正确。那么，如果这位用红领巾做道具玩游戏的同学就在你面前，你会怎么做呢？

生：我要去劝阻他。

① 本案例由江苏省南通市师范二附小宋月红老师提供。

② 本案例由江苏省南通市师范二附小李铭萱老师提供。

生：我帮他想其他的办法。

师：好，现在谁走上前去，劝劝这位同学？

生：这位同学您好！我们不应该把红领巾系在腿上，这样做十分不尊重它。我可以帮你想其他的办法。

师：什么办法呢？

生：我帮你去问问老师有没有绳子，好不好？

…………

师：那么红领巾该怎样收放呢？

生1：要叠整齐。

生2：不能乱塞。

师：现在，请大家把红领巾拿出来，试着叠一叠，看怎样做能把它叠规整。

（学生展示不同的方法）

师：刚才大家都说会洗红领巾，谁现在就来试试？

（学生示范）

师：他刚才是怎么做的？

生1：把红领巾浸湿，再涂肥皂。

生2：脏的地方可以多搓搓。

生3：我要提醒他一下，洗好了要马上扯扯平，然后晾出去，这样就不会皱了。

师：那你来示范一下，该怎么晾，好不好？

（学生示范）

案例分析

这位老师的教学过程给了我们一个启发：学生在走进课堂时，并非一张白纸。他们已经养成了一些行为习惯，有好的，也有不好的。而本学科教学中教学实践的重要作用之一就在于“矫正行为”。能做出正确的判断，说明学生已经具有“道德认知”，但这并不能证明他的道德行为水平得到了提升。“善的知识渊博的人，未必是道德高尚者。否则，伦理学专业的教师、学生就会是世界上最有道德的人。美德和技术一样，必须通过现实的活动才能获得。”① 例如，烧得一手好菜，才能成为厨师；上好每一节课，才能成为教师。同样，做有爱心的事，才能

① 黄向阳．德育原理．上海：华东师范大学出版社，2000：79.

成为有爱心的人；做勇敢的事，才能成为勇敢的人。因此，在课堂上，口头判断正误，认知上达成一致，仅仅是矫正行为的预备阶段，实践操作的跟进才能让学生在行动中强化道德行为的矫正效果。

（四）儿童道德体验的“铺路砖”

在本学科教学中，“体验”的过程是一个实践已知真理的过程，是一个探寻新的真理的过程，所以，“体验”在本学科教学中具有不可替代的存在价值。但是，在实际教学中，体验需要平台，需要路径，而实践操作环节的设置，正好为儿童在品德习得过程中获得道德体验搭建了畅通的渠道。

案例 3　《大家排好队》学科实践环节教学实录（部分）①

（部编版《道德与法治》二年级上册第三单元第 11 课）

【教学目标】

在课堂实践中进一步巩固练习按规则排队，体验心中有规则的益处，从而自觉遵守规则。

【实践环节的课堂实录】

师：我们班几乎每周都是优秀班级，这和大家能够严格遵守学校里的各项规则是分不开的。好比说，我们班的课间操星特别多，说明我们在这方面遵守规则的情况特别好。待会儿下课，又要做操了，你们打算怎么整队呢？我们一起来试试！（全班练习日常整队，结束后回教室）

师：谁来说说，刚才你们做到了哪几点？

生：我们做到了静、快、齐。

师：是的，非常棒！这样做有什么好处？

生 1：这样做，我们班的星就不会丢了。

生 2：我们班又可以做优秀班级了。

案例分析

可以看出，教学进行到这个环节时，学生体验到了遵守规则的益处，即维护班级荣誉。看起来，学生实现了道德体验，但是回归到本课的教学主旨来讲，这

① 本案例由江苏省南通市教科研中心提供。

样的体验是不是更有功利色彩呢？学生对遵守规则的价值和意义理解是不是过于肤浅单薄了呢？为了解决这些问题，教师进一步用行为训练引领学生在实践体验中实现道德体验。

师：其实，我们还可以做得更好！下面请大家来玩一个游戏。

（游戏：小口的花瓶里放着三个乒乓球，球上面都有绳子系着，请三个学生在最短的时间内把三个球全部取出。经过学生的实践，发现三个球依次取出速度最快）

师：再回到我们的整队问题上来，大家觉得，还有我们什么地方可以做得更好？

生1：我们可以依次出教室排队。

生2：大家不要一下子全涌到教室门口去。

生3：可以一小组一小组地依次出去。

生4：我们还可以一半从前门走，一半从后门走。

生5：但是不能交叉，所以可以1、3、5、7组从前门走，2、4、6、8组从后门走。

生6：还不能拖拖拉拉。

师：好，那我们现在就来试试。（全班按新的方式进行行为训练，结束后回教室）

师：谁来说说，按这样的规则排队，感受如何？

生1：我觉得好像速度更快了。

生2：我觉得不拥挤了，还挺宽松的。

生3：我觉得自己是一个文明人了，特别文明。

生4：大家都按照我们制定的规则做，大家都是讲文明的人了。

案例分析

我们可以看出，学生通过实践操作，体验到了遵守规则的重要意义：提高个人及整体的文明程度；体验到了遵守规则的价值：给自己和他人带来更大的方便，自己也成了更好的“文明人”。这也就是回答了学生内心深处关于遵守规则的两个根源问题：我为什么要遵守规则，遵守规则有什么好处。对照之前学生的反馈，在课堂实践体验后，遵守规则在学生心中由外在的要求，转化成了自身的内需；由实现功利目标的手段，转化成了自我道德核心素养提升的过程。

文明、和谐是社会主义核心价值观的重要内容。这样的环节设计，既让学生在第一学段初步感知了社会主义核心价值观，同时又为完成第二学段“初步理解社会主义核心价值观的要求，在日常生活和集体活动中加以践行”的要求，打下了基础。

由此，我们不得不承认，行为训练为道德体验铺就了一条快速通道，这条通道只有起点，没有终点，它永远指向更高的道德目标。

(五) 儿童道德情感的“点金石”

完整的课程实践教学环节不能仅止于实践体验本身，否则就会大大降低实践环节的道德教育价值。通常，在进行了课堂行为训练之后教师还应趁热打铁，设置相关的追问，而这样的追问就是在学生行为养成的基础上进行道德情感的培育。

案例4　　**《戴上红领巾》学科实践环节教学实录（部分）**①

（部编版《道德与法治》一年级下册第四单元第15课）

【教学目标】

学会敬队礼，体会红领巾的神圣，激发作为少先队员的光荣感、责任感、使命感。

【实践环节的课堂实录】

师：刚才我们在中国第一代少先队员李奶奶的带领下，重温了队礼的意义。相信，当我们再次举起右手，五指并拢，高举过头顶的时候，一定会有不一样的感受。现在，大家能行好队礼吗？

生齐：能！

师：现在请同桌的两个同学面对面站好。一个同学发令，另一个同学敬礼。

（小组内行为训练）

师：大家练得都十分认真。谁来说说，行好队礼要怎样做？

生1：要保持立正姿势。

生2：胸脯要挺得高高的，腰杆儿要挺得直直的！

① 本案例由江苏省南通市师范二附小李铭萱老师提供。

生 3：左手要五指并拢，伸直，紧贴裤缝。

生 4：右手要高高举过头顶，也要做到五指并拢。

师：老师发现，刚才有不少同学已经做到了这几点。谁愿意上来做给大家看？

（以小组为单位，到讲台上展示）

师：当你面对着鲜艳的五星红旗，以最标准的姿势行队礼时，你的心里有什么感受？

生 1：我觉得，戴上红领巾特别光荣，因为红领巾就是国旗的一角。

生 2：以前，我觉得敬礼就是做一个动作；现在，我觉得，敬礼的时候自己特别自豪！

师：我知道，你是想说，敬礼这个动作的背后藏着你对祖国的热爱，是不是？

生 3：我觉得很庄严，很严肃。

生 4：我觉得很骄傲，因为我是一名少先队员。只有少先队员才能对国旗敬队礼！

案例分析

和成人不同，儿童的道德行为更多地是被感情所驱使，所以，我们在给儿童传授道德认知、矫正其日常行为之后，还应当进一步追寻由上述两者所触发的道德情感。就本案例而言，课堂实践环节的设置，达到了以“行”触情的效果。我们假设教师用简单的口头交流来替代其中的操作环节，紧接着问孩子，敬礼时有怎样的感受。孩子也许也能说出“自豪”“骄傲”等答案，但扪心自问，这是孩子发自内心的感受，还是两个可以运用于许多场合的普通词语呢？品德教学追求“真”与“实”，最忌“假”和“虚”。行为训练就是让品德教学的“导行”环节落“实”，让情感的生成归“真”。

第二节　学科实践环节教学设计策略

一、儿童本位——学科实践的前提

作为培养儿童核心素养的关键性课程，儿童本位应是本课程一切教育活动的重要前提。成尚荣先生曾说过：“教学的使命与目的应当是发展学生的素养，那么，素养应当以人为核心，以育人为根本任务。”这里的“人”就是教育主体——儿童。以儿童的视点为起点，以儿童的发展需要为前提，尊重儿童的身心发展规律已经成为当今一切教育活动必须遵循的准则，本课程的实践环节设计也不例外。我们在设置学科实践环节时，一定要从儿童的实际需要出发，简而言之，就是要思考这样几个问题：（1）根据不同儿童的年龄特点以及教材内容，本课应设置什么合理的教学目标？（2）就本课而言，孩子已经有了哪些前期储备？（3）在教学中，要帮助儿童解决哪些问题，才能实现教学目标？在明确了以上三个问题的答案之后，我们方可根据实际需要设置课程实践环节，切不可为实践而实践。

案例5　《吃饭有讲究》学科实践环节教学设计（部分）①

（部编版《道德与法治》一年级上册第三单元第10课）

【教学目标】

学会在餐桌上如何照顾客人、如何提醒客人等餐桌礼仪，并实践操作，体验遵守餐桌礼仪的益处。

【实践环节的课堂实录】

师：客人的飞机晚点了，我们等了很久，肚子也饿了，怎么办？

生1：先吃点其他的零食吧。

生2：我妈妈说过，客人没到，主人就一定要等。

师：是的，这是我们中国人的待客之道，也是我们传统餐桌文化的一部分。

…………

师：客人终于来了，大家都坐好了。小妹妹可饿坏了，看到好吃的鸡腿就用手抓。你们看见了，打算怎么办？

生：我要对她说，你不能这样！

师：其他同学同意吗？

生（齐）：不同意。

师：那么，我们怎样说，才能既阻止她，又不会让小妹妹不高兴呢？

生1：我们悄悄地和她说。

生2：我和她头靠着头，轻轻地说。

① 本案例由江苏省南通市师范二附小李铭萱老师提供。

生3：就是说悄悄话呗！

师：小朋友们说得可真好！在餐桌上，不应该大声说话，实在有话要说，也要注意方法才对。现在，我就请小朋友们照着你们刚才说的那些方法来做做看。

（同桌互练、小组汇报）

师：我来问问大家，刚才，他们两个说什么你们听见了吗？

生（齐）：没有！

师：那么谁来说说，在餐桌上像他们这样说话，有什么好处？

生1：小妹妹就不会觉得不好意思了。

生2：还能帮助她不犯错误。

生3：这样说话不打扰其他人。

生4：在餐桌上不大声说话，就是老师平时说的文明就餐。

案例分析

以这一课为例，教师在本环节要实现的教学目标是教会学生文明用餐，学会相关的餐桌礼仪。这是一年级上册后半学期的课程，教师面对的学生都已经接受了近半学期的小学教育，通过日常的常规教育，他们对于集体用餐时的礼仪已经有了基本认知，但是有了道德认知就一定能形成道德行为吗？答案显然是否定的。要让道德认知提升为道德行为，其中需要一个连接的台阶，而课堂实践就是这个台阶。在这个教学环节中，教师现场指导，教会了孩子怎样做，才是小声说话，才是遵守了餐桌礼仪，并通过实践操作，让学生感知到了这样做的好处，并从内心深处和课程的意图达成了共识、产生了共振。在这样的实践体验中，孩子明确了应该怎样做，这样做有什么价值。在课堂上，孩子习得的操作方法为课后在日常生活中逐步形成习惯打下了坚实的基础。

二、贴近生活——学科实践的准则

新课程标准指出，新的课程教学体系“遵循学生身心发展特点和成长规律，按照大中小学德育一体化的思路，依据我与自身，我与自然、家庭、他人、社会，我与国家和人类文明关系的逻辑，以螺旋上升的方式组织和呈现教育主题，强化课程设计的整体性”。其中提到的三个逻辑层面，无一不与日常生活紧密相连。因此尊重儿童生活，紧扣儿童生活，是道德与法治学科选择教学手段的重要准则，各项实践的开发开展，也是如此。凡是脱离生活实际的实践体验都是低效的体验，也就是说，所有儿童生活中用不上的实践操作内容都是应该摒弃的。

案例6　《我们爱分享》课程实践环节教学实录（部分）①

（部编版《道德与法治》一年级下册第二单元第7课）

【教学目标】

在实践操作中学会和小伙伴友好相处，体验分享的乐趣。

【实践环节的课堂实录】

师：现在讲台就是我们的家，谁愿意做这个家的小主人？（指名一学生上讲台）你想邀请谁来做客？

生：A、B。（两名学生上讲台）

师：准备好就按门铃吧！

A：叮咚叮咚。

生：是谁呀？

A、B：我是你的小伙伴！

生：是小伙伴来了呀！（开门）请进，请进！

A：听说你家里有好看的书。

生：你想看哪本书呀？

A：（选书）我想看这本。

生：可以啊！你想看哪本书？

B：我想看这本书（选书）。

生：可以呀！（拉着小伙伴的手，走到椅子前）请坐下。（生自己在一旁吹泡泡）

师：欢乐的时光总是过得很快，不知不觉天黑了，小伙伴要回家了。小主人，该怎么办呢？（生收好玩具，帮助客人一起收好书）

A：再见！

生：再见！

A：我们以后还会到你家来玩儿的。

师：刚才这位小主人有哪些地方值得我们学习？

① 本案例由江苏省南通市师范二附小李铭萱老师提供。

生 1：他非常热情好客。

师：他哪些地方让你觉得热情好客?

生 2：他特别乐于分享。

生 3：他让客人自己选择想看的、想玩儿的。

师：你们知道吗，这可是他平时最爱看的书呢。现在，小伙伴来了，他还愿意拿出来和大家一起——分享（师生齐答）。其实，在这个家里，除了和小伙伴分享书籍，还可以怎么做呀?

生 4：还可以和小伙伴一起下楼玩。

师：分享游戏的快乐。那在家里呢?

生 5：可以和他们一起搭积木。

生 6：可以和他们一起看电视。

师：李老师想问问你们，平时这些好吃的、好玩儿的、好看的都只属于你一个人。现在拿出来，就要属于大家了。你心里是怎么想的?

生 1：要是能让小伙伴们玩得更开心，那就更好了。

生 2：把玩具分享给大家，我们就可以一起玩儿，我就不再是一个人了。

生 3：要是大家能一起玩儿，那该多开心呀!

师：太棒了! 小朋友们，刚才你们都学会了分享。

案例分析

在这一环节中，教师设置了和小伙伴分享书籍的实践环节。在日常生活中，小伙伴相约去家里探访、去野外游玩是很常见的生活场景。从儿童的视角出发，从儿童的需要出发，从儿童的现实生活出发，把日常生活场景中的事情引入课堂，成为教学内容。新课程标准指出，第一学段，道德修养培养的重点之一即“懂礼貌，讲诚信，守约定，不撒谎，与同伴友好相处”。为了高效地达成学段目标，我们就要拉近教材与儿童的距离，这就离不开生活这个“场”。我们走进“儿童的生活”，去思考“生活中的儿童”，思考他已有的、他缺失的、他明晰的、他含混不清的……教师坐在电脑前，凭借自己的主观判断，设计出的就是“师本教学”。教师走进儿童的生活，以儿童的发展需要作为目标，设计出的就是“生本教学”，两者一个给了孩子教师想给的，一个给了孩子自己想要的，孰优孰劣，不言自明。

三、用好教材——学科实践的条件

我们所使用的《道德与法治》教材，充分体现了社会主义核心价值观，明确了“立德树人”的学科根本任务，是国家意志的集中体现，因此我们一定要尊重教材，用好教材，紧紧围绕教材确定的教学目标、教学重点、教学难点开展教学。我们应在教学中反复研读教材，发现教材背后的价值。在教学中，如果一味追求异于他人的新奇感，而偏离了教材本身的指向，那是万万要不得的。

案例 7　　《心中的“110”》课程实践环节教学实录（部分）①

（部编版《道德与法治》三年级上册第三单元第 9 课）

【教学目标】

学会独自面对陌生人来访，增强自我保护意识，懂得保护自己。

【实践环节的课堂实录】

师：这时门铃又响了，该怎么做呢？

生：看猫眼。

师：大家仔细看。

（播放音频：请问有人在吗？我们公司是专门销售空气清新机的，请开个门，让我给您做详细介绍）

师：开门不？

生：不开。

师：为什么？

生 1：万一他是专门骗小孩的，怎么办？

生 2：爸爸妈妈把一些贵重的物品留在家里，他万一是来骗钱的怎么办？

师：是的。小朋友们你们说的都非常正确，当我们一个人在家里的时候，有陌生人来敲门，就不能开门。

师：你打算对这位不速之客说点什么呢？谁来试试？

生：我爸爸在睡觉，请你下次再来。

师：你真机智。

生：你可以留下手机号码，我们需要时再联系你。

---

① 本案例由江苏省南通市同和小学宋立立老师提供。

师：有礼有节。同学们能机智勇敢地面对陌生人来访，真是太棒了！

案例分析

在这一课的教材中，有一整页围绕着“有点警惕性”展开。我们把这个教学的环节还原到生活中会发现，独自面对陌生人要解决的问题包括是否要开门，应该怎样应答，以及为什么要这样做。在这里，教师既充分解读教材上的每一个板块，忠实于教材内容，又适当扩充了教学内容，还原了生活中的真实情景，既紧扣了教材的主旨，又满足了儿童道德认知、道德行为、道德情感的成长需要。

案例 8　　**《心中的“110”》课程实践环节教学实录（部分）**[①]

（部编版《道德与法治》三年级上册第三单元第 9 课）

【教学目标】

懂得遵守法律，做守法公民，不违法犯罪；在权利受到侵害时，知道运用相关法律，依法维护自身权利；远离违法犯罪行为，形成守法意识与习惯。

【实践环节的课堂实录】

师：前几天，小吕姐姐接到了小陈同学的求助，发生了什么事呢？我们来看一下。（出示课件：小陈同学在偏僻小路被两个男同学拦住要钱）

师：同学们，此时此刻，如果你就是小陈同学，你会怎么做呢？

生 1：我会假装把钱给他，并记住他的样貌，回家后立即报案。

师：你选择先给钱，为什么会这样想呢？

生 1：因为如果不给钱的话，他会揍你，甚至不让你走。

师：你把自我保护放在了第一位。（向他竖起大拇指）还有谁来说说看？

生 2：我会向旁边的路人求助。

师：假如旁边有人，向他人求得帮助，这也是一种自我保护的方法。还有吗？

生 3：我会回去向家长汇报情况。

师：现在呢？

生 3：我会先把钱给他。

① 本案例由江苏省南通市同和小学宋立立老师提供。

师：现在先给钱。（出示课件：服软、交零花钱、迂回战术……）服软，先保护自己。如果对方这时候作势要打你，你怎么做？

生：我会先拖延时间，随机应变。

师：你很机智。随机应变，尽量拖延时间，如果有机会能跑就跑。假如跑不掉，被抓住了，被打了，这时候怎么办呢？想想有没有什么好方法让自己的身体尽量少受伤。

生：先装得很害怕，再趁机逃跑。

师：除了逃跑，还可以呼救。如果实在跑不掉了，被打呢？

生：可以用书包遮着。

师：遮住哪里呢？

生：遮住头部。

师：是呀，头部是我们身体最重要的器官，我们可以护住头部。除了护住头部，还可以护住哪里？

生：腹部。

师：对呀，胸前也有我们身体很重要的器官，我们也要保护住。你们的想法和小吕姐姐的想法一致。（出示课件自我保护动作示意图）她教给大家一个好的做法：屈身，抱头，护胸护脑。来，学着做一做。

（生坐在位置上学着做）师：要被打了，赶紧把头部护住。（师指导个别学生保护的动作）

师：同学们，你们都知道遇到这样的情况要自我保护，可是有一个同学，他不这样想。（课件播放这个同学的想法音频：我才不会把钱给他们，我和他们拼了）你赞同这样的观点吗？

生1：我不赞同，如果你斗不过他们俩的话，可能会被他们打伤。

师：自己可能受到更大的伤害。

生2：我也不赞同，如果你没有动手，你还可以回去报案，如果你动手了，你就不能再报案了。

师：老师理解你的意思。如果他是一个武术高手，把人打伤了，他自己也违法了。还有谁来说说你的意见？

生3：我也不认同，因为他这样的话也就侵犯了别人的人身权。

小结：我们这样做有些危险，我们的力量还在成长中，还不能和坏人正面对抗，我们要先把人身安全、自我保护放在第一位。（课件出示应对方法）所以，当我们遇到危险时，我们首先要（生：冷静应对），尽量（生：避免危险），尽快（生：逃离现场），一定要先做好（生：自我保护）。（板书：注意自我保护）

案例分析

在本课的最后，教材引导学生要在生活中学会面对陌生人，既不能把陌生人都当成坏人，也要有一定的警惕性，要有自我保护的意识。就这一块内容，教师以教材为蓝本，以学生的生活实际为原点，生发了以上实践环节，从而充实了教材内容，又紧扣教材主旨，推动了学生自我保护意识的形成。

我们常听到一些老师抱怨，拿到道德与法治教材，不知道该怎么教，书上就是几幅图、几段话，短短十几分钟就能讲完，哪用得了 40 分钟啊！也许，这个案例能够给大家一点启示，其实教师是教材的使用者，但更是教材的开发者。遵循总课标，对照课时目标，我们会发现手上的教材是座富矿，深挖下去，直指儿童发展的核心素养，我们才算是用好了教材。

四、多样形式——学科实践的途径

学科实践作为道德与法治学科教学中的重要环节，是可以以多种形式呈现的。其形式大致可以分为个体实践、小组实践、集体实践。在教学中，我们可以根据教学的实际情况，灵活选择运用。

（一）个体实践

个体实践在学科实践环节中会经常用到，它具有个体示范引领的作用。教师可以以个体实践对象为范例，通过生生、师生间的评价辐射所有学生。

案例 9　　《买东西的学问》课程实践环节教学实录（部分）①

（部编版《道德与法治》四年级下册第二单元第 4 课）

【教学目标】

掌握逛超市的方法，学会用不同的方法找到自己想要的物品，同时学会礼貌地求助，解决逛商场时的实际问题。

① 本案例由江苏省南通市师范二附小姚丹老师提供。

【实践环节的课堂实录】

师：当我们无法找到自己想要的食品时，除了看超市里的分类牌，还有什么其他办法吗？

生：问超市里的营业员阿姨。

师：对，她对这里的环境最熟悉，找到阿姨，我们该怎么说呢？老师现在就做营业员，见到我，你们打算说些什么？

生 1：我先打招呼，营业员阿姨，您好！

师：用上“您好”，这样打招呼真有礼貌。

生 2：然后就问营业员阿姨哪里卖面包。

师：你是怎么问的？

生 2：阿姨，面包在哪里卖？

师：加上“请”试试。

生 2：阿姨，请问，面包在哪里卖？

师：是不是比之前更有礼貌了？在向营业员阿姨询问时，用上“您好”“请问”“谢谢”这样的礼貌用语，就更文明了。现在，谁愿意来做这位文明的小顾客？

（指定一名学生上讲台）

生：阿姨，您好！

师：您好，有事吗？

生：请问，面包在哪里卖？

师：前面一个货架左转，就能看见了。

生：谢谢阿姨。

师：你真懂礼貌，不客气。

师：大家来说说，刚才这位小顾客做得怎么样？

…………

案例分析

本课的第三个话题是“购物讲文明”，除了书上第 32 页设置的三个场景以外，教师还结合生活实际设计了以上实践环节。教师请学生，以个体体验形式实操“礼貌询问”，该个体体验产生了个体推动个体的效应，辐射了更多的学生。正如德国哲学家雅斯贝尔斯说过的：“真正的教育是用一棵树去摇动另一棵树，用一朵云去推动另一朵云，用一个灵魂去唤醒另一个灵魂。”

（二）小组实践

在小组实践中，教师退居幕后，学生担任一定角色，和同伴协同合作。

案例 10　《这些事我来做》课程实践环节教学实录（部分）①

（部编版《道德与法治》四年级上册第二单元第 5 课）

【教学目标】

通过小组实践，每个学生都学会如何与长辈沟通，掌握照顾家人的部分技能。

【实践环节的课堂实录】

师：刚才这组同学做得真好！外婆来做客，舍不得自己的小外孙干家务。而这位小朋友用语言和行动向外婆证明了，他不但会照顾外婆，还能把她招待得很好呢！我们把热烈的掌声送给这两位同学！看来，这位小朋友已经学会了该怎样礼貌迎客了，其他小朋友学会了吗？

生（齐）：学会了！

师：好！现在我就请同座的两位小朋友，一个人做外婆或者是外公，另一个人做小主人，也来试着做做看。长辈到家里来，就是舍不得你做事，招待、照顾他们，你会怎么做呢？做完了，还可以互换角色，再试一次。

（全体小组练习）

案例分析

在教材中，本课设置了“不让做—怎么办”这一话题，要求学生思考“大人为什么不让我们做家务呢?”。在实际教学中，教师设置了角色扮演，即实践体验的环节。学生通过扮演长辈，体会了他们的良苦用心；通过扮演小主人，学会了怎样和长辈沟通表达自己的想法，更学会了用实际行动证明自己，让长辈放心。这样的环节设计有效地促成了新课程标准中第二学段“孝敬父母，尊重师长，体会父母的养育之恩和师长的辛劳”“树立劳动意识，积极参加劳动实践”“能够表达自己的感受和见解，倾听他人的意见，体会他人的心情和需要”“主动参与力所能及的家务，学会承担家庭责任”等学段目标的实现。

（三）集体实践

丰富的学科实践环节的设置，为孩子通过课堂教学养成文明习惯提供了渠

① 本案例由江苏省南通市师范二附小李铭萱老师提供。

道。但是如果只是一个或者一部分学生在课堂上有实践的机会，那就大大削弱了我们的课堂实效。我们的教学还应当关照每一位学生。

案例 11　　《生活离不开规则》课程实践环节教学实录（部分）①

（部编版《道德与法治》三年级下册第三单元第 9 课）

【教学目标】

通过模拟实践，学会如何文明上车，体验遵守公共秩序给自己和他人带来的便捷，给社会营造文明氛围。

【实践环节的课堂实录】

师：刚才我们一起学习了怎样看站牌，怎样在站台上等车，上车后该注意些什么。接下来，我们就一起乘坐公交车，去看外婆吧！现在，外面的走廊就是站台，我们到站台上等车吧。（全体学生出教室）

师：孩子们，在站台上等车要注意些什么？

生 1：不推挤，不打闹。

生 2：要安静。

师：汽车进站了，大伙儿该怎么做？

生：排队，提醒不推挤。

师：（打开教室前门）好，车门打开了，上车吧。（自动循环播放录音：上车请扫码或刷卡，前面的乘客向后走，照顾一下后面的乘客）

师：谁来说说这样乘车的感受？

生：大家不推不挤，很安全。

生：先到车站的人排在前面，就有座位。后到车站的排在后面，就站着。一点也不乱。

师：是呀！遵守这样的规则，对大家来说，都很——

生：公平。

案例分析

在第二学段，我们要力求引导学生养成新课程标准中提到的法治观念这一核心素养，即“具有规则意识并学会遵守规则”“了解社会交往的基本规则，树立平等意识，互相尊重”等。在这一实践环节中，在教师的引领下，学生知晓规

---

① 本案例由江苏省南通市师范二附小李铭萱老师提供。

则，实践规则，体会到了遵守规则带来的好处。这正契合了新课程标准“教学建议”中要求的“灌输性和启发性相统一”，做到了“灌中有启”“启中有灌”。

以上三种实践形式，无论使用哪种，都要以达成教学目标为目的，以满足儿童在本学科中的道德成长需要为出发点，以面向全体儿童为宗旨。

五、情境创设——学科实践的法宝

我们一度把本学科的学科实践环节命名为“行为训练”。“训”即教导、教诲；“练”即反复学习，多次操作。单就词义来看，行为训练课应该先由老师讲，再由学生做，而且要重复多次。在本章的开头，已经阐明了“实践”的释义，可见，“实践”“训练”的两个主体，前者比后者更具主观能动意识，前者比后者更多地关注了主观意志。那么，怎样才能更好地体现“实践”对主体内需的关照呢？我们可以将每一次实践体验都放入具体的情境中，以境激情，以情导行，以行养习。

案例 12　《生活离不开规则》课程实践环节教学实录（部分）①

（部编版《道德与法治》三年级下册第三单元第 9 课）

【教学目标】

通过参观动物园，领会遵守规则的深远意义。

【实践环节的课堂实录】

师：动物园到了，快让我们进去看看有哪些小动物在等着我们吧！（出示动物图片）

师：小朋友们，喜欢它们吗？是啊，小动物们多可爱啊！再往里走走，看这是什么？

生：猴山。

师：你们觉得小猴子怎么样？

生：他们都很调皮。

生：小猴子蹿上蹿下，很好玩儿。

① 本案例由江苏省南通市师范二附小李铭萱老师提供。

师：被它们吸引的游客可多啦。你们瞧（出示游人私自喂食的照片），这些游客在干什么呢？你们觉得他们喜欢这些动物吗？

生：他们很喜欢。

生：我觉得他们是为了让自己觉得好玩儿！

师：那么你们想不想喂好吃的给动物们吃？

生：我想试试。

生：不可以。

生：我也觉得不可以。

师：咦，动物园的护栏上有一块牌子，上面有红红的字，写的是什么？（出示标牌：禁止喂食动物）

师：小朋友们，你们有什么问题吗？

生：为什么禁止喂食动物呢？

生：我带水蜜桃去也不可以喂吗？

师：这些问题我可解决不了，我们一起去请教饲养员叔叔吧。（连线对话）

…………

师：现在你们是怎么想的？

生：还是让饲养员叔叔照顾它们比较好。

生：我们喂东西给它们吃，会让它们消化不良，就像我吃撑了一样。

师：看到游客们喂食动物，你打算怎么做呢？

生：我要把刚才饲养员叔叔告诉我的知识告诉他们。

师：请几位同学来试试看。

（指定学生对课件中的游客进行劝说）

案例分析

在这个教学片段中，教师通过巧妙的设计，让学生自己教导自己，一边做，一边思考该怎样做。在这个过程中，孩子也会下意识地联想到以往生活中自己或他人的不文明行为，并进行反思，然后规范自己的行为。这样的以行引思、以思导行的体验过程，是触及孩子精神世界的实践活动。它赋予了孩子情感的体验，由此触动孩子认知的重构，使道德规范成为其成长的内在需要。

实践体验环节的情境创设，要源自孩子的生活，且一定要紧扣学生的生活。

生活即教育，生活即书本，生活即校园，只有在以真实生活为蓝本而创设的情境中训练出来的文明行为，才会使孩子当下乃至一生从中受益。

第三节　学科实践环节教学设计案例分析

目前，在道德与法治学科的教学中，“课程实践”环节正在逐步被广泛运用，“课程实践”可以说是本学科建设中的一个热词。尽管，我们还需要在实践中不断完善，但不得不承认的是，它的出现将道德与法治学科中的“导行”目标落到了实处，让本学科教学从平面的书本走向立体的生活，让道德与法治教材“站”起来、“动”起来了。“课程实践”的环节设置为儿童道德行为的重塑提供了生成空间，为课后道德习惯的养成创造了最大可能，既丰富了学生的实践体验，又促进了他们的知行合一。

一、实物演示实践

实物演示实践是指，在实践环节中，结合课堂创设的生活情境，将生活中的相关实物作为情境元素纳入教学。利用实物进行实操，能够更好地拉近课堂与生活的距离，让儿童走进课堂即走进生活，走进生活又仿佛进入了课堂。我们可以把这种操作中所用的实物当作一个符号、一种标识。在课堂上它是生活符号，在生活中它是道德行为的标识。

案例 13　　**《这些事我来做》课程实践环节教学实录（部分）**①

（部编版《道德与法治》四年级上册第二单元第 5 课）

【教学目标】

模拟生活场景，通过实践操作，学会与长辈沟通，掌握照顾家人的部分技能。

【实践环节的课堂实录】

片段 1

生：请问你是谁呀？

① 本案例由江苏省南通市师范二附小李铭萱老师提供。

师：你从猫眼里看看就知道我是谁了。

生：（模拟看猫眼）外婆！

师：快开门啊！（学生开门）小宝贝儿，我好想你呀！

生：我也好想你呀！（拥抱）外婆，我给您拿拖鞋。

师：不用你拿，我自己来。

生：我给你拿嘛！省得你弯腰。（学生拿拖鞋，鞋头顺着老师脚的方向摆好）

师：你们看，我们家的小宝贝儿是这样摆拖鞋的（老师把拖鞋拿起），这样做好不好？

生齐：好！

师：这样摆怎么好呀？

生1：这样外婆就可以直接穿了。

师：是呀，我穿起来特别方便。你想得挺周到！（老师换拖鞋）好舒服呀！好几天没看到你了，我今天特地来看看。

生：外婆，快坐吧！

片段2

师：茶倒好了，谁来递给外婆？（指定一名学生上讲台，教师坐到椅子上扮演外婆）

生：（学生先单手拿茶杯，之后自己改成了双手拿茶杯递给老师）外婆，请喝茶。

师：好，谢谢！小朋友们，你们觉得他刚才做得怎么样？

生1：我觉得他做得非常好，但有一点不足——他没有提醒外婆注意不要烫到手。

师：你想得很细致。谁来说说他哪些地方做得好呢？

生2：他说了，“外婆，请喝茶”。

师：说得特别有礼貌。注意到他是怎样把茶杯递给我的吗？

生3：他是用双手递的。

师：刚开始的时候，他是用一只手递茶杯，后来换成了两只手。能告诉大家为什么要这样做吗？

生：我怕外婆手抖拿不稳。

师：替外婆着想，很不错。在我们的日常生活中，用双手把物品递给别人，或者用双手接过别人给你的物品都表示对他人的——尊重（师生齐答）。所以你后来做得特别好（老师双手接过茶杯），谢谢你！

案例分析

独自接待客人，尤其是家里的长辈，是学生在日常生活中会遇到的真实情境。教师在这里设计了见面打招呼、礼貌递茶杯等实物演示教学环节。熟悉的生活角色，熟悉的生活用品，熟悉的生活情境，都有助于学生在课堂生成中提升自我日常行为标准，完善日常道德行为。

二、场景模拟实践

我们的实践环节从内容到形式都力求还原生活，但是受各种客观条件的限制，我们在课堂上无法照搬生活；同时，本学科虽然源自生活，但课堂教学应是凝练、提炼后的生活再现。所以，还原生活，在求真的同时，还要求巧、求美、求精。为了实现以上目标，我们可以在课堂上大量使用场景模拟的形式开展课程实践，从而实现高效的教学。

案例 14 《这些事我来做》课程实践环节教学实录（部分）①

（部编版《道德与法治》四年级上册第二单元第 5 课）

【教学目标】

1. 创设情境，发现、展示并肯定学生的家务特长，让学生逐步了解做家务的好处和意义，激发学生主动参与家务劳动的积极性。

2. 引导学生思考辨析，初步形成应该主动做家务的价值判断。

【实践环节的课堂实录】

师：同学们，再过几天，令人期待的暑假就要到啦。暑假里，各个青少年素质教育基地向你们敞开了大门！看，南通市未成年人指导中心就举办了成长夏令营，可以住河边小木屋，可以洗洗煮煮，还可以进行各式各样的拓展训练，你们想参加吗？

① 本案例由江苏省南通市师范二附小宋月红老师提供。本章案例 13 也有此课实录，属于同课异构。

（生兴致勃勃，齐声高喊：想！）

师：不过呀，要想参加这个夏令营，还要符合一定的条件，你们行不行呢？请看招募令！（出示招募令，指名读）

师：家务活，这些事，你会做吗？（板书：这些事我会做）你平时经常做哪些家务活？

生：我会烧饭、拖地、擦窗户、叠被子、整理衣橱。

生：我会洗碗、洗衣服、倒垃圾，还会做蛋饼。

生：我会晒衣服、叠衣服，会帮奶奶择菜，还会烧饭。

师：原来大家平时会做这么多家务活啊，那就不用担心啦，一起接受入营考验吧。

考验一、请选择一种家务活来展示

师：请各组选择一种家务活来展示。（各组分别选择了择菜、整理书桌、削苹果、叠衣服、剥毛豆、缝纽扣。组长到前面来领取活动材料）

师：活动有三个要求（出示要求）。现在考验开始！

（各小组兴致勃勃地进行家务活儿大考验）

师：考验完成得怎么样啊？来，一起进入初审展示台。请带着成果来到前面。请看，这是大家的劳动成果。你想点评哪个组？

生：第一组，整理书桌做得好！桌面变得特别干净，看了让人心情都舒畅了。

生：削苹果的那组，把苹果削得干干净净的，让我看了都想去啃一口。

生：叠衣服那组，衣服变得整整齐齐的，我想衣服下次穿也不会皱巴巴的。

生：剥毛豆的同学，一会儿工夫，剥了这么一大杯。（剥毛豆的同学骄傲地举起装毛豆的杯子，给大家看）

生：我们缝纽扣最难，可是缝得很牢固。（用手扯了扯，确实缝得很牢固）

生：择菜的同学，把芹菜去了叶子，并折成一段一段的，长短都差不多。

师：同学们摆得有序，削得干净，缝得牢固……真能干！刚才，这些家务活，你们为什么做得这么好呢？下面进入考验二。

考验二、复审交流站

师：有这样三个话题，请你自由选择两个话题说一说（出示话题：话题一，我学做这项家务活是因为……；话题二，我把这项家务活做得又快又好的诀窍是……；话题三，我一直坚持做这项家务活的感受是……）。（同桌交流）

生：我来交流第一个话题，我学做这项家务是因为，我常看到奶奶剥毛豆，奶奶眼睛不太好，我帮奶奶剥。

生：妈妈工作很忙，我学会叠衣服，就帮助妈妈节省了时间，妈妈也不用那么辛苦了。

…………

师：你们特别懂事，担当起家庭的责任。（板书：担当责任）

生：我来交流第二个话题，我把苹果削得又快又好的诀窍是我经常削，熟能生巧了。

生：我剥毛豆剥得快，是因为只要从毛豆脊背的茎那儿剥开，毛豆就蹦出来了。

…………

师：是的，做家务要讲究方法。（板书：讲究方法）

生：我一直坚持做叠衣服这项家务活的感受是，能够帮助妈妈节省不少时间，妈妈就不用那么辛苦了，我也特别有成就感。

生：我坚持自己缝纽扣，感觉自己长大了，力所能及的事儿，我都能做了。

师：咱们做家务活，享受快乐，这样的劳动态度特别好。（板书：享受快乐）那平时的生活中，你还坚持做什么家务活？你有什么收获？

生：我会帮奶奶种植花苗，让花圃变得更加美丽。

生：我晚上会帮妈妈洗碗，拖一拖地，让自己更加能干。

…………

师：刚才，咱们用勤劳的小手，展现了自己的能力，担起了家庭的责任，享受了劳动的快乐，收获真不少呢。恭喜大家！在成长夏令营的资格审核中，你们顺利通过啦！

案例分析

在本教学案例中，教师通过设置“成长夏令营”的场景，让学生当场展示自己的劳动技能，再通过引导，让学生感悟劳动不仅能减轻家人的负担，还能让自己收获快乐和成长。教师从学生的日常生活中经常会遇到的事情中选取了六种，让学生分组活动，再通过当场展示、评价和交流，产生思想碰撞，进而引发学生思考，加深个人感悟。

三、实地现场实践

在客观条件允许的前提下，根据教材的内容，我们也可以充分利用周边的客观环境开展课程实践，这种实践活动就是实地现场训练。我们也可以将它理解成一种课堂教学的现场反馈，它能够在最短的时间内检查课堂教学效果，强化课堂教学内容，达成课堂教学的阶段性目标。

案例 15　《大家排好队》课程实践环节教学设计（部分）[①]

（部编版《道德与法治》一年级上册第四单元第 16 课）

【教学目标】

懂得上下楼梯靠右走的道理，进一步通过及时生成的课堂实践强化自身的行为习惯，人人从行动上学会上下楼的方法，体会靠右行走的益处。

【实践环节的课堂实录】

1. 课间，我们也会到楼上或楼下去活动。这时，我们要注意些什么呢？

2. 聪明的小朋友，你知道为什么上下楼梯要靠右走吗？

3. 是啊，把左边的楼梯留给对面的人，留给有急事要通过的人。（出示图片）

4. 小朋友们记住了吗？下面请你看一看，这几位哥哥姐姐在上下楼梯时做得对吗？（播放学生在楼道里追逐打闹的视频）

5. 交流：（1）上下楼梯要靠右走；（2）上下楼时不该大声喧哗打闹；（3）上下楼要小心慢行。

小朋友眼睛真亮，一下子就发现了，那你在上下楼时能做到上下楼梯靠右走，脚步轻轻不喧哗吗？

6. 行为训练：下面就让我们一起练一练。（走出教室，进行上下楼梯靠右走实践体验）

7. 预备铃响，有序走进教室。

---

① 本案例由江苏省南通市师范二附小宋月红老师提供。

案例分析

充分利用现有的条件，创设出高度还原生活的情境，有助于学生反思日常行为习惯，通过自我思考、质疑、解决问题，让道德行为的规范过程从“他律”变为“自律”。《道德与法治》是一门与学生生活紧密相关的学科，因此要尽量利用生活资源，创设实景情境，让教学走向高效。

四、课后延伸实践

在课堂教学中，实践操作环节的设置有效落实了“导行”的目标，但是如果仅限于课堂导行，那我们的教学还没有实现最终的教学目标——习惯养成。从课堂中的个体教学行为提升到生活中的个人生活习惯，这样的课堂教学成果还需要生活的检验，因此，课后延伸训练环节是必不可少的。我们可以设计各种表格，通过师生评价、生生互评的形式，督促学生在生活中以“行”养“习”；更可将家长纳入我们的评价体系，将我们道德与法治教学的后续训练延伸至家庭。

案例16　　**《合理消费》课程实践环节教学实录**①

（部编版《道德与法治》四年级下册第二单元第5课）

今天放学，就请你们先练一练，去逛一逛超市，列一个采购清单，看看谁能把今天课堂学到的本领真正运用到生活中去。（出示表7-1）根据这份表格，评选我们班的“采购小达人”。

表7-1　采购评价反馈表

食品种类	食品名称	购买数量	价　格	我想购买的理由	是否必要
					有　没有
					有　没有
					有　没有
					有　没有

① 本案例由江苏省南通市师范二附小姚丹老师提供。

案例 17　《走近我们的老师》课程实践环节教学实录（部分）[①]

（部编版《道德与法治》三年级上册第二单元第 5 课）

课后，请小朋友们把自己的表现记在这份表格里，下周上课时交给老师，根据你的一周表现，评选出一周“尊师文明礼仪之星”，看看谁能够通过规范的礼仪表达对老师的崇敬之情（出示表 7－2）。

表 7－2　我是“尊师文明礼仪之星”

	自我评价	同学评价	老师评价
校门口	☆☆☆	☆☆☆	☆☆☆
上课时	☆☆☆	☆☆☆	☆☆☆
下课时	☆☆☆	☆☆☆	☆☆☆

案例分析

在以上两个案例中，我们可以看到，一方面，该学科的评价环节要对课堂所学的学科知识、学科技能进行梳理、反馈，如“案例 16”中“食品种类”“食品名称”“购买数量”“价格”这几栏；另一方面，要学会接受来自他人的评价，如“案例 17”中的“同学评价”“老师评价”；同时还要在反馈的过程中培养学生自我评价的能力，即“自省”的能力，如“案例 16”中的“我想购买的理由”“是否必要”，以及“案例 17”中的“自我评价”。通过课后反馈，将课堂教学延伸至生活，成就学生的多维度成长，会使课后评价成为教学环节中不可缺少的一部分。

我们必须认识到，学科核心素养的形成与儿童对生活的体验、认识和感悟紧密相连。李吉林老师也提出，教师的讲解不可以代替学生的主观感受。确实，对于儿童来说，只有亲身经历和实践过的，印象才会更深刻。他们通过实践操作，能够对周围世界达成更加充分的体验、更加深刻的体悟。因此，我们在教学中应注意设计有针对性的实践活动，让学生在勾连生活的实践中获得直接体验，并对那些通过分享获得的间接经验进行领悟和内化。

① 本案例由江苏省南通市崇川小学徐艳霞老师提供。

思考与练习

1. 如何通过学科实践实现高效的道德与法治课堂教学？

2. 选择小学《道德与法治》中的一节课，根据教学目标，合理运用学科实践策略，完成一份教学设计。

阅读文献

1. 窦桂梅．清华附小的德育细节．上海：华东师范大学出版社，2013.

2. 宋月红．情境·和润——小学道德与法治课堂教学的变革性实践．南京：江苏凤凰文艺出版社，2019.

第八章

课程资源在小学道德与法治课程教学设计中的运用

本章导读

什么是课程资源？在道德与法治课程中，课程资源意味着什么？在教学实践中，又该如何开发、运用好课程资源？本章将通过翔实的案例，阐述课程资源的内涵，探寻它的意义，揭示其运用策略，让更多更恰当的课程资源为你所用。

第一节　道德与法治课程资源概述

我们生活在一个物质丰富的时代，我们所拥有的资源比起其他任何时代都要富庶得多。每天清晨，当我们睁开双眼，所见到的阳光、水土、树木、花草、动物等，都是我们所拥有的自然资源；当我们面对电脑，敲击键盘，点击鼠标，所获取的海量信息，是我们可利用的信息资源；当我们登上购物网站，琳琅满目的货物商品乃至隐藏在它们身后生产制造的人们，便是我们拥有的物质财富以及人力资源。以上所讲的自然资源、信息资源以及物质财富和人力资源，我们都可称之为“资源”，那么，所谓“资源”，就是对我们的生存生活有用的东西。而本章中所讲的课程资源又指的是什么呢?

一、什么是课程资源

最早对课程资源进行研究的“现代课程论之父”拉尔夫·W. 泰勒（Ralph W. Tyler）在其《课程与教学的基本原理》中明确提出，课程目标的来源包括三个：“对学生的研究、对当代社会生活的研究及学科专家的建议”。他把学生、社会、学科作为课程目标的三个基本来源，同时也是课程资源的重要来源，而且他还阐述了课程资源的利用问题“要最大限度地利用学校的资源；加强校外课程（the out-of-school curriculum）；帮助学生与学校以外的环境打交道”①。

从泰勒的经典理论出发，课程资源的概念有广义与狭义之分。广义的课程资源是指有利于实现课程目标的各种因素，狭义的课程资源仅指形成课程的直接因素来源。② 而从课程实施的角度来看，课程资源便是课程设计、编制、实施和评价等整个课程发展过程中可资利用的一切人力、物力以及自然资源的总和，包括教材以及学校、家庭和社会中所有有助于提高学生素质的各种资源。③

总之，只要能够服务于课程的一切有用的东西，都可以是课程资源。譬如中秋节，虽然各地的人们拜月、赏月、舞火龙、玩花灯这些节日习俗往往不被儿童所关注，但在教学《团团圆圆过中秋》（部编版《道德与法治》二年级上册第一单元第4课）一课时，教师可以请学生在课前详细了解各地中秋节的习俗。此时，吃月饼、赏月、拜月等这些习俗都将成为鲜活的教学资源，直接将课堂所学的知识与生活相连接。在生活中一则故事也许不会吸引我们太多的注意力，但在课堂上，也许它就能够帮助学生理解教材中所说的关键要点。在教学《做个“开心果”》（部编版《道德与法治》二年级下册第一单元第2课）一课时，教师引用了《两个儿子》的故事：

有这样一个老太太，她有两个儿子，大儿子是卖布鞋的，二儿子是卖伞的，她整天为两个儿子发愁。天一下雨，她就会为大儿子发愁，因为布鞋卖不出去了；天一放晴，她就为二儿子发愁，因为不下雨二儿子的伞就卖不出去。老太太

---

① 泰勒．课程与教学的基本原理．北京：人民教育出版社，1994：123.

② 吴刚平．课程资源的理论构想．教育研究，2001（9）.

③ 段兆兵．课程资源的内涵与有效开发．课程·教材·教法，2003（3）.

总是愁眉紧锁，没有一天开心，弄得疾病缠身，骨瘦如柴。

课上教师讲完故事，然后请学生来开导老太太，设法让她开心起来。经过讨论，学生为老太太指点迷津。课堂上引入的这则故事，让学生也学会了换个角度看问题。

无论是中秋节的各地习俗还是《两个儿子》这则故事，对我们实现课程目标、实施课程都是很有帮助的，这便是我们刚才所说的课程资源。其实，在实现课程目标、实施课程上有所帮助的何止以上所述的这些呢？生活中的打雷下雨、听到的故事、网络资源、教材上的数据、身边的人等，但凡有助于实现课程目标、实施课程的，它们都可被冠以“课程资源”的名称。

二、课程资源的特点

（一）多样性

我们的教育教学活动可以开发与利用的课程资源多种多样，有来自自然界的，也有来自社会的；有显性呈现的，也有隐性存在的；有校内的，也有校外的；有人力的，也有物力的；有文字显现的，也有实物展示的；有活动的，也有信息化的。总之课程资源多种多样。无论是校内课程资源还是校外课程资源，无论是自然课程资源还是社会课程资源，无论是显性课程资源还是隐性课程资源等，都为我们实现课程目标、实施课程提供了因地制宜地开发与利用的广阔空间。

（二）具体性

课程资源虽然呈现出多样性，但是任何可能对课程实施有帮助的课程资源都会有各自地域、文化传统、学校、师生本身的差异，所以课程资源也具有具体性。不同的区域，可供开发、利用的课程资源不同，其构成形式和表现形态也各不相同。不同文化背景下，人们的价值观、道德意识、风俗习惯等都具有独特性，相应的课程资源也就各具特色。学生个体的家庭背景、智力水平，特别是生活经历不同，可开发、利用的课程资源必然千差万别。

正因为课程资源具有具体性，所以在开发利用课程资源上更要因地制宜，既要保持文化的独特性，又要引导学生学会理解和尊重文化的多样性。

（三）隐蔽性

资源的隐蔽性特征在课程设计之前就已经存在，正如那句“你在或不在，我都在这里”。只要它具有可转化为支持课程实施的可能性，那便有成为课程资源的可能性。因此，课程资源有着潜在的隐蔽性，其教育性不像学校正式课程那么明显、直接，而且，有时课程资源中的教育性因素与非教育性因素交织在一起，所以要经过筛选或转化，才可能成为学校课程或有利于课程实施的基本条件。

三、课程资源的价值

随着时代的发展，人们对课程性质的看法已经发生了改变，我们的课程由狭变广、由静变动。课程也不再是学科的总和，而是学科、儿童、生活、社会的有机整合。课程资源将课堂延伸到课外，由学校延伸到社会，学生所处的社会环境和自然环境都开始成为学习探究的对象，成为学习的“课堂”。

（一）凸显课程生活性

新课程标准中有这样的表述，“道德与法治课程以‘成长中的我’为原点，将学生不断扩大的生活和交往范围作为建构课程的基础”“以学生的真实生活为基础，增强内容的针对性和现实性，突出问题导向，正视关注度高、涉及面广的问题，引导学生发现问题、分析问题、解决问题，提升道德理解力和判断力”①。

因此，围绕该课程的这一特质，在实现课程目标的过程中，为它所用的课程资源必然是密切关注儿童的生活，忠实反映课程标准和时代要求，为儿童的发展开辟一条生活的通道，用儿童的真实生活经验和活动“激活”教材中的生活，从而指导学生未来生活的。

案例 1　　**《古代科技　耀我中华》教学设计（部分）**②

（部编版《道德与法治》五年级上册第四单元第 9 课）

【教学过程】

二、经典算学，基础深厚

（一）算盘之起源与应用

1. 过渡：不过，在实际发展的过程中，我们也会遇到很多的问题。（出示：

---

① 中华人民共和国教育部．义务教育道德与法治课程标准（2022 年版）．北京：北京师范大学出版社，2022：2，3.

② 本案例由江苏省南通市如东县实验小学管冬梅老师提供。

农田面积问题）

2. 你会怎样计算这道题呢？（长乘宽）能不能一下子说出答案？那么在古代，连阿拉伯数字都还没有出现，古人又是怎样计算的呢？这就要请出我们的第二件宝贝了。（出示：算盘）

3. 过渡：在阿拉伯数字出现之前，算盘是世界上流传最广的计算工具。它起源于中国，并传入了日本、朝鲜等国家。

4. 我们班有没有会使用算盘的同学？你能给大家简单介绍一下算盘吗？那么古人究竟能不能用算盘计算出农田面积呢？老师想邀请你上来给大家演示一下，其他同学可以用不同的方法一起计算。（比较计算，得数相同）

三、博大中医，独具特色

（一）中药材之种类丰富

1. 现在要请出的是第三件宝贝，这次是一个组合，你们看——（出示灵芝、虫草），有没有同学认识它们呢？不错，这两样都是非常名贵的中药材。

2. 你还知道哪些中药材呢？如果现在，老师给大家一节课的时间，大家能把所有的中药材说个遍吗？为什么？

3. 过渡：是啊，就目前古人发现的有记载的中药材就已经达到了上万种，而且，它的种类非常丰富，大到动物类的鹿茸、羊角，小到植物类的芝麻、绿豆，甚至是矿物类的硫黄、朱砂，都是中药材。

（二）中医诊疗之智慧神妙

1. 生活中，你们有没有体验过中医诊疗呢？老师先来分享一下我的经历吧！

2. 请你们也在组内进行交流！

3. 过渡：同学们的中医诊疗体验可真是令人难忘。其实啊，中医不仅能治疗我们现在的疾病，还可以做到预防、养生、保健。（出示中医养生的方法）想不想在课上一起体验一下呢？我们就以推拿为例，以最常见的感冒为病症，进行体验吧！提醒大家注意均匀呼吸、找准穴位、手法轻柔哦！（同桌两人一组，跟随视频进行）

4. 体验过后，老师想来采访一下，你们的感受如何呢？推拿在远古时期就已经产生了，古人用如此简单的方法就可以消除疲劳、缓解症状，真可谓智慧聪颖！

5. 过渡：如今，中医药不仅在国内广受欢迎，还走出了国门，受到了世界人民的欢迎。听听最近的新闻是怎么说的吧！（播放图片、文字、录音）

6. 读了这些新闻，你有什么感受？

7. 小结：中医药是世界医学宝库中的瑰宝，它处处闪烁着独特的光芒，推动着世界医学的发展。

（三）中医药之传承创新

1. 中医药的神奇之处，令我们啧啧赞叹。国家也已经出台了《中华人民共和国中医药法》，号召大家来共同继承、弘扬和发展中医药。

2. 说到中医药的传承和创新，就不得不提到她了，她是谁呢？（屠呦呦）她有怎样的医学贡献？（发现并研制出了青蒿素）让我们一起来阅读她的故事吧。

案例分析

通过这一教学案例，我们发现，教师密切关注儿童的生活，无论是课堂展示的“算盘”“中药材”“中医诊疗”，还是课上提到的屠呦呦成功研制出青蒿素，都来自儿童的生活。道德与法治课程要以儿童的现实生活为主要资源，唤起学生对正在进行的生活的记忆，继而指导儿童的现实行为。

（二）体现课程活动性

道德与法治课程教学突出学生主体地位，充分考虑学生的生活经验，通过设置议题，创设多样化的学习情境，引导学生开展自主、合作的实践探究和体验活动，帮助学生形成正确的价值观，涵养必备品格，增强规则意识，发展社会情感，提升关键能力，使他们在感悟生活中认识社会，学会做事，学会做人。

因此，活动是教师教与学生学的有机统一，课程目标主要是通过儿童直接参与丰富多彩的活动与行为实践来实现的。在实现课程目标的过程中，开发利用一切可利用的课程资源，不仅能丰富学生学习活动经验，还能提高活动的说服力，真正实现教学上的知行统一。如在教学《我们有精神》（部编版《道德与法治》一年级下册第一单元第 4 课）一课时，教师拍摄了实际生活场景中学生正确与不正确的坐立走姿势。在课堂交流后，教师就坐立走的姿势提出了明确的要求，并请学生示范练习，在小组练习活动中，学生很快掌握了生活规范的行为要领。

（三）彰显课程开放性

道德与法治课程坚持校内教育和校外教育相结合，引导学生走出课堂、走出校园，积极参与社会实践活动，把知识运用于社会，服务于人民，强化学生的社会责任感，提高他们的实践创新能力。

如在教学《课余生活真丰富》（部编版《道德与法治》一年级上册第二单元第 8 课）时，上课伊始，教师充分利用学校环境资源，播放学生们最熟悉的“校园铃声”，激发学生兴趣，引入本课的内容。接着，引导学生以小组为单位交流各自的课间生活，将学生的视野从课内转移到课外，在交流过程中，重新唤起学生对丰富多彩课余生活的记忆。又如在教学《请到我的家乡来》（部编版《道德与法治》三年级下册第二单元第 7 课）一课时，教师因地制宜，充分利用本地环境资源和旅游资源。课前开展“寻找身边的名胜古迹”活动，邀请家长带着学生一起游览家乡。通过课前的实地游览，促进学生对家乡风景名胜的了解，从而帮助学生在原有的认知基础上，深化热爱家乡的情感。

以上讲述的案例，无论是教学空间上还是教学内容上，都体现了一定的开放性，实现了课堂内外、学校内外的有机结合，使教材从课内向课外拓展，形成了开放的教材体系。

总之，课程资源的开发与利用，是课程改革的重要内容之一，也是实现新课改的必要条件。改变传统的教学观念，突出学生的学习主体地位，是课程资源开发的重要原则之一。开发利用课程资源，有利于转变学生被动的学习地位，并引导学生运用现代化学习方式；开发利用课程资源，将更有利于教学目标的实现和学生核心素养的培养。

想一想：

如何理解道德与法治课程资源？

第二节　小学道德与法治课程资源开发及其在教学设计中的运用策略

现实生活中，我们的课程资源无处不在，无时不有，如何才能在小学道德与法治课堂教学中有效地运用它们呢？

一、课程资源开发及利用的意识

如果说课程资源是埋藏在地下的矿藏，那要想开采、挖掘、利用它，就要有开发利用课程资源的意识。课程资源意识是主体对课程资源的敏感程度，这就意味着教师必须打破原有的课程资源局限在教室、书本、教参以及其他教学辅助资料的观念定势。作为教师，必须正确理解课程资源的内涵和外延，掌握课程资源的基本情况，要清楚有哪些课程资源可以利用等。道德与法治课程以“成长中的我”为原点，立足于发展学生核心素养，显然儿童的生活是这门课程的根基所在。虽然可以说该课程的课程资源来自方方面面，但是这并不意味着我们可以随时随地获取资源。因为即便是裸露在地面的“矿藏”，同样需要用敏锐的目光去识别，特别是稍纵即逝的资源，更是需要教师有一双敏锐的眼睛，能紧密地联系课程与生活，机智地加以捕捉。

在教学《大家来合作》（部编版《道德与法治》一年级下册第二单元第 8 课）时，教师创设了“根据图纸搭建积木塔”的游戏情境。开始时，请每位学生独立搭建，结果在规定时间内没有一位同学搭建好。后来，学生分组合作搭建。此时教师预设，各组都能完成，可操作后，却有一组未能完成。这时教师顺势请大家帮助未能完成任务的小组分析其失败的原因。当学生找出“分工不明”“相互争抢”等原因时，这组学生真切地体会到“合作”的好处。找出原因也是一种收获。这种情况，尽管是在教学活动中意外生成的，是教师备课时无法预料和估计的，但是可以说它拥有巨大的教育教学价值，是极其宝贵的课程资源。而这堂课的执教者也正是敏锐地发现了这一点，及时地捕捉，并加以利用，才促成了这节课的高效完成。

二、课程资源开发及利用的主要手段

我们所说的课程资源，有的显性于书本、课堂，有的隐匿于生活、自身，但只要是能促进学生认知发展、激发学生情感、转化学生道德行为的都可以挖掘出来，为我们所用。作为道德与法治课的教师，相信只要我们心里有学生，眼中有教育，就可以做到“随处有资源可挖，随时有资源可用”。

（一）课程资源的开掘

道德与法治课程遵循育人规律和学生成长规律，将学生不断扩大的生活和交往范围作为建构课程的基础。该课程资源来自儿童成长的方方面面，但面对生活中纷繁复杂的“资源”，我们并不是伸手就能全部“拿来”，总得有个挑选，做个取舍，而取舍的依据便是是否能满足发展学生核心素养的需要，换言之，就是是否适合儿童成长的需要。

在执教《生活离不开规则》一课时，乍看起来，生活中可利用的资源有很多，校园里的规则、游乐园里的规则、游戏的规则、公共场所的规则等，但面对如此多的资源，我们如何取舍、挑选，方能被本课程合理使用呢？

案例 2　　《生活离不开规则》教学片段①

（部编版《道德与法治》三年级下册第三单元第 9 课）

【教学实录】

师：瞧！老师这儿有一只篮球。小朋友，我们可以怎么玩？

生：用背夹着球往前走。

（学生介绍“背挤球”的玩法：两个小朋友背对背夹着球往前走，手及肘关节不能碰球，万一球掉了，可以用手捡起来）

师：小朋友，想不想玩？

生：（兴奋地）想！

（全班学生分成两组进行“背挤球”比赛）

师：现在我宣布，这一队是冠军！

生：（另一队的一个小朋友涨红了小脸大声喊）不公平！我看到他们用手扶着球走的。

生：（冠军队的一个小朋友马上反击）你们也用手扶了。

（双方争得面红耳赤，怏怏不乐地回到座位上）

师：小朋友，玩得开心吗？

生：（噘着小嘴巴）不开心。

师：小朋友，玩“背挤球”游戏时不能用手去扶球，这就是游戏的规则，只有大家都遵守游戏规则，我们才能玩得开心。

案例分析

教学环节中执教者将学校的游戏设施、学生的游戏经历作为本课的课程资源进行开发利用，学生便在游戏的过程中亲身体验到了什么是“规则”及“规则”的重要性。

（二）课程资源的取舍

我们尽可能地开发利用课程资源，但这并不意味着可以把所有的资源不加筛

① 本案例由江苏省南通市海门区实验小学沈红霞老师提供。

选地融进课堂，把道德与法治课堂变成“大杂烩”。在开发利用各种课程资源时，需要依据教学目标，依据学生的实际情况，巧妙取舍。

如在教学《挑战第一次》（部编版《道德与法治》二年级下册第一单元第1课）一课时，在活动体验的理念引领下，教师绞尽脑汁设计体验活动：尝试下腰、跳长绳、在大家面前唱歌。可以说教师充分考虑到了课程资源的开发与运用，但是热闹过后，留下的又是什么？是学生下腰时痛的嗷嗷直叫，是学生被长绳伤到，还是活动后教师的匆匆收场？这些都不是课程资源开发者想要的，在教学过程中创设活动，我们期待的是活动在孩子心中留下深深的印记。于是，教师将教材中提到的“在大家面前唱歌”作为课本的活动资源加以充分利用，活动过后，可以更加清晰地在众人面前呈现出孩子遇到困难前后所发生的改变。

（三）课程资源的呈现

面对开放、多样的课程资源，在教学设计中除了要考虑资源的挖掘与取舍外，资源的呈现也是一个不可忽视的问题。挖掘、取舍之后的课程资源该如何呈现，应由道德与法治课程的目标决定。

（1）及时呈现显需求。在日常教学中，总会有一些教师一股脑儿地向学生们“抛售”寻来的课程资源，而这些资源多数是学生所知晓的，因此资源的价值就会大打折扣。与其这样，还不如在学生最需要的时候，将课程资源呈现出来。

案例3　**《生活离不开规则》教学片段**①

（部编版《道德与法治》三年级下册第三单元第9课）

【教学实录】

师：刚才同学们分享了校园里的规则，那你们还知道哪些生活规则呢？让我们来看这一段视频。

（多媒体播放视频，解说生活中的规则）

师：同学们，生活中还有哪些规则呢？

生：有交通规则、观影规则、比赛规则、用餐规则。

（学生像背书一般，说出视频中列举的诸多规则）

师：可以从你所说的这些规则中选择其中一条，具体说说，规则中要求我们

① 本案例由江苏省南通市虹桥第二小学朱帅老师提供。

怎么做吗？

（生面露难色，一时间说不出来）

案例分析

在上述的《生活离不开规则》的案例中，学生从多媒体播放的视频中了解到生活中除了校园里的规则外还有很多规则，但规则具体要求我们怎么做这一问题，学生依然没有答案。如果学生将平日所观察、体验到的生活规则尽情分享之后再播放这段汇集日常规则的小视频，那么这段视频将是激发学生回忆、启迪思考的优质资源，而这段视频资料便能给学生的学习带来便利、启发。

（2）巧妙呈现显无痕。教育的最高境界，就是将有意为之的行为不露痕迹地巧妙呈现。而不露声色地呈现课程资源，便如春风化雨一般，往往会收到意想不到的效果。

案例 4　　教师资源的利用①

师：请同学们先听一首诗（课件中背景音乐响起，余光中的《乡愁》慢慢出现）

师：（深情朗诵）小时候，乡愁是一枚小小的邮票，我在这头，母亲在那头……

（教室里一片寂静，学生情感受到感染）

案例 5　　学生资源的利用②

师：哪些小组研究了家乡住房方面的变化？

生：我们小组要向大家介绍常州住房方面的变化。

生：听妈妈说，她小时候家里都没有属于自己的住房，他们一家三口住在工厂的集体宿舍里，那是一个很小的房间，只有十几平方米，木头的门，木头的窗，屋子里只有几件简单的生活用品。

①② 本案例由江苏省南通市海门区实验小学沈红霞老师提供。

案例分析

在案例 4 中，教师充分发挥自己的朗读特长，通过配乐朗诵导入余光中的《乡愁》，教师资源与媒体资源有效地叠加呈现，直接把学生带到了浓浓的惆怅中去。在案例 5 中，学生在积极的交流中呈现出通过各种途径收集到的信息，从而主动地了解家乡的变化。

(3) 呈现“生成”资源显智慧。有些课程资源往往是在课堂活动中生成的，它们可能突然出现，且无法重复。因此，要把握好课堂活动中生成的这些课程资源，就需要教师全身心地投入课堂教学，课堂上的教学追问、随机采访，随时都可能碰撞出生成性的课程资源，进而对儿童产生巨大影响。

案例 6　　《我是独特的》教学情景（部分）①

（部编版《道德与法治》三年级下册第一单元第 1 课）

在《我是独特的》教学中，教师安排了互写“优点卡”的环节，让学生在他人的评价中感受自我，认识自我，了解自我，继而发扬自己的优势，不断克服缺点、追求进步，积极进行自我概念与人格的建构。而在这一环节中，一位男孩没有像其他孩子一样欢呼雀跃，而是站在位置上迟疑不定、左顾右盼。看着同学们都在热闹地活动着，他终于鼓起勇气在教室里搜寻。可是似乎没有人有空为他写优点，他羞怯地站到了一位女孩的前面，鼓起勇气，把优点卡递上。女孩抬眼看了看，继而笑了笑，说：“好的，请稍等！”男孩脸上露出了难以察觉的笑容，很微小但很灿烂。女孩终于写完了，男孩如获至宝，大声道谢，迫不及待地读起来，笑容再一次绽放。他不再有片刻的迟疑，开始寻找下一个“目标”。

在“交流感想”环节中，这位男孩看着“优点卡”上写的优点：(1) 你跑得很快，去年运动会年级第一；(2) 你很喜欢表演；(3) 你每天上学都不迟到，不禁袒露自己的心迹，“我今天特别开心，因为原本我觉得自己很差，没想到大家眼中的我还有那么多优点”。(课后了解到他学习成绩较差，每次考试都是老师重点关注的对象)。老师追问：“那为什么这么多优点，在今天的课堂上你们才发现呢?”学生坦言：“平时没有时间关注这些小问题。”“成绩好、纪律好的学生才是

① 本案例由江苏省丹阳市正则小学马明辉提供。

好学生，因为平时老师也只会表扬成绩好、守纪律的学生啊。”

案例分析

通过上述案例，我们仿佛看到了一个不自信的孩子；当他迫不及待地读着女同学给他写的优点时，那种被认可、被欣赏的神情似乎已经浮现在眼前。教师的追问让学生们认识到了需要了解自己的特点，更要对自己、对他人做出正确、客观的认识与评价。而这个小男孩拿着“优点卡”的前后表现、课上的坦言、教师的追问，便是容易被忽略的生成性资源，在转瞬即逝之际，及时地捕捉，巧妙地呈现出来，这比直白地指出“正确认识自己”要深刻得多。

其实，无论是什么课程资源，怎样呈现，由谁呈现都是因人而异、因课而异的，但唯一不变的依据便是实现道德与法治课程目标。

想一想：

在课堂教学过程中，教师应如何呈现课程资源？

三、课程资源在教学设计中的运用策略

（一）掌握课程标准，利用教材资源

“精选有助于学习活动开展与目标达成的优质资源。课程资源的选择要立足学生实际，重视资源的典型性和适切性，注重知识性与价值性有机统一，发挥课程资源促进学生发展的育人价值。”[①] 而要对学生进行道德与法治教育，教师首先应准确掌握课程标准，熟悉课程性质、基本理念、内容、目标，然后结合实际深入了解教材。只有以教材内容为主线，才能进行有效的教学。

小学道德与法治课程教材为我们提供了丰富的课程资源，教材中一幅幅的图片，截取的是儿童生活中的小浪花，是某个生活场景的定格。但这绝非静态，教师不能把它当成“看图说话”的图片资源，而是要在深刻理解教材范例意图及其所承载的价值和目标的基础上，通过儿童的真实生活和自主活动来“展开”教材中的“生活”和“活动”设计，从而达到“感受、理解、体验”教材所传承的价值的目标。

① 中华人民共和国教育部．义务教育道德与法治课程标准（2022 年版）．北京：北京师范大学出版社，2022：60.

案例 7　**《坚持才会有收获》教学设计（部分）**[①]

（部编版《道德与法治》二年级下册第四单元第 15 课）

【教学实录】

课前热身游戏：

师：还有一段时间才上课呢！我们来早了，要不我们来做个小游戏，不过阮老师的要求更高一点：单腿直立，双手平举，还要双眼紧闭。看谁保持的时间长？快速找个位置站好，咱们开始游戏。

…………

课堂教学结束前的小游戏：

1. 下面阮老师也要搬一座大山来，你敢挑战吗？你们还记得课前玩的小游戏吗？单腿直立，双手平举，还要双眼紧闭。每一组选两名学生来玩游戏。

2. 下面的同学可以为自己的组员加油。

3. 游戏结束采访：

(1) 采访左右晃动的同学和坚持不动的同学：游戏中，你怎么想的？（总结学生鼓励自己的话语）(2) 采访坚持时间最长的同学，询问有什么秘诀？（渗透克服困难需要方法）

4. 小结：不论是大课间的体能训练还是课上的游戏体验，我们都需要用意志力来坚持。以后我们遇到困难，大家知道该如何面对了吗？（师生齐读：反复坚持）。

案例分析

游戏是学生喜闻乐见的活动形式，教材中编排了“金鸡独立”的游戏。教学时，把课堂游戏与课间游戏整合在一起，并对游戏进行的时间做了两次安排。这样做，充分尊重了编者的意图，把游戏送回学生的生活，让孩子对游戏充满亲切感，更重要的是两次游戏的安排都别具匠心。课前热身游戏为活跃课堂气氛、调动学生情绪以及为课堂教学埋下了伏笔。课堂教学结束前再玩游戏，并不是简单的重复，而是在引导孩子正确认识困难，学习身边的榜样克服困难的事例后，遵循学生成长规律，给孩子实践的机会，走上认知、情感、行动相结合的德育轨

① 本案例由江苏省常州市实验小学阮霞老师提供。

道，让孩子在直指内心的活动体验中建构克服困难的方法体系。如果说平时的登山活动需要的是勇气、恒心、耐心的话，那么课堂上5分钟的活动需要的则是勇气、恒心、耐心和智慧。这样的选择与呈现不仅仅是对教材内容做了取舍与调整，而且是深入思考、深度考量操作后的择取，是立足于课程标准和学生立场的智慧。

案例8　《传统美德　源远流长》教学设计（部分）[①]

（部编版《道德与法治》五年级上册第四单元第10课）

【教学过程】

一、自学探究，感知仁爱精神

1. 简单介绍孔子，孔子的言行和思想对我们中华民族的影响非常深远，这节课我们来探讨《传统美德　源远流长》的第二个话题“立己达人的仁爱精神”，学习孔子的仁爱精神。

2. 孔子仁爱思想的具体内容是什么？其中又有哪些故事呢？

【出示导学单】

3. 阅读教材第86页“阅读角”。思考：你读懂了什么？了解了哪些信息？

4. 子曰：“己欲立而立人，己欲达而达人。”意思就是在自己谋求生存与发展的同时，也要帮助他人生存与发展。我们今天就一起来深入地挖掘孔子仁爱思想的内涵，学习“立己达人”的仁爱精神吧。

二、阅读经典，挖掘仁爱内涵

（一）品味故事　感悟“将心比心”

（略）

（二）谈古论今　体会“宽以待人”

1. 播放故事《朱冲还牛》

邻居三番五次地把牛赶到朱冲家的地里啃食庄稼，如果你是朱冲你会怎么做？

朱冲的宽容大度，被大家作为美谈传扬了开来，在他的影响下，周围的风气

① 本案例由江苏省南通市海门区能仁小学方炜炜老师提供。

也发生了很大的变化，朱冲也得到了众人的拥护。

2. 小结：古人强调要严于律己、宽以待人，认为做到这一点，人与人之间就可以减少摩擦、增进和睦。

案例分析

通过上面的案例，我们可以发现，教师充分利用了教材资源，即“阅读角”《将心比心》《朱冲还牛》的故事，引发儿童思考，再结合学生的体验，继而进行道德教育。

（二）围绕教学“目标”，重用“自身”资源

每一项教学活动的开展，都是“师-生”“生-生”“生-师”关系的相互转换、影响的过程。新课程标准提出要坚持教师价值引导和学生主体建构相统一，发挥教师主导作用，突出学生主体地位，引导学生开展自主、合作的实践探究和体验活动，帮助学生形成正确的价值观，涵养必备品格，增强规则意识，发展社会情感，提升关键能力。而要想开展高效的教学活动，就需要紧扣教学目标，充分利用教师、学生两者的教学资源为教学活动服务。

（1）教师——最重要的课程资源。教师不仅决定着课程资源的鉴别、开发、积累和利用，更是素材性课程资源的重要载体。在教学活动中，教师的语言、肢体动作、板书、简笔画甚至是说出的鲜活事例、歌声，都能为教学活动服务。

案例 9　**《父母多爱我》教学片段①**

（部编版《道德与法治》三年级上册第四单元第 10 课）

在引导孩子体会父母的辛劳时，在《世上只有妈妈好》音乐的渲染中，老师一边呈现着学生的生活情节（播放视频），一边深情地诉说着：

“从小到大爸爸妈妈为我们付出了许多，点点滴滴都是他们的爱啊！夜深了，你早已在温暖的被窝里做着甜甜的梦。可曾知道，此时，妈妈的心还牵挂着你，轻轻起身，为你盖好被你蹬开的被子。清晨，雨哗啦啦地下个不停，爸爸送你去学校。不知什么时候，悄悄把伞偏向了你，而自己却被冰凉的雨水淋湿，临别时还不忘嘱咐一句：‘听话，小心！’你生病了，爸爸妈妈顾不得满身的疲惫，抱起

① 本案例由江苏省南通市虹桥第二小学朱帅老师提供。

你直奔医院，望着生病的你，对你说：‘孩子，别怕。’其实心里宁愿病的是他们自己。”

案例分析

以上案例中，教师精心拍摄了父母关爱孩子的生活场景，恰到好处地运用了《世上只有妈妈好》这一歌曲，伴随着富有感染力的语言，让我们这些置身课外的旁观者都可以感受到教师创设的令学生为之感动的教学氛围。在本案例中，教师将自己的情感投射到教学中，与教材产生了共鸣，促进了孩子的知性理解与道德发展。

（2）学生——最鲜活的课程资源。教育家苏霍姆林斯基曾说：“学生是教育最重要的力量，如果失去了这个力量，教育也就失去了根本。”儿童的生活丰富多彩，他们进入学校接受教育后，也不可能完全忘记或撇开自己正在过的生活，我们必须尊重儿童的这种生活，包括他们自身的兴趣、经验和在活动中的发现与体验等。

案例 10　　**《大家的“朋友”》教学片段①**

（部编版《道德与法治》三年级下册第三单元第 8 课）

【教学实录】

师：我们的生活是不是真的离不开这些不会说话的“朋友”呢？接下来咱们就以课桌为例，开展一个小小的体验活动。请同学们听好老师的要求——拿出笔和纸，工工整整地在田字格里写上课题“不会说话的‘朋友’”，计时开始……（学生写字时老师用码表记录下学生写字所用的时间）

师：看看花费多少时间呢？25 秒 12。咱们再进行第二次体验活动，请同学们站起来，捧起你的纸，离开你的课桌写字。同样还是写“不会说话的‘朋友’”，计时开始……这一次同学们用了 52 秒 36。

师：老师想问问同学们，你喜欢哪种写字方式，为什么？

生：我喜欢第一种写字方式，写起来很舒服，字也漂亮。

生：我也喜欢在桌子上写字，写得又快又好。

① 本案例由江苏省镇江市八叉巷小学陶欣慧老师提供。

生：我不喜欢第二种，离开桌子就使不上劲！

…………

（出示时间对比）

师：通过这组时间你们发现了什么？

生：在桌子上写字的速度比离开桌子写字的速度要快多了。

（用实物投影出示同学两种不同写字方式的字迹对比）

师：你们看到了什么，有什么新发现？

生：在桌子上写的字很工整、漂亮，离开桌子写的字颜色很淡。

生：一离开桌子很多小朋友的字就写得歪歪扭扭的，太难看了。

师：通过这个体验活动你有怎样的感受？

生：小小的课桌“朋友”每天都伴随着我们，看似不起眼，可是一旦失去了它，我们才真正体会到它的重要性。

生：没有了它，学习上我们可真要遇到大麻烦了。我们可真离不开它呀！想想我们平时在它身上乱涂乱画，真是很惭愧。

生：我们要向我们的课桌“朋友”道歉，不能那么粗鲁地使用它。

生：我应该好好爱护我的课桌“朋友”，经常给它洗个澡。

…………

案例分析

在上述的教学案例中，教师设计了两个体验活动，在活动中，学生真切地感受到不说话的“朋友”给我们带来的巨大帮助，而这种感受来自学生自身，是真实存在的。教材是固定的，学生却是“活”的。丰富多彩的生活，给学生自身带来了许多资源，教师密切关注了学生的生活，让学生真正走进课堂，从学生的现实生活出发，着眼于学生身边看得见、摸得着、感受得到的事，真正提升了学生的道德认知，有效激发了学生的道德情感。

（三）精心设计，活用生活资源

陶行知曾说过：“生活即教育。是生活便是教育；不是生活便不是教育。”① 坚持“生活即德育”的主张，才能使人清楚地认识到，在一个人的生活中，德育

① 华中师范学院教育科学研究所．陶行知全集：第2卷．长沙：湖南教育出版社，1985：288.

是无处不在的，既不存在没有生活的德育，更不存在没有德育的生活，从而让人随时随地保持生活的审慎，过有意义的生活，成为有德性的人，乃至成为大德之人。①

于是，教育教学中教师可以充分掌握实际学情，将教材与学生的实际生活等资源结合起来，尝试让学生结合自身实际情况现身说法，讲故事、说心得。将《道德与法治》的教学资源从教材扩展延伸至学生生活，将教学目标的达成由单一的书本知识拓展到与学生息息相关的实际生活当中，这样，学生的情感体验会更深，产生的情感共鸣也会更强烈。

案例 11　　《买东西的学问》教学设计（部分）②

（部编版《道德与法治》四年级下册第二单元第 4 课）

二、分享经验，学习常识

1. 选择商家。

（1）怎样轻松愉快地逛商场？怎样挑选称心如意的商品呢？这里的学问可多了。你能不能帮助这些朋友出出主意，建议他们去哪里买呢？

（2）考一考。

A. 小红陪着妈妈去买一件高档的羊毛衫送给奶奶当生日礼物，建议去（　　）购买。

B. 小明家搬新房，要买空调、电视机、洗衣机等家用电器，建议去（　　）购买。

C. 妈妈要买一桶食用油、一袋鸡精、一瓶鲜奶和一瓶洗发水，建议去（　　）购买。

D. 小宁要买一支铅笔，建议去（　　），方便又快捷。

小结：看来，我们同学在逛商场方面的确颇有经验，我们在逛商场时要根据所需物品、商场的信誉、经营范围和特色以及购物是否方便快捷等，选择合适的商场。这可是愉快购物的第一步。

2. 仔细挑选

（1）商场里的商品琳琅满目，吃穿用样样都有，你们在购物时是如何挑选

① 汪凤炎，等．德化的生活：生活德育模式的理论探索与应用研究．北京：人民出版社，2005：53.

② 本案例由江苏省南通市师范三附小张晔老师提供。

的呢？

（2）让我们来看看视频中的他是如何购物的吧？（播放购物视频）

（3）小组之间交流视频中的主人公关注了什么？

这些信息是我们在购物时要特别关注的。其实，商品老师早就为你们准备好了，快来学着视频中同学的样子，找找这些重要的信息吧！

有了生产日期和保质期，我们就可以算出这件商品什么时候过期。我们以一袋酸奶为例：

这袋酸奶的生产日期是______，在冷藏条件下，它的保质期是 14 天。现在这袋酸牛奶还能喝吗？（保质日期的计算方法：生产日期＋保质天数－1）

赶快用这个方法算一算，你手里的商品什么时候过期。

小结：通过刚才的交流，我发现你们个个都是生活小能手，已经具有一定的购物经验了。

案例分析

课例中，教师特别关注学生的生活。课堂上，学生交流彼此的购物经历，这些分享出来的感受和体验正是学生在社会生活、家庭生活中已有的道德认识，这是极其珍贵的课程资源。多媒体展示的购物视频，是将学生平时逛商场购物的经历巧妙地移植到了课堂中，有效地联结了课堂与社会，真切地做到了在生活中进行道德教育，很好地引导了学生将学到的知识运用于生活实际。

（四）大胆创新，选用辅助资源

新课程标准指出：要增强课程资源意识，充分发挥自身优势，积极利用和开发各种课程资源；注重发现、利用学生中间和本地区的先进模范等榜样资源，引导学生向身边的榜样学习；积极争取社会各方面力量的参与和支持，挖掘和利用中华优秀传统文化资源和红色资源；重视信息化环境下的资源建设，要精选、整理和加工资源，为促进学生学习方式的转变提供课程资源支持。

在信息浩如烟海的今天，我们身边的信息资源被越来越广泛地运用到《道德与法治》的课堂中来，如音乐、图片、动画演示、相关资料的共享等。选择使用这些信息资源，使得我们的学习环境成了一个开放式的自由学习空间。学生在教师的引导下积极、主动、高效地进行一系列的教学活动，整个教学过程流畅有度、热烈有效，课堂充满勃勃生机。

案例 12 **《富起来到强起来》教学设计（部分）**[①]

（部编版《道德与法治》小学五年级下册第三单元第12课）

二、童眼观时事：点赞新时代

（一）点赞航天梦

1. 视频导入：神舟十三号圆满发射成功。

2. 交流分享：那关于神舟十三号载人飞船你都知道些什么？

3. 图片引领：跨越时空的同一天。

（1）仔细观察并思考：有什么发现？

（2）谈谈你的感受。

小结：在党的带领下，一代代航天人自立自强、奋斗创新，从第一颗原子弹到第一次载人航行，再到今天拥有自己的空间站，实现了中国人的航天强国梦。

（二）点赞新时代

1. 合作学习。

（1）根据课前搜集的祖国辉煌成就的资料，完成合作学习单并进行小组交流。

（2）学生分享。

2. 情感升华：播放视频《厉害了，我的国》。

（1）谈感悟。

（2）全班交流。

案例分析

上述教学案例中可以看出，教师通过吸纳网络信息资源，丰富了课堂的信息储备，辅助性媒体资源的恰当利用，丰富了课堂教学内容，“神舟十三号圆满发射成功”《厉害了，我的国》以直观的演示创设了情境，学生真切感受到了新时代祖国的发展与强大，从而提高了课堂教学质量。

① 本案例由江苏省南通市北城小学陈梦婕老师提供。

第三节　课程资源在小学道德与法治课程教学设计中的运用案例分析

上一节中曾提到，课程资源的有效开发与利用，需要因人而异、因课而异。根据课程性质特点，追求丰盈、简约、灵动、高效的课堂，这就要在课堂教学过程中运用好课程资源，其做法一般有以下几种：

一、加一加，让课堂变得丰盈

具有综合性的道德与法治课程，其教材采用主题单元的形式来呈现课程内容。翻开《道德与法治》课本，上面的文字、图片、留白都在诠释着它的目标和追求。与其他读物不同的是，教材需要通过教学来实现学生的自我建构，进而达到成长的目的。

（1）加一加，有效填补教材知识上的空白。一旦进入教学过程，在解读、预设的过程中，教师会发现教材中的空白点，有意识地开发利用课程资源，便可有效地填补这些空白点，从而拓宽儿童视野，加深其对课程的认识，进而拓展文本的内涵与外延。

案例13　　《父母多爱我》（第一课时）教学设计（部分）①

（部编版《道德与法治》三年级上册第四单元第10课）

【教学过程】

（二）辨析明爱

1. 你觉得你的爸爸妈妈爱你吗？你从他们的哪些行为或表情中感受到了父母的爱？

生：生病的时候，妈妈很着急，连忙送我去医院。

师：为我们的痛苦而着急，这是妈妈的爱。

生：嘱咐我们过马路的时候要小心。

师：不怕烦天天说，是爱让她如此坚持。

① 本案例由江苏省南通市开发区实验小学郭美琴老师提供。

生：在我们过生日的时候买好吃的蛋糕。

师：因为你快乐，所以她就是快乐的，这就是母爱……

（相机点评，如：难怪有这样一句话——世上只有妈妈好。有一首歌也是这样唱的，你会唱吗？学生齐唱《世上只有妈妈好》）

2. 同学们说得真好，看来在关心、疼爱自己的孩子这一点上，天下的父母都是一样的。你们能够把和爸爸妈妈之间发生的这些事情，演给更多的人看一看吗？好，你可以找身边的同学和你合作，也可以离开座位寻找你的朋友与你配合，从父母和你之间发生的充满爱的故事中选择一个，好好回忆一下，然后试着演一演，待会儿演给大家看。（学生自由组合，演小品）

3. 看了大家的表演，我觉得心里暖暖的，真诚的情感比一切高超的演技更加能够打动人心。可是，有个同学看了之后有意见了，我们来听一听他是怎么说的吧。（播放一段视频：婷婷在一次吃晚饭的时候发脾气，非要吃鱼。妈妈在不停说教而婷婷置之不理的情况下，收走了婷婷的碗筷。临睡前，饿着肚子的婷婷来到妈妈房间，说自己想吃晚饭了，以后不任性了。妈妈凝视婷婷，默不作声……）

4. 辨析父母之爱：同学们，看了这段视频，你有怎样的感想呢？婷婷的妈妈不爱婷婷吗？同意这种看法的请举手。

5. 既然大家有不同的意见，那我们就来辩论一下，看看谁的话更有说服力。天下没有不爱孩子的父母，但是每个人表达的方式不一样，所以有些时候，爸爸妈妈的方式可能会让我们有意见，不喜欢。我想，遇到这种情况的同学应该不止婷婷一个。那么，你们有什么好办法可以既不伤爸爸妈妈的心，又能有效地向爸爸妈妈表达内心的想法呢？

6. 像大家所体会到的那样，父母的爱有时表现在焦急的眼神中，有时也深藏在严厉的批评里。然而，很多时候，正是严格的要求，才推动我们奋进，使我们成才。

案例分析

三年级教材《父母多爱我》第一个话题“父母默默的爱”指向于温柔的关怀是爱。为了让学生体会到严格的教育也是爱，在教学时教师加了一段视频录像，并将视频中婷婷央求和妈妈凝视的画面定格，让学生观察妈妈和婷婷的表情，进而分析她们此刻的心情。同学们通过细致观察，认识到：此时的婷婷是真的着急了，她一脸后悔的样子，而这正是表面“铁石心肠”的妈妈的良苦用心。妈妈虽然没有说话，但她的目光透露着对婷婷深沉的爱……该视频内容的加入，让学生充分认识到父母疼爱孩子的表达形式是多种多样的，从而拓展了教材文本的内涵。

（2）加一加，关注社会资源，展露时代印记。作为教学的主要课程资源，在充分利用文本资源的基础上，教师还应不断关注社会生活中最新的发展与变化，找到时代适切点，贴近儿童生活，把对儿童发展有意义的来自大自然、生活、网络等方面的资源及时补充进来，从而激发学生主动参与探索未知的兴趣与欲望。

案例 14　**《小水滴的诉说》教学设计（部分）**①

（部编版《道德与法治》二年级下册第三单元第 9 课）

【教学过程】

二、感受水危机

1. 师：听了上面的讲述，你知道了些什么？

2. 师：不能被人们直接利用的海水约占了水资源总量的 97%（出示示意图），淡水只占 3%。而大部分的淡水都以冰川的形式存在于南极和北极，不能有效被利用。同学们，原来地球上可利用的淡水资源就是这么一丁点儿啊！实在是太匮乏了！

3. 师：我国水资源短缺。尽管国家想尽了办法，可大地还是在呼唤、告急：缺水！缺水！北京缺水，济南缺水，太原缺水，青岛缺水，大连缺水，素有“鱼米之乡”之称的无锡也缺水！水源枯竭的城市发出焦急的呼喊。水是我们的生命之源啊！没有了水，人们该怎么活啊？

4. 师：（播放人们因缺水而生活困难的图片，并配上音乐）为了解决我国北方缺水的问题，政府实行了南水北调工程。请一位同学读给大家听。（出示相关内容）

5. 师：当缺水地区的老百姓在为水而苦苦挣扎的时候，我们却看到了这样一幅幅污染画面（出示图片）。你看到过污染水的现象吗？此时此刻，你有什么感受？

6. 师：上面这些图片，告诉我们由于种种人为因素，我国水污染非常严重！（出示蓝藻图片）这次，对于无锡太湖蓝藻污染这一问题，环保部门认为虽然有自然因素，但更多的是人为因素造成的。无锡市政府也是花了大量的人力、物力和财力在治理太湖，想尽一切办法将蓝藻变废为宝。

① 本案例由江苏省无锡市东湖塘中心小学顾敏菊老师提供。

7. 师：对于污水处理，你们能谈谈自己知道的或自己的看法吗？

案例分析

二年级教材《小水滴的诉说》关于“水危机”部分，对生活在江南水乡的孩子来说有距离感、比较陌生，所以在教学中，教师充分利用了无锡曾经发生的太湖蓝藻污染事件、南水北调工程等社会资源，丰富教学内容，用事实说话，有效引导学生认识到淡水资源的匮乏，以及我国为了解决北方地区的缺水问题，想了很多办法克服了许多困难，所以我们要珍惜水资源。

总之，在教学过程中做“加”法，应仔细钻研教材内容，坚持积极开发与选择，充分挖掘各种资源，丰富教学内容，追求更丰盈的课堂。

二、减一减，让课堂变得简约

小学《道德与法治》教材呈现出了很多的活动案例、事件、话题，为师生的对话提供了蓝本，由于地域习惯、生活背景等诸多因素，有些内容未必是在教学中需要一一分享的。

（一）与认知水平不符的，减一减

作为道德与法治学科的教师，需要密切关注儿童的生活，忠实反映课程标准的原则和时代要求，删繁就简，对“教材”进行再度开发。

如《小水滴的诉说》一课，在教学“我很珍贵”“我遭遇了不幸”等内容时，多数教师会用数据突出水资源的不足，将地球的人口数量及可用的淡水资源进行数据的对比，从而让学生深刻体会水资源的可贵。然而，二年级的学生，对数学的感知，还仅停留在“这么多人”“那么少的水”上，至于课堂上所呈现的数字到底是怎样的概念，学生似懂非懂。道德与法治课不是数学课，不可能花费大量的时间进行数学知识、专业术语的教学。既然这样，在教学时，倒不如大胆舍弃、删除数据对比等环节，换之以具体形象的图片、故事，从而更易被学生接受理解。

（二）与课时目标不符的，减一减

教材提供的有些资料和内容虽然具有一定的普适性，但与课时教学目标不符时，可以在这一课时大胆删除，留于以后再做交流。

案例 15　《我们神圣的国土》教学设计[①]

（部编版《道德与法治》五年级上册第三单元第 6 课）

【教学目标】

1. 了解我国是一个有着众多名山大川和名胜古迹的国家。

2. 感受祖国大好河山的壮美和历史文化的丰富灿烂，激发强烈的民族自豪感和爱国情怀。

【教学重难点】

1. 知晓祖国主要山脉和河流，感知祖国大好河山的壮美和历史文化的灿烂。

2. 了解世界文化遗产以及世界文化与自然双重遗产，懂得保护环境的重要性。

【教学准备】

1. 中国的 3D 版地形图。

2.《旅行资料》（彩色照片、文字介绍、学生作文、游客评价、诗歌散文、学生旅游照片、门票介绍、旅游经历、感受、音乐歌词）

3. 多媒体课件。

【教学过程】

课前活动：

一、歌曲导入，激发兴趣

师：同学们，今天朱老师也给大家带来了几首歌曲，请同学们来听一听，说说歌曲唱的是什么，好吗？

（播放歌曲）

二、自觉先学——祖国山河之“初印象”

师：优美的曲调，歌唱着祖国的山山水水。在平时的生活中，大家都会接触到关于祖国山水的文字、图画或数字、歌曲，透过它们，你们对祖国的山水有着哪些了解呢？

师：课前同学们都拿到了预学单，现在就请同学们一起来说说你对祖国山水的“初印象”。

（出示预学单）

① 本案例由江苏省南通市虹桥第二小学朱帅老师提供。

三、视频播放——祖国山河之“全印象”

师：平时的学习生活让我们对祖国的风景名胜有了零零星星的了解，那同学们有没有尝试过在短时间内欣赏到祖国更多的风景呢？今天让我们一起来尝试一下，请同学们睁大眼睛仔细看。

（播放《航拍中国》）

视频看完了，你们现在对祖国的山水又有着怎样的印象呢？其中哪些景观给你留下了深刻的印象？

四、合作探究——祖国山河之“知多少”

师：在这960多万平方千米的土地上，除了同学们提到的地形地貌外，还有哪些地形呢？关于它们，你们还知道多少？请一位同学来读一读我们的小组任务清单。

（出示小组任务清单）

小组任务清单
（1）请各小组成员在3D地形图上看一看，摸一摸，感受中国多样的地形并说说它们有着哪些特点。
（2）通过触摸、观察，请各小组的成员们共同探讨长江、黄河自西向东流向大海的原因。
（3）请各小组选择其中一个问题来探讨研究。

师：各小组的同学们研究好了吗？哪个小组愿意首先来说说你们研究的是哪个问题？研究的结果是什么？（小组汇报）

生：地形方面，连绵巍峨的高山、气势磅礴的高原、群山环抱的盆地、一望无际的平原，高低起伏的丘陵和纵横交错的江河湖泊。

生：西部的地势高，东部的地势低。我们在3D地形图上看到，西部多是高山高原，东部多是平原，所以地势高低决定了河流的走向。

五、小组活动——祖国山水之“深印象”

师：同学们，前不久，中国森林旅游节在南通开幕，在那一刻，南通敞开了怀抱，更加热情地迎接着来自五湖四海的朋友们。作为南通人或者是长期生活在南通的人们，你打算怎样向来宾介绍我们的家乡南通呢？

师：请看！看了这段视频，你想说什么？

（播放视频）（在中国森林旅游节开幕式上，大会主席这样说道：我们真心地希望孩子们能放下书包背上旅行包走进大自然，感受祖国的大好河山）

师：同学们，你们曾经去过祖国的哪些地方？

1. 组织小组活动："美丽中国走起来"

师：值得让我们去欣赏的祖国风景名胜远远不止这几处，那你们最想向大家推荐祖国的哪一处风景名胜呢？今天在这里，我们就来一场"美丽中国走起来"推荐会，怎么样？

（媒体出示活动要求）

（1）请各小组的成员，根据自己曾经旅游的经历及小组内的旅行手册，想一想，说一说，讨论出你们最想推荐的祖国风景名胜是什么？理由是什么？

（2）小组推荐的去处要统一，理由要充分，推荐形式可以多样。

2. 小组讨论（媒体播放歌曲《美丽中国走起来》）

3. 小组汇报

六、出谋划策——"最美中国留下来"

师：还有小组想要推荐啊，祖国处处是美景，怎么看也看不够，说也说不完。就让我们想办法把"最美中国"留下来吧。你们会用什么方法把你们所见到的"最美中国"留下来呢？

（学生回答）

师：瞧，这是旅游爱好者留下的旅行摄影作品，将最美中国一一定格。我想请同学来配上画外音进行介绍。

（学生一边介绍，一边出示照片）

师：看到这些照片，你有什么感受？

师：七彩丹霞真的很美，想与它合影拍照的人可不止我们，瞧……（出示：关于甘肃张掖市七彩丹霞景区多人破坏丹霞地貌的新闻报道）

辩论：为了能在美景前留念，就"身处其中"，甚至肆意破坏，这样的做法合适吗？

师：根据联合国教科文组织规定：能够列入世界自然遗产的景观必须是……

而能够列入世界文化遗产的景观必须是……

师：值得骄傲的是在中国有着不少世界自然遗产和世界文化遗产呢。（播放更多的世界遗产照片）

师：看到这儿，你想说些什么？

师：一张张照片，一幅幅画，一篇篇文章，一首首歌，将“最美中国”留在了我们的记忆里。但是祖国的一草一木，一山一水，需要我们做的不仅仅是“热爱”，联合国教科文组织这样规定：整个国际社会都有责任通过合作保护世界自然遗产。（板书：保护　责任）

师：同学们，除了画、写、拍之外，还有一种方式可以将“最美中国”留下来，它简单方便，还流传得最广，那就是唱！学到这儿，你想到了一首什么歌？可以唱一唱吗？或者哼出它的旋律。

【作业设计】

师：同学们，不知不觉，下课的时间到了。课后请同学们完成以下作业，请你来读。（教师强调千万记得时刻提醒自己要遵守诺言！因为这是我们的责任）

（1）课后，请同学们以小组为单位，讨论如何用自己的行动爱护自然，爱护文化遗产，爱护祖国的一草一木，然后设计一份《旅游文明公约》，郑重地签上自己的姓名。

（2）读万卷书，行万里路，请同学们多出去走走，看看，欣赏祖国大好河山，同时也请时刻提醒自己践行承诺。

案例分析

在《我们神圣的国土》一课中，教材中提及“阅读《中国地形》图，找找我国的主要山脉和大江大河”，可在第二个话题下，教学重在感受祖国大好河山的壮美和历史文化的丰富灿烂，了解我国的地形复杂，气候多样，人们的生产和生活方式各具特色。教学中若将重点落在感知祖国的各种地形上，无疑削弱了该话题与下一个话题“一方水土　一方生活”的因果关系，隔断了教学过程中的人文性内容，所以，与其科学地呈现地理知识，不如大胆删去，换成形象具体的河山图。

总之，在使用道德与法治教材时做“减”法，应深层挖掘、精挑细选，充分把握教材内容设置与学生的认知特点以及课程教学的关系，留下最具道德内涵的典型内容。

三、整合吸纳，让课堂变得灵动

“在儿童行为（包括道德行为）的形成过程中，个人、环境、行为是相互作用的，个人的行为是内部过程和外部影响复杂的相互作用的产物。”[①] 同时，道德与法治课程所具有的综合性，要求本学科尽可能地吸纳整合各种课程资源。为此，在教学过程中应着重关注儿童的现实生活，以学生的生活经验为起点，以指导学生未来的生活为目的，追寻更灵动的课堂。

案例 16

《学会沟通交流》教学设计（部分）[②]

（部编版《道德与法治》五年级上册第一单元第 2 课）

【教学过程】

一、游戏导入——明了沟通交流很重要

1. 同学们喜欢玩游戏吗？今天张老师带大家一起玩一个撕纸小游戏怎么样？

2. 拿出课前发的纸，请大家根据老师的口令完成游戏。注意不看别人的，不交流不沟通。

3. 展开你的作品，你发现了什么？同样的口令，为什么大家的作品会不一样呢？你当时是怎么执行口令的？

4. 是的，游戏中每个人对口令的理解不一样就会导致我们的行动有偏差，作品也各不相同。那怎么做，大家才能撕出一样的图案呢？你瞧，学会沟通交流多重要。（板书：学会沟通交流）特别是我们生活中的“不同”多着呢！

二、经历分享——知晓观点不同很正常

下面跟着我们的镜头一起去校园里看看吧！

1. 在这次拔河比赛中，503 班输掉了比赛，老师听到几位同学课间时谈论起各自的看法，我们一起来听一听。（播放视频）针对同一场比赛，同班同学的看法为什么不一致呢？

2. 小结：参赛同学和观众的看法不一样，是因为角色不同，站的角度不同，考虑问题的立场也不同。不同的成长环境使人们在行为习惯、生活方式、看待问题的立场等方面存在一定差异，对某些问题可能会产生不同的看法。

3. 课前，同学们整理了一些近期大家经常争论的话题，想想看，为什么会有这些不一样的观点呢？

---

① 汪凤炎，等．德化的生活：生活德育模式的理论探索与应用研究．北京：人民出版社，2005：270.

② 本案例由江苏省南通市如东县实验小学张兢文老师提供。

4. 小结：就像不可能有两片完全相同的叶子一样，我们每个人因为习惯、生活经历、看问题的视角、立场不同，所以就会出现不同的观点，这都是非常正常的。（板书：观点不同很正常）

案例分析

在《学会沟通交流》一课的教学中，学生们在撕纸小游戏中体验到每个人对口令的理解不一样会导致行动出现偏差，这是“源于生活的体验”。课堂上有选择性地挑出大家共同参加的一次拔河比赛，采访学生，听取了各种不同的意见，从而进一步感受到“因为角色不同，站的角度不同，对待问题的立场也不同”。再请学生根据课前整理的近期大家经常争论的话题，思考为什么会有不一样的观点。这使得教学既“回归生活”又“引领生活”。

总之，道德与法治学科教学中，以学生的生活经验为基础，选取真实而鲜活的社会生活素材，多角度吸纳与整合，并从中挖掘提炼、加工运用，进而延伸至实际生活。只有遵循“源于生活、高于生活、引领生活”的原则，智慧选择素材，合理安排流程，才能掀起学生情绪的波澜，追寻更灵动的课堂。

四、抛开负累，让课堂变得高效

积极开发，仔细挖掘，我们会发现小学道德与法治课程有着许多的课程资源，但运用到学科教学过程中的课程资源并非越多越好。当运用不当时，众多的课程资源反而会成为教学的负累：有时“走马观花般”地呈现一下，有时“蜻蜓点水式”地评论一番……而这样简单的堆砌，并不能真正有效利用挖掘出来的课程资源。

所以，在教学过程中，我们需要抛开负累，回归课堂教学的本位。

（一）形式为教学服务

对于教学目标交叉的活动资源，我们可以从课程教学需要出发找到内在联系。

如教学《小水滴的诉说》（部编版《道德与法治》二年级下册第三单元第 9 课）一课时，按教材内容设计教学环节，在课堂教学的最后环节有“认识节水标志”“学习节水公益广告语”“欣赏节水公益广告”“设计节水公益广告语”“制定并实行家庭节水公约”五个步骤，但由于内容、环节繁多，让人“眼花缭乱”，学生容易“走马观花”。若教者进行一定的筛选和整理，将“认识节水标志”和“欣赏节水公益广告”两环节融合，删去“设计广告语”环节，重点切入“制定并实行家庭节水公约”，这样，教学目的更明确，师生活动也显得扎实有效。

（二）形式为主题服务

手段服从目标，形式服务主题。若不计时间，不顾成效，一味地运用资源，那课堂教学中使用不当的课程资源就如同摆设，毫无教育价值，甚至“弄巧成拙”。

案例 17 **《安全记心上》教学设计（部分）**①

（部编版《道德与法治》三年级上册第三单元第 8 课）

【教学过程】

二、实施活动

活动一：我会认标志

1. 过渡：漫步在回家的路上，我们经常能看到这样的标志，（出示生活中的标志）它们表示什么意思，又有什么作用呢？

2. 学生自主合作，老师巡视指导。

3. 展示：考一考。

4. 拓展：

（1）交流。

课前大家都收集了很多交通标志，并已经画了出来，现在将你收集到的标志介绍给大家吧。（引导学生说出：在哪里见过这些标志？标志提醒我们什么？）

（2）归类。

请大家仔细看，这位同学手上的标志在颜色和形状上有什么特点，跟它同一类的在哪儿？快过来吧。

5. 小结：这些交通标志就像无声的警察，默默地提醒着我们：要想平安回家，一定要留心它们！（黑板上出示：留心交通标志）让我们一起用心记住——（出示《平安回家》儿歌）

---

① 本案例由江苏省南通市如皋实验小学焦朝勤老师提供。

活动二：我能过马路

1. 放学了，现在我们要到马路斜对面的家，该如何走呢？又要注意些什么呢？（相机介绍：在人行横道的两边也有红绿灯，我们称为人行横道灯）

2. 瞧，老师将这人行横道灯带来了。下面就让我们走进活动二，练习过马路吧。如果哪个组演得好，就有机会到前面来表演哦！

3. 学生组内模拟，教师深入小组指导。

4. 模拟展示。

5. 小结：刚才的活动又告诉我们，要想平安回家就要做到——（出示安全用语）

活动三：我会听指挥

1. 过渡：孩子们，知道吗？我国交通法规定：在红绿灯正常工作的路口，如因特殊情况，交警指挥与红绿灯不一致时，我们首先要听从交警的指挥。每天上下学时，学校旁边的十字路口那里交通都会变得特别拥堵，我们总能看到交警忙碌的身影。瞧，（播放交警指挥视频）看到了几种手势？

2. 想不想学一学？下面就跟老师学两个行人应看懂的手势吧。

（1）老师做手势，学生说手势的意思。（停止手势、通行手势）

（2）老师分解动作，学生跟做。

3. 组内自由练习。（组长喊口令，组员一起做，并相互提醒）

4. 全班一起做一做。

5. 看交警手势过马路。（组织班级活动）

你精神饱满，真像一个英姿飒爽的交警！请你来做小交警，请几个小朋友在交警指挥下安全过马路吧。

6. 小结：真是一群遵守交通的小公民！要想平安回家也应学会听从交警的指挥。（黑板上出示：听从交警指挥）

案例分析

这是部编版《道德与法治》三年级上册第8课《安全记心上》的内容，教者很好地处理了“模拟交警指挥”这一环节，师生共同模拟交警指挥的动作，意在教育学生能听懂指挥，依然为课堂教学的主题平安出行服务。而有的教者在教学这一课时，在这一环节大费周章，除设计“播放交警指挥交通的录像”“说说交警指挥手势的含义”环节外，还安排了“现场采访交警”“跟着交警学习指挥”“练习、表演”等环节。课上学生虽然高高兴兴，如同表演一般地展示着交警的手势，但从教学效果上看，很明显这已经冲淡了本课教学的主题，削弱了课程实施的效果。

总之，在道德与法治课堂教学过程中，我们应坚持一切为课程服务、为课堂教学服务、为儿童服务的原则，坚持抛开负累，追求更加实效的课堂。

综上所述，在小学道德与法治的课堂教学中，我们应遵循“课程本位、目标导向”原则，做好开发利用课程资源，追求丰盈、简约、灵动、高效的课堂。

思考与练习

1.《道德与法治》学科的课程资源有哪些？教师可以通过哪些途径有效开发利用课程资源？

2. 选择小学道德与法治课程教材的某一内容，采用相关策略，开发利用其课程资源，完成一份教学设计。

阅读文献

1. 多尔，高夫．课程愿景．北京：教育科学出版社，2004.

2. 华中师范学院教育科学研究所．陶行知全集：第 2 卷．长沙：湖南教育出版社，1985.

3. 汪凤炎，等．德化的生活：生活德育模式的理论探索与应用研究．北京：人民出版社，2005.

主要参考文献

习近平．高举中国特色社会主义伟大旗帜 为全面建设社会主义现代化国家而团结奋斗：在中国共产党第二十次全国代表大会上的报告．北京：人民出版社，2022.

中华人民共和国教育部．义务教育道德与法治课程标准（2022年版）．北京：北京师范大学出版社，2022.

吴效锋．新课程怎样教：教学艺术与实践．沈阳：沈阳出版社，2003.

蒋蓉，李金国．小学课程与教学论．北京：北京师范大学出版社，2013.

《新课程发展性教师评价》编委会．新课程发展性教师评价．北京：中国轻工业出版社，2004.

教育部基础教育司．走进新课程：与课程实施者对话．北京：北京师范大学出版社，2002.

刘铁芳．什么是好的教育：学校教育的哲学阐述．北京：高等教育出版社，2014.

李吉林．美的彼岸：诠释：情境课程的建构．北京：教育科学出版社，2013.

李吉林．为儿童的学习：情境课程的实验与建构．北京：外语教学与研究出版社，2008.

顾明远．李吉林和情境教育学派研究．北京：教育科学出版社，2011.

黄向阳．德育原理．上海：华东师范大学出版社，2000.

中国社会科学院语言研究所词典编辑室．现代汉语词典．7版．北京：商务印书馆，2016.

朱小蔓．情感教育论纲．南京：南京出版社，1993.

刘惊铎．道德体验论．北京：人民教育出版社，2003.

曾钊新，李建华，等．道德心理学．长沙：中南大学出版社，2002.

邱伟光，张耀灿．思想政治教育学原理．北京：高等教育出版社，1999.

鲁洁，王逢贤．德育新论．南京：江苏教育出版社，2010.

华中师范学院教育科学研究所．陶行知全集：第 2 卷．长沙：湖南教育出版社，1985.

汪凤炎，等．德化的生活：生活德育模式的理论探索与应用研究．北京：人民出版社，2005.

苏霍姆林斯基．给教师的建议（修订本全一册）．2 版．北京：教育科学出版社，1984.

卢梭．爱弥尔．北京：人民教育出版社，2001.

阿莫纳什维利．孩子们，你们好．北京：教育科学出版社，2002.

洛克．教育漫话．北京：人民教育出版社，1985.

泰勒．课程与教学的基本原理．北京：人民教育出版社，1994.

鲁洁．道德教育的根本作为：引导生活的建构．教育研究，2010（6）.

成尚荣．体验：学生新的学习方式．人民教育，2005（18）.

殷凤．小学道德与法治单元大概念教学实践研究：以“我与自然”教育主题单元为例．中小学德育，2022（9）.

周志琦．小学道德与法治教学中融入生活化理念的思考．学周刊，2021（1）.

肖川．体验：从知识到教养的中介．北京教育（普教版），2003（4）.

丁晓东．马克思交往实践观在道德教育中的意义解读．教育评论，2005（5）.

文喆．学习方式、传播方式与课堂教学改革．人民教育，2000（12）.

王发亮．语文“口语交际”教学因思辨而彰显智慧火花．教书育人·校长参考，2014（22）.

吴刚平．课程资源的理论构想．教育研究，2001（9）.

段兆兵．课程资源的内涵与有效开发．课程·教材·教法，2003（3）.

宋月红．创设情境，让小学德法课堂走向“和润”：以《大家排好队》教学为例．教育研究与评论（小学教育教学），2020（11）.

王立岩，于合乐．巧设道德两难问题 促进道德判断发展．小学时代（教育研究），2009（12）.

图书在版编目（CIP）数据

小学道德与法治教学设计与案例解析 / 丁晓东，董一红主编；杨翠英，陈丽芳副主编．-- 北京：中国人民大学出版社，2025.6. --（21 世纪小学教师教育系列教材）. -- ISBN 978-7-300-33728-9

Ⅰ. G623.102

中国国家版本馆 CIP 数据核字第 2025K855Z4 号

21 世纪小学教师教育系列教材

小学道德与法治教学设计与案例解析

主　编　丁晓东　董一红

副主编　杨翠英　陈丽芳

Xiaoxue Daode yu Fazhi Jiaoxue Sheji yu Anli Jiexi

出版发行	中国人民大学出版社		
社　　址	北京中关村大街 31 号	**邮政编码**	100080
电　　话	010－62511242（总编室）		010－62511770（质管部）
	010－82501766（邮购部）		010－62514148（门市部）
	010－62511173（发行公司）		010－62515275（盗版举报）
网　　址	http://www.crup.com.cn		
经　　销	新华书店		
印　　刷	北京昌联印刷有限公司		
开　　本	787 mm×1092 mm　1/16	**版　　次**	2025 年 6 月第 1 版
印　　张	18.75	**印　　次**	2025 年 6 月第 1 次印刷
字　　数	310 000	**定　　价**	45.00 元

版权所有　侵权必究　印装差错　负责调换

教学支持说明

（教学课件）

中国人民大学出版社教育学科秉承“出教材学术精品，育人文社科英才”的出版宗旨，多年来，出版了大批高质量的教育学、小学教育、学前教育专业教材和学术著作。

我们为本教材制作了相应的 PPT 教学课件，任何一位采用本书作为授课教材的教师均可免费获得该课件。为了确保该课件仅为授课教师获得，烦请您填写如下材料，并将相关信息通过 E-mail 发送给我们，我们将在收到相关信息后通过 E-mail 给您发送该课件。欢迎您加入我们的 QQ 群（教育新视野交流群，群号为 159813080），或登录我社官方网站（www.crup.com.cn），注册并认证成为教师会员，以获得更好的服务。

我们的联系方式：
地址：（100872）北京市中关村大街甲 59 号文化大厦 1202 室
中国人民大学出版社
电话：（010）82502724　62514775（传真）
E-mail：ggglcbfs@vip.163.com
QQ 群：159813080

兹证明____________大学/学院____________院/系____________专业____________学年第____________学期开设的________________课程，采用中国人民大学出版社出版的__________________________________（书名、作者）作为本课程教材。授课教师为____________，授课班级共________个、学生________人。授课教师需要与本书配套的教学课件。

联 系 人：____________________________
通信地址：____________________________
邮　　编：____________________________
电　　话：____________________________
E-mail：______________________________

系/院主任：____________（签字）
（系/院办公室章）
________年______月______日